广东金融学院成人高等教育系列教材

管理学原理

guanlixue yuanli

（第二版）

主　编　刘志梅

暨南大学出版社
JINAN UNIVERSITY PRESS

中国·广州

图书在版编目（CIP）数据

管理学原理/刘志梅主编. —2 版. —广州：暨南大学出版社，2012. 8
（广东金融学院成人高等教育系列教材）
ISBN 978 - 7 - 5668 - 0314 - 6

Ⅰ. ①管…　Ⅱ. ①刘…　Ⅲ. ①管理学—成人高等教育—教材　Ⅳ. ①C93

中国版本图书馆 CIP 数据核字(2012)第 197519 号

出版发行：暨南大学出版社

地　　址：中国广州暨南大学
电　　话：总编室（8620）85221601
营销部（8620）85225284　85228291　85228292（邮购）
传　　真：（8620）85221583（办公室）　85223774（营销部）
邮　　编：510630
网　　址：http：//www. jnupress. com　http：//press. jnu. edu. cn

排　　版：广州市天河星辰文化发展部照排中心
印　　刷：广州百思得彩印有限公司

开　　本：787mm × 960mm　1/16
印　　张：21. 75
字　　数：402 千
版　　次：2009 年 8 月第 1 版　2012 年 8 月第 2 版
印　　次：2012 年 8 月第 2 次
印　　数：6501—10500 册

定　　价：43. 50 元

总　序

经济的全球化发展，使得国际竞争的实质在很大程度上是各国科学技术力量的竞争、人才的竞争。发展教育事业，不断完善人们的知识结构、提高人们的知识水平已成为时代的要求。随着我国经济的迅速发展、产业结构的不断调整、传统产业部门的改造、新兴产业部门的建立，数以千万计的各种岗位劳动者需要通过边工作边学习的方式来调整自己的知识结构和提高自己的知识水平，以适应这种现代经济与社会发展的要求。我国成人高等教育的发展面临着可贵的机遇，也肩负着重大的历史使命。

为了适应成人高等教育事业蓬勃发展的需要，打造我院成人高等教育品牌，实现“规模扩大、结构合理、效益显著”的奋斗目标，在学校领导和有关部门的大力支持下，经过周密筹划和积极准备，我院继续教育学院正式启动“成人高等教育系列教材”编写工作，计划用三年时间，聘请学校各专业长期从事成人教育的专家、学者，在总结我院成人教育教学经验的基础上，编写公共基础课和专业基础课教材及学习辅导书十五本左右，力求使这批教材从内容到形式真正符合成人学习的特点和要求。

2008 年，第一批推出的“广东金融学院成人高等教育系列教材”包括以下七种：《计算机应用基础》、《计算机应用基础习题解答与上机实验》、《微积分》、《微积分辅导》、《中国特色社会主义理论体系论纲》、《经济应用文写作》、《经济应用文写作范例与练习》。

2009 年，第二批将推出的“广东金融学院成人高等教育系列教材”包括以下六种：《统计学》、《会计学基础》、《会计学基础习题集》、《西方经济学》、《西方经济学习题集》、《管理学原理》。

本系列教材吸收了同类教材的优点，具有简明扼要、条理清晰、深入浅出、通俗易懂的特点。在内容的选择上，本教材注意面向大多数学生，既确保落实教学大纲的基本要求，又具有适当的弹性，能够适应学生进一步提高的要求，也给授课教师留有较大的选择和发挥空间。

本系列教材的使用对象主要为成人高等教育的专科学生，同时，本系列教材也可作为其他层次成人教育学生的参考书。

广东金融学院成人高等教育系列教材编委会

2008 年 5 月

前　言

什么是管理？对于本书而言这是一个核心问题。我们既要看到管理的本质，还要弄清其所涵盖的范围。自从有了人类，就有了管理活动，而管理思想则是伴随社会的发展、管理活动的进步而逐渐产生的。因为社会的发展、经济的增长、资源的配置、各类组织的运行甚至家庭与个人都需要有效的管理，需要大量的优秀管理人才，正是如此大的需求推动着管理学迅速发展，使其内容和形式不断地发展与丰富。

管理科学的诞生是以泰勒（Frederick Winslow Taylor）的名著《科学管理原理》（1911 年）以及法约尔（H. Fayol）的名著《工业管理和一般管理》（1916 年）为标志的。因此，管理作为一门科学至今已有近一百年的历史。每一个时期，每一个管理者都会有着自己对管理的认识与定义，但是有一点仍然被得到广泛认可与肯定，那就是——管理是适应现代社会化大生产的需要而产生的，它的目的就是研究在现有的条件下，如何通过合理的组织和配置人、财、物等因素以提高生产力水平。

管理是科学，亦是艺术。管理的科学性体现在通过系统研究管理活动的基本规律和一般方法，管理者可以建立与维持组织的内在环境，通过采取各项行动，使组织中各种因素能共同发挥工作效用和效能，以达成组织目标。管理的艺术性体现在管理不是一成不变的，不同时期不同的管理者会对管理有不同的认识与定义，它常需引用有系统知识的科学作为执行的基础，再灵活运用于具体情况以收到切实的结果。而要做到这一点，实际工作中必须采用一种行得通的方式以求成效。

为了更客观、全面地探索不断变化的管理实际，更准确地适应高等院校培育应用型人才的需要，我们根据高等教育的特点，在参阅了大量有关资料的基础上，吸收了国内外优秀管理学教材的精华，并且结合编写小组成员多年的高校教学、为企业咨询的经验以及参与管理实践和研究的成果，编写了此书。本书初版于 2009 年 8 月，出版后获得了较好的反响。2012 年 7 月，我们在第一版的基础上进行了修订，更新了部分内容，修正了一些谬误。

“管理学原理”作为经济类、管理类专业的重要专业基础课程之一，对各类学习者具有很强的指导作用。因此，本书在内容、体例等方面力求做到题材新颖，选材适当，突出案例，注重运用。

本书共十一章。第一、二、三章为管理基础篇，主要讲述管理的基本范畴、基本原理以及管理学的发展过程；第四、五、六、七、八章为管理职能篇，主要讲述管理的决策、计划、组织、领导和控制职能；第九、十、十一章为管理应用篇，讲述激励、沟通与团队建设的一般原理，突出了对管理能力的培养。

本书由刘志梅担任主编，负责纲目的撰写、体例的确定，并与刘艳共同统稿。第一章由刘志梅编写，第二章由李文秀编写，第三、四章由王小燕编写，第五、十一章由尚晓玲编写，第六、八章由周国林编写，第七章由陈剑编写，第九章由刘艳编写，第十章由黄飞凤编写。

本书在编写过程中得到了广东金融学院成人教育学院以及暨南大学出版社的大力支持和协助，在此一并表示感谢。

由于编者能力所限，书中难免有疏漏和不妥之处，敬请读者批评指正。

编　者

2012 年 7 月

目　录

第一章　绪　论

【本章学习要点】

■ 理解管理的含义，把握管理学的特点。

■ 掌握管理的职能，理解这些职能的含义与内容，了解管理的作用。

■ 理解管理的性质与特点，明确管理的二重性，理解管理是一门科学，同时也是一门艺术。

■ 了解管理学的研究对象和研究方法。

第一节　管理与管理学

一、管理的含义

20 世纪 90 年代以来，管理一词广泛出现于人们的生活当中，时间管理、危机管理、工商管理以及人性化管理等，这些都是广义的管理。而我们要学习和了解的是狭义的管理，即组织的管理。大至国家、军队，小至企业、医院、学校等，凡是由两人以上组成的、有一定活动目标的组织就都离不开管理，管理是一切有组织的活动中必不可少的组成部分。

人类的管理活动自古有之，凡是有人群的地方，当人们开始组成集体去实现共同目标时，就必须由管理来协调各个成员的活动。埃及人建造金字塔，中国人修建长城，若离开了严格和科学的管理活动，一切都无从谈起。

但直到 19 世纪中期，人们才真正认识到管理的重要性，并把管理活动作为一门严谨的学问加以深入研究和广泛传播，因为那时候的欧洲经历了重大的变革：各国资产阶级革命爆发、商业城市迅速发展、英国工业革命爆发、机器大生产和工厂制度建立。西方资本主义国家迎来了大工业生产时代，同时也催生了为社会提供产品和服务的各种工商业组织，这些工商业组织资源的有限性和其利益最大化目标之间必然会产生矛盾，管理便成为解决这一矛盾的有效途径和手段。各种管理思想与理论大量涌现，并形成各种学派，管理学也逐步发展成一门有着完整理论体系的学科。

目前，国内外学者和专家对管理含义的认识还不尽相同，总体来说有以下几种说法：

（1）管理是筹划、组织和控制一个组织或一组人的工作。

（2）可以将管理看成是这样的一种活动，即它发挥某些职能，以便有效地获取、分配和利用人的努力和物质资源来实现某个目标。

（3）管理就是通过其他人来完成工作。

（4）管理就是决策。

（5）管理就是由个人或者多人来协调他人的活动，以便达到个人单独活动所不能达到的效果而进行的一种活动。

（6）管理就是指由专门机构和人员进行的控制人和组织的行为使之趋向预定目标的技术、科学和活动。

（7）管理是管理者为使客观事物的存在和发展合乎一定的目的而采用相应的方式所进行的活动。

总结以上观点，我们认为：管理就是管理者通过计划、组织、领导和控制等职能来协调组织所拥有的有限资源，从而有效地实现组织目标的过程。

这个定义包含以下含义：

第一，管理的主体是管理者。强调了管理活动中人的重要性。也就是说，管理离不开人，与组织目标的实现密切相关的各种战略及战术的制定，以及关键指令的发出都需要组织中的管理者加以分析判断，并作出最终决策。

第二，管理的客体是资源。人、财、物、信息、时间是基本的组织资源，管理活动就是围绕这些资源展开的，缺乏这些基本的组织资源，管理也就无从谈起。

第三，管理的载体是组织。社会中每个人因为追求自我目标的实现，需要对自己的人生进行规划与管理，但这不是我们所要讨论的广泛意义上的组织管理。一个显然的事实是，人们都要依附于一定的组织才能实现自我目标。而一个组织的目标却是集体性的，组织目标的达成是需要通过管理来协调组织成员的行为而最终实现的。管理不能脱离组织而存在，而组织中必定存在管理。

第四，管理的本质是协调。西方古典管理理论学派的代表人物之一，法国著名管理学家法约尔认为："协调就是企业的一切工作都要和谐地配合，以保证企业经营的顺利进行，并且有利于企业取得成功。"之所以任何组织都需要管理，是因为组织的部门设置、资源配置、行动安排都需要有合适的比例，这样才能有效地达成组织目标，而管理就是这样一个实现和维护这种合适比例的过程。

第五，管理的基本职能是计划、组织、领导和控制。管理过程是由一系列相互关联、连续的活动所构成的，这些活动构成管理的基本职能。本章第二节将讲述管理职能的具体内容。

第六，管理要解决的是组织目标的顺利达成与资源的有限性之间的矛盾。如果一个组织拥有无限的资源，那么就不需要考虑资源的合理配置，管理活动也就可有可无了。而现实中这是不可能的，世界上任何组织都存在目标与资源的有限性之间的矛盾，管理的主要作用就是化解这一普遍矛盾，协调组织活动，实现组织目标。

此外，这里所讲的“有效”包括两层含义：效率（efficiency），Do the thing right，强调过程；效果（effectiveness），Do the right thing，强调结果。

二、管理学的特点

管理学作为一门系统地研究人类管理活动的普遍规律、基本原理和一般方法的科学，进入21世纪以来，获得越来越深入的发展并得到人们的普遍重视。由于管理领域的不同，人们研究管理内容的侧重点也各不相同。

越来越多的人已经或开始认识到，虽然各个领域、各类组织的管理活动各有其特殊性，但在这些特殊的管理活动中却都蕴含着一些共性的东西，即无论在社会的任何领域或任何类型的组织中，管理活动都是按照一定的规律进行的，而且这些规律不会因组织的性质或类别的不同而不同。因此，从社会普遍存在的管理活动中概括总结出来的基本规律（其中包括一般的原理、理论、方法和技术），就构成了一般管理学的内容。之所以称之为一般，就是因为管理学，尤其是管理学的基本原理，对各类、各种不同的组织都是适用的，而不是局限于某一特定的组织，所以说管理学具有普遍性。

具体来说，管理学存在如下特点：

（一）一般性

管理学主要是研究管理活动中的共性原理和基础理论，既然是一般原理，它也就适用于一切企业、政府和事业单位。不管是营利性组织还是非营利性组织，他们为了实现组织的既定目标，都需要完成包括计划、组织、领导、控制等一系列的管理职能，需要用管理中普遍的原理和方法去指导。

（二）综合性

管理学的综合性表现为：在内容上，它需要从社会生活的各个领域、各个方面以及各种不同类型组织的管理活动中概括和抽象出对各门具体管理学科都具有普遍指导意义的管理思想、原理和方法；在方法上，它需要综合运用现代社会科学、自然科学和技术科学的成果，来研究管理活动过程中普遍存在的基本规律和一般方法。管理学涉及经济学、心理学、生理学、仿真学、行为科学、运筹学、系统工程、信息论、控制论、电子计算机等多门学科的知识与理论。可以说，管理学是一门综合性的交叉学科。

（三）历史性

任何一种理论都是实践和历史的产物，管理学尤其如此。管理学是对前人管理实践、经验和管理思想、理论的总结、扬弃和发展。割断历史，不了解管理历史发展和前人对管理经验的理论总结，不进行历史考察，就很难理解建立管理学的依据。

（四）模糊性

数学、物理学等学科是精确的科学，根据规律和所给定的初始条件就可以得出问题的答案。而管理工作所涉及的因素，既有可精确度量的因素，也有可量化但很难度量的因素，更存在许多不可量化的因素，如人的思想、心理、感情以及人际关系、组织文化、领导方式等，这些因素都是难以精确测量的。此外，管理中许多因素之间的关系，有的可以用函数关系表示，有的则无法用函数关系来表示，有的甚至用演绎推理也无法表达清楚。我们只能借助于定性的方法来分析，因此，管理学是一门不精确的学科。

（五）实用性

管理学是为管理者提供从事管理的有用的理论、原则和方法的实用性学科。管理的实践性表现为它具有可行性，而它的可行性标准是通过经济效益和社会效益来衡量的。因此，只有把管理理论同管理实践相结合，才能真正发挥这门学科的作用。也就是说，管理学有它的一般规律，但一定要结合实际，既要借鉴国外的经验，又要总结本国的经验，才能使管理学更好地为我国的经济建设和社会发展服务。

第二节 管理的职能与作用

一、管理的职能

所谓管理职能，是指人们对管理工作应有的一般过程和基本内容所作的理论概括。

管理的职能涉及管理工作的内涵，也就是说，一个组织中的管理者究竟应该负责哪些方面的工作。根据管理过程的内在逻辑，一般将管理职能划分为几个相对独立的部分，这样在理论研究上能更清楚地描述管理活动的整个过程，有助于实际的管理工作，有助于实现管理活动的专业化。同时，管理者可以运用职能观点去建立或改革组织机构，根据管理职能规定出组织内部的职责和权力以及其内部结构，从而可以归纳出管理人员所应具备的条件。

计划、组织、领导和控制这四项管理基本职能，构成了管理者发挥作用的四项基本工作。这些职能是带有普遍性的，所有管理人员不管在什么岗位、处于哪一级管理层、具有什么职位头衔，都要执行这些基本管理职能。划分管理职能，并不意味着这些管理职能是互不相关、截然不同的。管理的四项基本职能虽有着各自的工作职权和范围，但从管理的一般过程来看，它们之间存在着内在的逻辑关系，是按先后顺序发生的。管理工作合乎常理的第一步是制订计划，根据计划的要求，去建立相应的组织结构、设置有关的部门、配备相应的人员；然后选定有效的领导方式和恰当的激励措施，指挥和指导员工将任务付诸行动；最后根据计划的要求，设置控制标准和控制机制，对计划的实施过程进行有效的控制或调整，确保计划的完成。这个过程如下图所示：

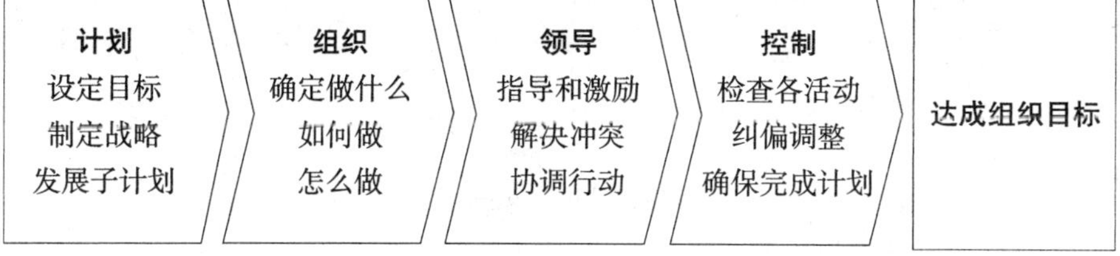

管理职能过程示意图

下面，简要介绍一下各个管理职能的内容。

（一）计划

计划是各级管理人员的首要职能，它领先于其他管理职能，并为其他管理职能的执行奠定基础。所谓计划，是指对未来的行动或活动以及未来资源供给与使用的筹划。一个组织总是为了实现某种特定的目的而存在的，因此，就需要有人来规定组织的目标和实现目标的行动方案，而合理科学的计划可以指导一个组织循序渐进地去实现组织的目标。计划工作是通过下列过程来达到目的的：

（1）决定需要什么资源。

（2）明确组织所需人员的类型与数量。

（3）提出计划工作的前提条件。

（4）确定比照标准，使其在实现目标的过程中，能够对进展情况进行测定衡量，并对照标准，采取必要的调整、纠偏措施。

计划在组织中是一个体系，有其内在的层级，如战略计划是最高层次的、总的长远计划，职能计划与部门工作计划则是中层的操作性较强的计划，而下级的工作计划则是近期的具体计划。不同管理层次和不同性质的计划，其时间长度和范围各有不同，如高层管理计划一般是长期计划，时间长达5～10年，它涉及组织的战略发展、业务扩张和资本筹措等内容。

（二）组织

组织有两个含义：一是指将组织内的各种资源按照一定的比例及程序要求有序地进行配置；二是指一群人为了实现一定的目的，按照一定的规则组成一个群体或实体。作为一种管理职能，组织指的是前一种含义。

管理的组织职能决定了组织要开展的活动如何分类，组合成哪些单元（职位和部门）来承担相应的任务，每个单元以及单元之间都有明确的职权、责任并明确谁向谁汇报工作以及各种决策应放在哪一级层次制定等。组织职能涉及以下几个方面：

（1）对所需要的资源加以组合，以达成组织目标。

（2）建立组织的活动及其与职权间的关系。组织职能最重要的是根据组织的战略目标和经营目标来设计组织结构、配备人员和整合组织力量，以提高组织的应变能力。

（3）组织变革。组织工作不是一劳永逸的。当组织的目标、环境发生变化时，组织关系和管理结构也要作相应的调整。组织内外部发生的任何变化，都会要求组织产生新的计划和新的组织单元。

（三）领导

领导是一门引导他人自愿并热情地为实现组织目标而努力工作的艺术。所谓领导职能，就是指挥他人按照领导者的愿望去工作，通过指挥创造一种良好的工作氛围，并提供激励机会。领导职能包括激励、领导方式、有效沟通的技巧、增强组织成员之间的相互理解、解决组织成员间的冲突以及勾画能实现的组织前景等内容。有效的领导者必须能够预见未来，富有想象力，并使他人也具有这种想象力以及授权下属去使想象变成现实。领导职能还应该包括鼓励组织必要的变革和创新。

领导职能涉及四个方面的工作内容：

（1）及时根据外界环境的变化，调整组织内人与资源的配置以适应环境，采取适当的行动。

（2）调动组织内成员的积极性，激励他们奋发努力，给他们创造发展的机会。

（3）有效地协调组织内的人际关系，使组织内有一个良好的工作氛围，从而降低组织内耗。

（4）督促组织内成员尽自己的努力，按照既定的目标，做好本职范围内的工作。

（四）控制

控制是指根据既定目标，不断跟踪和改变所采取的行为，使组织的目标以及为此制订的行动方案顺利实施，使实际的业绩与预期的标准和目标尽可能一致。控制的实质是使组织进行的各项工作按预定的计划和标准运行，并完成计划中所制定的各项目标。

控制职能包括制定控制标准、现场的监督与管理、收集工作信息、通过与控制标准比较来发现问题、有效解决已经发现的偏差等内容。控制工作的重要前提是建立精确、可行、切合实际、可以计量的绩效标准。只有通过这种标准，才能发现或预见实施计划过程中的问题或偏差。

二、管理的作用

管理活动表现在管理的四大职能当中，管理通过其职能来发挥作用。管理的作用可以归纳为以下几点：

（一）管理可以协调组织成员的行为，实现组织的集体性目标

管理的本质是协调，同时管理是对人的管理，我们现在处处强调以人为本的管理思想，实际上就是强调了管理者实施组织管理的工作重心。组织的集体性目标和组织成员的个人目标往往是有冲突的，有时候甚至是相互背离的，管理者的职责就是运用管理职能，协调与控制组织成员的行为，使个人行为转化为组织行为，从而朝着组织既定的目标前进。这是一个不断纠偏，不断调整的过程，其最终的结果就是组织目标的顺利达成。

（二）管理能够配置组织所拥有的有限资源

资源的有限性是任何组织都要面对的环境约束，也是经济学意义上的普遍规律。管理的一个突出作用就是通过计划、组织、领导和控制等职能在组织内部配置人、财、物、信息、时间等有限的资源，为组织目标的实现提供保障。资源的有限性是管理存在和发挥作用的前提与基础，如果一个组织的资源是无限的或组织目标的实现不需要耗费任何资源，管理也就可有可无了。

（三）管理能够提高组织运转的效率

组织运转的效率是指组织活动达成组织目标的有效性。目标能否有效达成，就要看管理职能在配置资源方面的合理性和经济性。有管理的组织和缺乏管理的组织在运转效率方面的差异是显而易见的。无论是经济组织，还是非经济组织，达成目标的收益与成本比是衡量组织运转效率的一个重要指标，这一指标往往也构成了一个组织的核心竞争力。管理能够保证组织以较高的运转效率在激烈的竞争环境中生存和发展。

第三节　管理的性质与特点

为了深入理解管理的内涵，掌握管理的基本原则与原理，有必要了解和认

识管理的性质和特点。总体来讲，管理具有两大性质：一是管理拥有自然属性与社会属性，即管理具有二重性；二是管理具有科学性和艺术性。此外，我们还要掌握管理的动态性、灵活性、创新性和经济性等特点，为管理实践提供坚实的理论基础。

一、管理的自然属性与社会属性

管理拥有自然属性与社会属性，即管理具有二重性，这是马克思首先提出的。依照马克思的观点：

（1）管理的自然属性是由一定的生产力状况所决定的，也就是说管理与生产力、社会化大生产相联系，具有组织技术属性，这些属性包括对物的资源、物的要素的管理，如成本管理、质量管理、财务管理、技术管理等。这些管理的规律是客观的，不因社会制度和社会文化的不同而变化，由此产生的与之相适应的管理手段、管理方法是通用的、共性的。管理活动只有遵循这些规律，利用这些方法与手段，才能保证组织目标的顺利实现。

（2）管理的社会属性是由一定的生产关系所决定的，管理与生产关系、企业制度相联系，具有社会经济属性。不同的生产关系、不同的社会文化都会使管理思想、管理目的、管理方式、管理方法体现出一定的差别，从而使管理具有特殊性和个性。这种属性与意识形态相关，在不同的社会制度、文化下不能直接照搬，这就是管理的社会属性。

（3）管理的二重性是相互联系、相互制约的。一方面，管理的自然属性不可能孤立存在，它总是在一定的社会形式、社会生产关系下发挥作用；同时，管理的社会属性也不可能脱离管理的自然属性而存在，否则，管理的社会属性就成了没有内容的形式。另一方面，两者又是相互制约的。管理的自然属性要求具有一定社会属性的组织形式和生产关系与其相适应，同时，管理的社会属性也必然对管理的方法和技术产生影响。

二、管理具有二重性的意义

（1）二重性原理是我们正确理解不同社会制度下管理的共性与个性，大胆学习外国先进管理经验的理论依据。

（2）由于管理具有社会属性，因此，学习外国管理经验不能照搬照抄，必须结合国情和企业情况兼收并蓄，为我所用，自成一家。

（3）二重性理论是我们认识和掌握管理的特点和规律，创造中国特色管理理论的指导思想。

三、管理的科学性与艺术性

作为一种知识体系，管理是一门科学。管理的科学性表现为：经过长期的探索和总结，已经形成一个比较完整的知识体系，反映了管理过程的客观规律。人们利用这些理论和方法来指导自己的管理实践，又以客观活动的结果来衡量管理过程中使用的理论和方法是否正确，是否行之有效，从而使管理的科学理论和方法在实践中不断地得到验证和丰富。

作为一种实践活动，管理又是一门艺术。把任何一种活动归于艺术的着眼点，应该在于其有适用的技巧和知识，并通过一定的方式来实现某一目的。管理理论作为普遍适用的原理、原则，必须结合实际应用才能奏效。管理者在实际工作中，面对形形色色的管理对象，因人、因事、因时、因地制宜，灵活地、创造性地运用管理技术的方法，解决实际问题，从而在实践与经验的基础上创造了管理的艺术与技巧。

管理既是科学，又是艺术。这种科学与艺术的划分并没有明确的界限。管理是科学，是强调其客观规律性；管理是艺术，则是强调其灵活性与创造性。而且，这种科学性与艺术性在管理实践中并非是截然分开的，而是相互作用，共同发挥管理的功能，促进组织目标的实现。

四、管理的特点

管理除了上述两大性质外，还存在如下特点。了解和掌握这些特点，是我们学好管理学知识并成为一个优秀管理者所必需的。

（一）动态性

管理的动态性特征主要表现在：管理活动是在变动的环境中进行的。从局部看，管理的动态性反映在组织内部管理过程的各个环节和方面，组织所面对的可控因素较多，但仍不可避免地会出现管理客体、管理运行时空、管理工具手段以及管理实施结果的不确定性；从整体看，管理的动态性表现在组织外部环境的复杂性和多变性，组织所面对的不可控因素较多，经济、自然、技术、文化、政治等诸多因素随时都处于变动状态。因此，从各个组织之间来看，各个组织的目标与从事的行业不同；从一个组织内部来看，同一行业各个组织所处的客观环境与具体的工作环境也各不相同。这使不同组织的管理方式、管理手段、管理效果各不相同，并且处于动态变化之中。

（二）灵活性

管理的灵活性特征是指不存在一个标准的、处处适用、处处成功的管理模式。管理是对人的管理，管理职能只是对人起作用，而人的最大特点是有自己的思想，有个人的价值观念。同样的环境，思想与价值观不同也会使工作结果与质量也不尽相同。因此，管理者必须根据人的特点、工作性质、工作任务、工作环境选择与之相适应的管理方式与管理手段。不能机械地照搬管理原则与管理方法，只有这样才能保证管理的有效性。

（三）创新性

管理的创新性来自管理的动态性。管理过程及环境的动态复杂性要求组织的管理者不能因循守旧，而要大胆创新、努力探索，创造性地运用管理的基本理论、原则与方法。从管理理论的形成和发展来看，它基于管理实践，来源于管理经验的总结与提炼。每一种新的管理理论，都对应于某一个成功组织的经验。成功组织源于管理创新，同时也是其他组织学习与模仿的对象，但没有创新的照抄照搬往往是行不通的。

（四）经济性

管理的经济性源于管理所面对的主要矛盾，即普遍存在的组织目标的实现与组织所拥有的资源有限性之间的矛盾。达到组织的目标需要资源，而资源配置是需要成本的，因而管理就具有了经济性。管理的经济性反映在以下三个方面：

（1）管理的机会成本。管理者选择一种管理方式或方法，是以放弃另一种管理方式或方法为代价的，这就产生了机会成本问题。

（2）管理的比较成本。解决同一个管理问题，可以选择不同的管理方式和方法，其所花费的成本是不同的，这就产生了管理方式和方法选择的费用问题。

（3）管理的整合成本。管理是对资源有效配置的整合过程，选择不同的资源供给配比，就会有不同的成本。

第四节　管理学的研究对象与方法

一、管理学的研究对象

管理学是一门系统地研究管理活动的基本规律和一般方法的科学。将管理作为一门科学来研究始于近代。近年来，随着社会的不断进步，科学技术飞速发展，管理在人们的实际生活和生产过程中的作用越来越受到广泛关注和重视，这就为全面地、系统地研究管理活动中的基本规律、基本原理和一般方法提供了必要条件和基础。

管理学作为一门综合性、应用性很强的学科，它的研究对象主要是管理工作的客观规律性，即如何遵循客观规律的要求来建立一定的理论、原则、组织形式、方法和制度，指导管理的实践，实现组织的管理目标。具体包括两方面的内容：

（一）广义的研究对象

指的是研究生产力、生产关系和上层建筑三个方面的管理问题。

（1）生产力方面，主要是研究生产力的合理组织问题。研究如何合理配置组织中的人、财、物、技术、信息、时间等资源要素，并充分发挥作用；如何根据组织目标的要求和社会需要合理使用各种资源，以求得最佳的经济效益和社会效益。

（2）生产关系方面，主要是研究如何正确处理管理系统内部人与人的关系，包括领导关系、利益关系、分配关系等；如何建立和完善组织机构以及各种管理体制；如何调动各方面积极因素为实现组织目标服务等问题。

（3）上层建筑方面，主要是研究如何使组织内部环境与外部环境相适应；如何贯彻执行党和国家的方针、政策、法令、法规，以维护正常的生产关系，促进生产力的发展。

（二）狭义的研究对象

指的是研究管理的基本理论和管理方式、方法与原则。

（1）管理思想。从历史和社会的发展方面研究管理思想和管理理论的形成、演进与发展，开阔视野，面向未来。

（2）管理原理。研究和总结来自管理实践的客观规律和基本原理，以更好地指导管理实践。

（3）管理职能。主要研究管理活动的过程和环节，管理工作的程序、重点等，以实现管理的规范化、科学化。

（4）管理方法。研究为了不断提高管理水平而采取的各种手段、途径和措施。

二、管理学的研究方法

（一）观察总结的方法

按照理论联系实际的要求，学习、研究管理学必须掌握观察管理实践、总结管理经验，抽象地提炼概括使其上升为理论的方法。人们的管理实践，特别是众多优秀管理者的管理经验，都蕴藏着深刻的管理真理、原理和方法。学习、研究管理学，应培养如同文学家观察社会那样的敏感意识来观察管理实践，并运用综合、抽象等逻辑方法总结实践经验，这样来学习管理学，就会收到事半功倍的效果。

（二）比较研究的方法

有比较才有鉴别。当今世界各国都十分重视管理和对管理的研究，并形成了各有特色的管理科学。借鉴、应用他国的管理理论与方法，不能简单地照抄照搬。我们应该学会比较研究的方法，对他国的管理实践与管理理论进行比较分析，分辨出一般性的东西和特殊性的东西，可为我借鉴的东西和不可为我借鉴的东西，真正做到兼收并蓄，丰富我国管理学理论的内容。

（三）历史研究的方法

就是运用管理理论与实践的历史文献，考察管理的起源、历史演变、重要管理思想家的理论、重要的管理案例，从中找出规律性的东西，寻求对现在仍有意义的管理原则、方式和方法。无论是中国的历史上，还是外国的历史上，都有大量关于管理的文化典籍，有许多仍值得研究。只要我们坚持正确的指导思想、细致的工作方法，深入地研究前人留下的管理精华，将会大有收获。

（四）案例研究的方法

每个组织都存在管理，而且也都可能存在值得借鉴的经验。要对每一个组织的管理活动都进行研究显然是不可能的。在众多的组织中挑选有代表性的个案，从整体或局部对它在管理实践中取得的成功或失败进行个案剖析，进而发现可借鉴的规律和原则，便成为管理学研究的重要方法。值得注意的是，案例研究的分析并非简单的经验总结。案例分析强调分析成功或失败的原因，鼓励人们思考并依据案例所提供的资料自己作出决策。同时，案例研究的方法还成为管理教育方面的一种重要的教学方法，例如著名的美国哈佛商学院就因其成功的案例教学而培养出了众多优秀的工商业领导者。

（五）实验的方法

在管理活动中，实验的方法已成为摸索经验、进行决策的强有力的工具。这是因为：

（1）实验的方法可以帮助管理者发现问题的原因，并找到有效的改进措施和解决方法。

（2）实验的方法是创立先进管理理论的重要手段。泰勒的科学管理理论以及组织行为科学理论都是通过实验摸索总结出来的，并通过实验予以验证和推广。

（3）实验的方法是保证管理决策科学有效的重要途径。先实验后应用本身就是一种科学严谨的态度。通过实验，总结并验证出行之有效的管理理论与原则，能为实践中管理决策的科学有效提供坚实的基础。

【本章小结】

管理就是管理者通过计划、组织、领导和控制等职能来协调组织所拥有的有限资源，从而有效地实现组织目标的过程。管理学作为一门系统地研究人类管理活动的普遍规律、基本原理和一般方法的科学，具有一般性、综合性、历史性、模糊性和实用性等特点。

所谓管理职能，是指人们对管理工作应有的一般过程和基本内容所作的理论概括。计划、组织、领导和控制这四项基本管理职能，构成了管理者发挥作用的四项基本工作。管理的作用在于它可以协调组织成员的行为，实现组织的集体性目标，能够配置组织所拥有的有限资源，提高组织运转的效率，从而使组织可以在当今激烈的竞争环境中生存和发展。

管理具有两大性质：一是管理拥有自然属性与社会属性，即管理具有二重性；二是管理具有科学性与艺术性。此外，我们还要掌握管理的动态性、灵活性、创新性和经济性等特点，为管理实践提供坚实的理论基础。

管理存在两大类研究对象：一是广义的研究对象，主要指研究生产力、生产关系和上层建筑三个方面的管理问题；二是狭义的研究对象，主要指研究管理的基本理论和管理方式、方法与原则。观察总结的方法、比较研究的方法、历史研究的方法、案例研究的方法和实验的方法是管理学研究的基本方法。

【关键术语与概念】

管理　管理学　管理职能　管理二重性　管理的科学性与艺术性

【拓展阅读】

1. ［美］哈罗德·孔茨．管理学．郝国华等译．北京：经济科学出版社，2004

2. ［美］迈克尔·A. 希特．战略管理．吕巍译．北京：机械工业出版社，2002

3. http：//manage. org. cn/

【案例阅读】

松下的辉煌与挑战
——随着时间推移和环境变化的管理变革

松下幸之助是日本著名跨国公司松下电器的创始人，被人称为“经营之神”——“事业部”、“终身雇佣制”、“年功序列”等日本企业的管理制度都是由他首创的。

他一生的奋斗经历和优秀的经营秘诀深受世人推崇。他只接受过4年的小学正规教育，在他23岁时建立了“松下电气器具制作所”，7年后，成为日本收入最高的人。在他看来，经营的第一理想是贡献社会，把自己的企业纳入整个社会的发展中，才是最基本的经营秘诀。松下幸之助为人谦和，他曾用一句话概括自己的经营哲学：“首先要细心倾听他人的意见。”

以下为松下幸之助的部分经典语录整理：

(1) 智慧、时间、诚意都是企业的另一种投资。不懂这个道理的人，就不是真正的公司从业员。

(2) 经营者除了具备学识、品德外，还要全心投入，随时反省，才能领悟经营要诀，结出美好的果实。

(3) 不应该借巧妙的讨价还价赚钱，必须一开始就制定合理的价格。即使对方要求减价也不同意，相反，要去说服顾客接受这个价格。依我的看法，采取这种方法最成功。

(4) 合理利润的获得，不仅是商人经营的目的，也是社会繁荣的基石。

(5) 任何东西本身皆具有说服力，要善用物品的说服力，但不可用来贿赂。

(6) 说服的方式因时因地有所不同，预先察知什么情况适合哪一种说服方式，才是最重要的。掌握对方的性格、情绪，不存说服之心地去说服，才有成功的可能。

(7) 做生意，要有洞察先机、先发制人的能力，因为这是真刀真枪的决斗，只许赢，不许输。

松下公司的电器产品在世界市场上早就闻名遐迩，松下幸之助也因畅销书《松下的秘密》而名扬全球。松下公司之所以能有今天，是和松下幸之助管理有方、经营得法分不开的。可以说，松下电器公司获得成功的一个重要因素是"精神价值观"。松下幸之助规定公司的活动原则是："认清实业家的责任，鼓励进步，促进全社会的福利，致力于世界文化的繁荣发展。"他给全体员工规定的经营信条是："进步和发展只能通过公司每个人的共同努力和协力合作才能实现。"松下幸之助还提出了由"产业报国，光明正大，友善一致，奋斗向上，礼节谦让，顺应同化，感激报恩"七方面内容构成的"松下精神"。在日常管理活动中，公司非常重视对广大员工进行"松下精神"的宣传教育。每天上午8点，松下公司遍布各地的87 000多名职工都在背诵企业的信条，放声高唱《松下之歌》。松下电器公司是日本第一家有精神价值观和公司之歌的企业。在解释"松下精神"时，松下幸之助有一句名言：如果你犯了一个诚实的错误，公司是会宽恕你的，把它作为一笔学费；而一旦你背离了公司的价值规范，就会受到严厉的批评，直至解雇。正是这种精神价值观的作用，使得松下公司这样一个机构繁杂、人员众多的企业产生了强劲的内聚力和向心力。见过松下电器的人都知道"NATIONAL"，不仅是松下公司电器产品商标，而且成为日本产品形象和经济起飞的象征。

与此同时，松下电器公司建立的"提案奖金制度"也是很有特色的。公司不仅积极鼓励职工随时向公司提建议，而且由职工选举成立了一个推动提供建设的委员会，在公司职员中广为宣传，收到了良好的效果。仅1985年1月到10月，公司下属的技术工厂仅有1 500名职工，而提案有75 000多个，平均每人50多个。1986年，全公司职工一共提出了663 475个提案，其中被采纳的多达61 299个，约占全部提案的10%。公司对每一项提案都予以认真地对待，及时、全面、公正地组织专家进行评审，视其价值大小、可行性与否，给予不同形式的奖赏。仅1986年一年，松下电器公司用于奖励职员提案的奖金就高达30多万美元。当然，这一年中合理化提案所产生的效益则远远不止30万美元。正如松下电器公司劳工关系处处长阿苏津所说："即使我们不公开提倡，各类提案仍会源源而来，我们的职工随时随地在家里、在火车上，甚至在厕所里都在思索提案。"

松下幸之助经过常年观察研究后发现：按时计酬的职员仅能发挥工作效能的20%~30%，而如果受到充分激励则可发挥至80%~90%。于是松下幸之助十分强调"人情味"管理，学会合理的"感情投资"和"感情激励"，即拍肩膀、送红包、请吃饭。

——拍肩膀。车间里，机器旁，当一个员工兢兢业业、一丝不苟操作时，常常会被前来巡视的经理和领班们发现。他们先是拿起零件仔细瞧瞧，然后会对着你的肩膀轻轻拍几下，并说上几句"不错"、"很好"之类赏识的话。

——送红包。当你完成了一项重大技术革新，或当你的一条建议为企业带来重大效益的时候，老板会不惜代价地重赏你。他们习惯于用信封装上钱款，个别而不是当众送给你。对员工来说，这样做可以避免别人尤其是一些"多事之徒"不必要的斤斤计较，减少因奖金多寡而滋事的可能。

——请吃饭。凡是逢年过节、厂庆或是职工婚嫁时，厂长经理们都会慷慨解囊，请员工赴宴或上门贺喜，进行慰问。在餐桌上，上级和下属可尽情唠家常、谈时事、提建议，气氛和睦融洽，它的效果远比站在讲台上向员工发号施令好得多。

更令人叫绝的是，为了消除内部矛盾，减轻员工的精神压力，松下公司公共关系部还专门开辟了一间"出气室"。里面摆着公司大大小小行政人员与管理人员的橡皮塑像，旁边还放上几根木棒、铁棍，假如哪位职工对某位主管不满，就可以随时来这里，对着他的塑像拳脚相加棒打一顿，以解心中积郁的闷气。过后，有关人员还会找你谈心聊天，沟通思想，给你解惑指南。久而久之，在松下公司就形成了上下一心、和谐相容的"家庭式"氛围。

如今的松下：

2012年6月27日的股东大会上正式任命津贺一宏出任松下社长。津贺一宏拥有加州大学计算机科学专业硕士学位。他此前曾在松下从事DVD产品的研究，并负责过汽车系统部门的管理。津贺一宏正面临着挑战：在创纪录的亏损之后推动公司复苏。

松下股价在2012年6月26日收于626日元，市值为1.5万亿日元。2006年4月，松下市值达到7万亿日元。事实上，由于业绩预告未达外界预期，2012年5月12日，松下股价创下了30年来的新低。

2011年松下净亏损7 720亿日元。至此，松下已经经历了连续4年的电视机业务的亏损。2011年，全球电视机出货量在过去6年来首次下降，而日元兑美元的汇率则创下“二战”后新高，这影响了松下的海外业务营收。松下已公开承认，大举投资电视机面板的战略是一个错误。松下的前任社长大坪文雄在松下股东大会上向股东道歉，因为过去几年，松下在日本耗资高达4 850亿日元，投建了三处等离子面板制造厂，然而这样的投资并没有为企业实现盈利。大坪文雄表示，投资建厂这个决定当时是冷静的判断，但是液晶技术的进步使得等离子的竞争力削弱，松下将以此作为今后产业经营的教训。

截至2012年3月31日，松下仍是日本上市公司中最大的雇主，员工总数达到330 767名。但就在2011年，松下裁员3.6万人，而且这种战略调整在新社长上任之后还将继续。松下的前两次大裁员分别出现在2001年IT业泡沫破裂和2008年金融危机期间，分别裁员2万人和1.5万人。这与近年来日本企业逐渐打破终身雇佣制所表现的行动是一致的。

津贺一宏被外界视为改革派和行动派，有可能进行“创造性的毁灭”，从而使得松下扭亏为盈，东山再起。

……

（主要资料来源于“中国企业家”以及“21世纪经济报道”等网络资料）

第二章　管理理论的形成和发展

【本章学习要点】

■ 了解早期管理思想的产生过程。

■ 熟悉古典管理理论、现代管理理论和当代管理理论的演变过程。

■ 了解中国管理思想产生和发展的过程。

■未来管理理论新趋势。

第一节　早期管理思想

一、早期管理思想的产生

人们为了满足经济、政治和社会等方面的需求，建立了各种组织帮助达成目的，例如家庭、部落、教会和国家等，这些组织必须加以管理。如果要下一个定义，管理就是一种发挥某些职能，以便获取、分配和利用相关资源来实现具体目标的活动。而管理思想就是实际存在的管理活动及其职能、目的以及范围的知识的主体。同时，管理思想既是文化环境的过程，又是文化环境的产物。早期的管理思想分两个阶段：

（一）工业化前的管理思想

工业化前，人类社会中的组织主要是家庭、部落、教会、军队和国家等。在处理家庭事务、指挥军事活动、治理教会和国家的事务中，管理活动是必不可少的，于是涌现了早期的管理思想，但这些管理思想大都是局部性的，组织主要还是靠神权、君权、教义和军事化纪律来管理。在尚未工业化的环境下，几乎没有创立正式管理思想体系的必要。所以在早期的管理思想中，占统治地位的是反商业、反获取成就和反人道的文化价值准则。

（二）工业革命对管理思想的影响

工业化的新时代是由新教理论、自由理论和市场理论三种力量相互作用和结合而产生的，这三种力量也说明了在文化新生期间，经济、社会和政治的变化过程。文化的新生为工业化创造了条件，同时提出了建立系统管理知识体系的要求和需要。

工业革命发源于英国。工业革命不仅是技术革命，而且也是一场文化革命，它不仅创造了一种新的文化环境，也产生了新的管理问题。工业革命前，生产包括三个要素：土地、劳动力和资本。工业革命开始后，人们努力适应城市和工厂的生活，需求也日趋复杂。组织本身也被迫进行改变，必须变得更具创新力和竞争力，才能从大规模的生产和分配中取得经济实惠。随着工厂规模的不断壮大，客观上需要专门的管理人员，需要训练有素的劳工队伍，需要一套系统的管理方法，于是管理便顺理成章地成了生产的第四要素。

二、早期的管理先驱及其思想

早期的管理先驱主要有四个人，下面分别作简要的介绍。

罗伯特·欧文（1771—1858），是英国的企业主和管理先驱。欧文在自己的工厂中创造出了许多管理经验。他要求在改组社会的基础上建立新的道德秩序，他认为除了借助金钱外，必须要重视人的因素。

查尔斯·巴比奇（1792—1871），是英国的发明天才。巴比奇在管理上的最大贡献就是把技术手段应用到管理上来，这使他成为早期运筹学和管理学的鼻祖。

安德鲁·尤尔（1778—1857），是英国管理教育的先驱者。尤尔的主要工作是对早期工厂制度下的管理人员进行教育培训，讲授其经验和见解。他是工厂制度的捍卫者，他认为这种制度对社会利多弊少。

夏尔·迪潘（1784—1873），是法国工业教育的先驱者。迪潘在法国开办管理课程，同样对工业化持乐观态度，不遗余力地赞扬工厂制度。他认识到工人对工业机械化的不安和忧虑，鼓励工人和管理人员积极认识机械化对他们本人和社会的好处。

第二节　古典管理理论

一、古典管理理论概述

管理科学产生于19世纪末20世纪初，是伴随着资本主义工业的发展而逐渐形成和发展起来的。通常认为，管理科学是从美国管理学家弗雷德里克·温斯洛·泰勒开始的，至今共历经了古典管理理论、行为科学理论和现代管理理论三个发展阶段。值得注意的是，这三个阶段不是截然分开的，也不是前一阶段结束下一阶段才告开始的。实际情况是，虽然各种管理理论的产生有先有后，却相互影响，各种理论之间存在着继承和借鉴的关系。

20世纪初，弗雷德里克·温斯洛·泰勒发起的科学管理革命导致了古典管理理论的产生。古典管理理论的代表人物主要有弗雷德里克·温斯洛·泰勒、亨利·法约尔、马克斯·韦伯三人，他们分别从三个不同的角度，即车间工人、办公室总经理和组织来解决企业及社会组织的管理问题。对于存在于当时社会中的企业组织劳资关系、管理原理和原则、生产效率等问题，古典管理理论为其提供了管理思想的指导和科学的理论方法。

古典管理理论诞生于20世纪初的美国，这与美国当时的经济、社会和文化发展状况密切相关。美国经济学家罗斯托把经济成长分成五个阶段，即人类社会发展分别经历了传统阶段、起飞前阶段、起飞阶段、成熟阶段和高消费阶段。古典管理理论正是形成于美国经济起飞阶段。这一时期的特征是社会经济持续增长，并且在主要成长部门有可能通过革新创造或者通过利用新的资源形成很高的成长率，从而带动社会经济其他方面扩充能量。在经济起飞时期，整个经济都在快速增长，从而使那些具有经济现代化观念的人能够战胜那些坚持传统社会观念的人，在社会和文化等方面取得胜利。起飞阶段所迸发出来的强大力量，既可能表现为工业革命的形式，也可能表现为技术革新的形式，还可能表现为管理方式改变的形式。也正是由于经济起飞阶段的经济发展需要，古典管理理论破土而出。

二、古典管理理论的代表人物及其理论

古典管理理论的主要代表有弗雷德里克·温斯洛·泰勒为代表的科学管理

理论、亨利·法约尔为代表的一般管理理论和马克斯·韦伯为代表的组织理论。

（一）泰勒及其科学管理理论

1. 泰勒简介

泰勒出生于美国一个富裕的律师家庭，良好的教育使他从小就培养了追求真理、探寻事实的强烈欲望和消除浪费与懒惰等问题的极大热情。他 18 岁时以优异的成绩顺利考入哈佛大学，但第二年却因视力和健康原因中止学业到一家小机械厂当学徒工。22 岁的时候，泰勒进入费城米德维尔钢铁公司当技工，后来被迅速提升为工长和总技师，28 岁时，他就升任钢铁公司总工程师。钢铁公司处于较原始状态的企业管理水平，泰勒面临工人处境和劳动状况方面的问题，引发了通过改善低效率工作，提高工人劳动效率来改变企业工作状况的思考。他的思考导致了随后一系列实验的产生。1901 年后，泰勒用大部分时间从事写作和讲演来宣传他的管理理论。1911 年，泰勒出版了代表作《科学管理原理》。在管理思想史上，泰勒被誉为“科学管理之父”，这个称号也被刻在他的墓碑上。

2. 泰勒的科学管理理论

泰勒在《科学管理原理》中提出了科学管理思想应遵循的四条重大管理原则。这四大原则分别是：建立一种严格的科学；科学地挑选、培训、教育和发展工作；诚恳地与工人合作以保证一切工作都按已发展起来的科学原则办事；工人与管理层之间在工作和责任的份额大致均等，管理层应把适合自己做的工作接收回来。具体来讲，泰勒的科学管理理论的主要内容有：

（1）科学管理的核心问题是提高劳动效率。泰勒认为科学管理的根本在于提高劳动生产率。他认为企业提高劳动生产率的潜力很大。在当时，无论是雇主还是工人，对于一个工人一天到底能干多少工作、该干多少工作都心中无数。泰勒在一项工人搬运生铁的实验中发现，通过科学管理可使工人每天搬运生铁的数量从 12.5 吨提高到 47.5 吨，工人工资由每天 1.15 美元增加到 1.85 美元。

（2）为工作挑选一流的工人。泰勒认为一流的工人应包括两个方面：一是该工人的能力最适合他所从事的工作；二是该工人从内心愿意从事这项工作。根据工人的不同能力和兴趣把他们分配到相适应的工作岗位，才能使之成为一流的工人。只有挑选了一流的工人，才能极大地提高劳动生产率。

（3）研究工时和标准化。工时研究是泰勒科学管理理论的基础。工时研究并非是简单地对某一工人完成一件任务的时间进行统计，而是把一件工作分解为几个基本组成部分，并对这些基本组成部分进行测试，然后根据其合理性重新进行安排，从而来确定最佳的工作方法。工时研究是用资料研究未来而非过去，是用来分析问题而非描述问题。泰勒认为，除了操作方法标准化外，还应对工具、机械、原料和作业环境等进行改进，并最终使与任务有关的所有要素都实现标准化。总之，工时研究与标准化为了解如何更加合理地完成一件工作找到了一条较为科学的途径。

（4）实行差别计件工资制。制定标准定额就是通过大量的工时与动作研究，把每一项工作都分成尽可能多的基本动作，通过观察熟练工人的操作过程，找出每一个基本动作的最优方法，在此基础上确定工作定额。在标准定额的基础上，泰勒建议实行新工资制度即差别计件工资制。泰勒认为，差别计件工资制是在工资支付对象是工人而不是职位这一思想的指导下，按照工人是否完成其定额而采取高低不同的工资率。例如，完成定额的工人可按工资标准的115%来计算工资，而不能完成定额的则只能按工资标准的70%甚至更低来计算工资，通过这样的差别工资率来鼓励工人千方百计完成工作定额。

（5）实行职能工长制。泰勒认为，一位全面的工长应具备以下品质：智能、教育、专门的知识、力气、机智老练、干劲、刚毅不屈、忠诚老实、判断力、身体健康。他认为要找到一个具备三种上述品质的人并不困难，要找到一个具备五六种上述品质的人则比较困难，要找到一个能具备七八种上述品质的人几乎是不可能的。为了解决这种矛盾，泰勒提出了分阶段的职能工长的想法，他认为把工长的工作专业化后，对任职者的体力和脑力的要求就相应降低了，这有利于找到合适的人选。

（6）例外原则和心理革命。泰勒认为，经理人员应努力避免管理中的细小问题，应把这些日常例行事务留给专门人员去处理，经理人员只需关心“例外问题”。“例外原则”对于帮助经理人员摆脱日常具体事务，集中精力对重大问题进行监督决策是必要的。执行这一原理不仅要授权给下级，而且应当使日常业务工作标准化、制度化，使下级人员有章可循。同时泰勒认为，通过开展一场“心理革命”，变劳资对立为相互协作，共同为提高劳动生产率而努力，才是科学管理理论的真谛。

总之，泰勒倡导在管理中运用科学方法和实践，用调查研究和科学知识代替管理者个人的主观判断与经验。正是泰勒科学管理理论的出现才使人类的管理由经验走向了科学；正是在泰勒科学管理理论指导下才创造出了一系列有助于提高劳动生产率的技术和方法。当然，泰勒的科学管理理论也存在许多不足，例如，他对工人的有些看法是错误的，他认为工人是愚昧的，对科学完全无知；他仅重视技术因素，忽视了社会群体因素对管理的影响；他只注重基层管理或车间管理，忽视了企业作为一个整体应该如何经营与管理的问题。

3. 泰勒的追随者

弗兰克、莉莲·吉尔布雷斯和亨利·L. 甘特都是泰勒科学管理理论的追随者中的杰出代表。他们在寻找最优作业方法过程中，创造了许多实用管理方法和研究，如其中的管理心理学研究至今仍在传播与发展。甘特提出实行"工作任务和资金"的工资制度，提出用图表来帮助管理，后人称这种用于标明计划与实际作业情况的图表为甘特图；吉尔布雷斯夫妇分解各种最基本的操作并进行细致的动作研究，同时进行疲劳研究，寻找工作时间和休息时间的最佳搭配方式。他们都为科学管理理论作出了贡献。

（二）法约尔及其一般管理理论

1. 法约尔简介

法约尔出生于法国一个富裕的家庭，1860 年从矿业学校毕业后进入法国一家矿业公司工作，从 1888 年开始担任该公司总经理，一直到 1918 年退休。30 年的总经理生涯使他能够从最高层来探讨组织的管理问题。法约尔是古典管理理论在法国的杰出代表，他的代表作是 1916 年出版的《工业管理与一般管理》。他提出的一般管理理论对西方管理理论的发展具有非常重大的影响，成为管理过程学派的理论基础，也是今后各种管理理论和管理实践的重要依据之一。

2. 法约尔的一般管理理论

法约尔的一般管理理论是古典管理理论的重要组成部分，其主要内容和观点有：

（1）阐述了经营的概念及员工能力的相对重要性。

法约尔认为经营和管理其实是两个不同的概念。经营是指导一个组织向目标靠近，并最终实现目标。经营由六项具体活动组成：①技术活动，如生产、加工、制造；②商业活动，如购买、交换、销售；③财务活动，如资金筹措与运用；④安全活动，如设备和人员保护；⑤会计活动，如成本核算、统计、存货盘点；⑥管理活动，如组织内行政人员所从事的计划、组织、指挥、协调和控制等活动。

法约尔认为所有组织成员都应具备上述六种活动能力，但他同时认为对不同层次和不同组织的人员来说，这些能力的相对重要性也是不同的。首先，处于不同层次的人员，各种能力有不同的重要性。愈往高层，管理能力的重要性增加，技术能力重要性减弱；愈往低层，管理能力重要性减弱，技术能力重要性增加。其次，不同规模的组织的领导人员，各种能力的相对重要性也不同。组织规模越大，领导人员的管理能力的重要性越大，技术能力重要性越小；组织规模越小，领导人员技术能力的重要性越大，管理能力的重要性越小。

（2）提出并详细分析了管理的五项职能。

法约尔指出，管理是一种普遍存在于各种组织的活动，这种活动包括五项职能，即计划、组织、指挥、协调和控制：①计划，是对事件的预测，并以预测结果为根据拟订工作方案；②组织，是为组织中的劳动、材料、人员等资源提供一种结构；③指挥，是促使组织为达成目标而进行行动的领导艺术；④协调，是为达到组织目标而维持必要统一的一项工作；⑤控制，是为保证各项工作按既定计划进行而做的工作。

法约尔认为：计划是最重要的管理职能，计划常常关系着企业的成败。他同时提出了计划的依据，指出了良好的计划应具备的特征，以及为制订良好计划领导人员必备的条件和能力。他认为，组织包括人力组织和物力组织，而组织作用的发挥离不开指挥，即把任务分配给各级领导人员，使他们承担相应的职责。他认为，协调与控制就是要统一、调节和规范所有活动，检查工作进展是否与计划一致，防止和纠正工作中可能出现的偏差。

（3）提出了管理中具有普遍意义的十四项原则。

为了保证实施以上五项管理职能，法约尔提出了十四项原则：

①劳动分工。他认为分工不仅限于技术工作，也适于管理工作，但专业分工要适度。

②权力与责任。他认为责任是权力的孪生物，是权力的当然结果和必要补充，凡有权力行使的地方就有责任。

③纪律。他认为纪律对于企业取得成功是绝对必要的，同时还认为纪律是领导人创造的，组织的纪律状况取决于领导者的道德状况。

④统一指挥。他认为无论什么时候下属都应接受且只接受一个上级的命令，这是一条普遍的、必要的原则。

⑤统一领导。他认为凡是具有同一目标的活动，应只有一个领导人和一套计划。

⑥个人利益服从集体利益。他认为要实现这一原则，领导者必须以身作则并经常监督，尽可能签订公平协议。

⑦合理的报酬。他认为人员的报酬是其服务的价格，应保证合理，尽可能

使雇主和雇员都满意。

⑧适当集权和分权。他认为集权作为一项管理制度本身无所谓好坏，领导者应根据实际情况把握好度。

⑨秩序。他认为一切要素应各就其位，强调按照事物的内在联系事先选择好要素的恰当位置。

⑩公平。他认为公平是由善意和公道产生的，领导者应该发挥自己的最大能力使公平感深入人心。

⑪保持人员稳定。他认为人们熟悉自己的工作需要时间，要根据实际情况有秩序地安排人员并补充人力资源。

⑫首创精神。他认为全体人员的首创精神对企业来说是一种巨大的力量，尤其是在困难时刻。

⑬人员的团结。他认为团结就是力量，要努力在企业内部建立起和谐团结的氛围。

⑭跳板原则。他认为企业管理中的等级制度显示命令统一是必要的，但会产生信息延误现象。为解决这个问题，他提出了跳板原则，以便横跨权力执行的路线而直接联系，但他强调只有在有关各方都同意且上级知情的情况下才能这样做。

（4）论述了管理教育和建立管理理论的必要性。

在当时的法国，不少企业领导者都认为，只有实践和经验才是走上管理职位的唯一途径，所以当时的学校也没有管理方面的课程。而法约尔认为人的管理能力是可以通过教育来获得的，管理能力就像其他技术能力一样，先在学校里后在车间里得到。法约尔很强调管理教育的必要性，他认为缺少管理教育是因为缺少管理理论，是由于每个管理者都按自己的方法、原则和判断行事，没人把经验教训总结概括为管理理论，所以他强调建立管理理论的必要性并勇担重任。

总之，作为古典管理理论的重要组成部分，法约尔的一般管理理论具有更强的理论性和系统性。他提出的管理职能论为管理学提供了一套科学的理论框架，对现代管理科学具有直接重大的影响。同时，他从企业最高层管理者的角度概括总结的管理理论具有普遍意义，也适用于其他管理领域，所以他的理论被称为一般管理理论。遗憾的是，由于他过于追求管理理论的一般性，因而对具体的管理过程不够重视。

（三）韦伯及其组织理论

1. 韦伯简介

韦伯出生于德国一个有着广泛社会关系的富裕家庭，他对社会学、宗教、经济学和政治学都怀有极大兴趣。他是与泰勒和法约尔同时代、同样著名的古典管理理论的代表人物。韦伯的《社会组织与经济组织理论》一书代表了他对组织理论的重大贡献。在管理学思想史上，韦伯被誉为“组织理论之父”。

2. 韦伯的组织理论

韦伯的组织理论是古典管理理论的重要组成部分，其主要内容有：

（1）揭示了组织与权威的关系并划分了权威的类型。

韦伯认为，任何组织都必须以某种权威为基础才能实现目标，但不同组织的权威不同。他认为，组织赖以建立的权威有三种类型：一是传统权威，以对社会习惯、社会传统的尊崇为基础；二是超凡权威，以对领袖人物的品格、信仰或超人智慧的崇拜为基础；三是合理合法权威，以对法律确立的职位权力的服从为基础。韦伯认为，以传统权威或超凡权威为基础建立的组织不是科学和理想的组织，只有建立在合理合法权威基础上的组织才是理想的组织。他认为，这种组织在精确性、纪律性、稳定性和有效性等方面都比其他组织优越。韦伯把这种组织定义为官僚制组织。

（2）指出了官僚制组织的基本特征。

韦伯认为，官僚制组织的基本特征有：①实现劳动分工并明确规定成员的权力与责任并使之合法化；②把各职位按权力等级严密组织起来形成指挥体系；③通过正式考试成绩或取得的技术资格来挑选组织所有成员；④实行任命制，只有个别职位才实行选举制；⑤公职人员必须是专职并有固定薪金保证；⑥职务活动被认为是私人事务以外的事情，受规则和制度制约且毫无例外适于各种情况。

（3）概括了官僚制组织的结构特征。

韦伯认为，官僚制组织的体系结构分为三个层次，即最高领导层、行政官员层和一般工作人员层。在官僚制组织下，最高领导层相当于组织的高级管理层，其主要职能是决策；行政官员层相当于中间管理层，其主要职能是执行最高领导层决策；一般工作人员层相当于直接操作层，其主要职能是从事各项具体工作。

总之，韦伯的组织理论特别是官僚制组织理论，是适应传统封建社会向现代化工业社会转变的需要而提出的，该理论影响十分深远，具有里程碑式的意义。

综上所述，我们应认识到，古典管理理论不仅正式确立了管理学是一门科学，还建立了一套管理理论的原理、原则和方法。古典管理理论不仅涵盖了有关组织理论，还为后来的行为科学和现代管理学派奠定了理论基础。当代许多管理技术与管理方法皆来源于古典管理理论，都是对古典管理思想的继承和发展。

第三节　现代管理理论

现代管理理论阶段主要指行为科学管理理论阶段及管理理论丛林阶段。

一、行为科学管理理论

行为科学管理理论阶段主要研究个体行为、团体行为与组织行为，重视研究人的心理、行为等对高效率地实现组织目标的影响作用。行为科学管理理论的主要成果有乔治·埃尔顿·梅奥（J. E. Mayo）的人际关系学说、亚伯拉罕·马斯洛（A. H. Maslow）的需求层次理论、弗雷德里克·赫茨伯格（F. Herzberg）的双因素理论、道格拉斯·麦格雷戈（D. M. McGregor）的“X理论—Y 理论”等。

（一）行为科学管理理论概述

古典管理理论学家泰勒、法约尔和韦伯把人看成“经济人”，认为工人只是追求高工资，在干活时会磨洋工，因此应用严格、科学的办法来管理。泰勒主张设计科学的操作方法，工人严格照章执行以提高生产率；法约尔从企业整体角度，推行一套科学的管理原则；韦伯的官僚组织体系也是一种科学的管理组织体系。古典管理理论的共同特点是强调组织和管理的科学性和精密性，但都忽视了人的因素。古典管理理论虽然在提高劳动生产率方面取得了显著成效，却由于忽视了人的因素激起了工人和工会的反抗。随着时代的发展，单纯用科学管理理论和方法已不能有效地管理和控制工人，难以达到提高生产率和利润的目的，因此必须有新的企业管理理论来缓和矛盾，从而促进生产率的提高，于是行为科学管理理论应运而生。

行为科学管理理论是以人的行为及其产生原因为研究对象，主要研究个体行为、团体行为与组织行为，重视研究人的心理和行为对实现组织目标的影响。具体来说，行为科学管理理论是从人的需要、欲望、动机和目的等心理因素的角度来研究人的行为规律，特别是研究人与人之间的关系、个人与集体的关系，并借助这种规律性认识来预测和控制人的行为，从而实现提高工作效率和达成组织目标的目的。行为科学管理理论虽然没有研究出一套完整的管理知识体系，却为人们提供了许多有用的素材，其行为论题主要包括激励、领导、群体、组织设计、组织变化与发展等内容。

（二）行为科学管理理论的代表人物及其理论

行为科学管理理论的主要成果有梅奥的人际关系学说、马斯洛的需求层次理论、赫茨伯格的双因素理论和麦格雷戈的“X 理论—Y 理论”等。

1. 梅奥及其人际关系学说

（1）梅奥简介。

梅奥（1880—1949）是美国管理学家，原籍澳大利亚，美国艺术与科学院院士。他出生于澳大利亚的阿德莱德，20 岁时取得澳大利亚阿德莱德大学逻辑学和哲学硕士学位，后赴苏格兰爱丁堡研究精神病理学，对精神上的不正常现象进行分析，从而成为澳大利亚心理疗法创始人。1922 年在洛克菲勒基金会资助下梅奥移居美国，在宾夕法尼亚大学沃顿管理学院任教。其间梅奥曾从心理学角度解释产业工人行为，认为影响因素是多重的，没有一个单独要素能够起决定作用，这成为他后来将组织归纳为社会系统的理论基础。1923 年，梅奥在费城附近一家纺织厂就车间工作条件对工人的流动率、生产率的影响进行实验研究。1926 年，他进入哈佛大学工商管理学院专事工业研究。1927 年冬，梅奥应邀参加了开始于 1924 年但中途遇到困难的霍桑实验，从 1927 年到 1936 年断断续续进行了长达八年的实验研究。在霍桑实验的基础上，梅奥分别于 1933 年和 1945 年出版了《工业文明的人类问题》和《工业文明的社会问题》两部名著，从而成为早期行为科学——人际关系学说的创始人。

（2）霍桑实验。

在人际关系学说产生以前，古典的管理理论主要强调管理的科学性和严密性，轻视人的作用，都把工人看作机器的附属品。霍桑实验一开始也是一项以科学管理理论为基础的实验。霍桑实验是以哈佛大学教授梅奥为首的一批学者在美国芝加哥西方电气公司所属霍桑工厂进行的一系列实验的总称。从 1924 年开始到 1932 年结束，整个实验可分为四个阶段。

第一阶段，车间照明实验。

1924 年 11 月，霍桑工厂研究者在本厂的继电器车间开始了厂房照明条件与生产效率关系的实验。这项实验前后共进行了两年半时间，然而照明实验进行得并不成功。实验结果表明，无论增加或减少照明强度都可以提高效率。这样的结果令人感到迷惑不解，因此这一阶段有许多人退出了实验。

第二阶段，继电器装配实验。

1927 年，梅奥接受邀请并组织了一批哈佛大学教授成立了一个新的研究小组，开始了第二阶段的“福利实验”。实验目的是为了找到更有效地影响职工积极性的因素。梅奥对实验结果进行归纳，最后得出了“改变监督与控制方法能改善人际关系，能改进工人的工作态度，促进产量的提高”的结论。

第三阶段，大规模访谈计划。

根据第二阶段的实验结果，梅奥等人制订了一个征询职工意见的访谈计划，在 1928 年至 1930 年不到两年的时间内，研究人员对工厂中两万名左右的职工进行了访谈。在访谈计划的执行过程中，研究人员对工人在交谈中的怨言进行分析，发现引起他们不满的事实与他们所埋怨的事实并不一致，工人表述的不满与隐藏在他们心理深层的不满情绪并不一致。研究人员认识到，工人由于关心个人问题会影响到工作效率。所以管理人员应该了解工人的这些问题，重视人的因素，在与工人相处时更为热情、更加关心他们，这样可以改善人际关系和提高职工士气。

第四阶段，继电器绕线组工作室实验。

这是一项关于工人群体的实验，其目的是要证实在工人当中是否真的存在一种非正式组织，这种非正式组织是否对工人的态度有极其重要的影响。实验者为了系统观察在实验群体中工人之间的相互影响，在车间挑选了 14 名男职工，其中 9 名是绕线工，3 名是焊接工，2 名是检验工，并让他们在一个单独的房间内工作。实验开始时，研究人员就向工人说明，他们可以尽力工作，因为在这里实行的是计件工资制。然而结果出乎意料，生产小组内有一种默契，大部分工人有意限制自己生产的产量，否则就会受到小组其他成员的冷遇和排斥，奖励性工资并不像传统管理理论认为的那样，可以使工人最大限度地提高生产效率。研究者认为，工人中确实存在着一种自然形成的非正式组织，对内可以控制其成员的行为，对外可以保护其成员不受来自管理阶层的干预。这种非正式组织一般都存在着自然形成的领袖。

霍桑实验揭示出工业生产中的个体具有社会属性，生产率不仅与物质实体条件有关，而且也与工人的心理、态度、动机和群体中的人际关系以及领导者与被领导集体的关系密切相关。

（3）人际关系学说。

霍桑实验第一次把工业中的人际关系提到了首要地位，并且提醒人们在处理管理问题时要特别关注人的因素。梅奥对历时八年的霍桑实验结果进行了总结和分析，并于1933年出版了《工业文明中人的问题》一书，标志着管理学发展到了以人为中心的新阶段。书中的理论也被称为人际关系学说，主要内容包括以下几个方面：

第一，工人是“社会人”而不是单纯的“经济人”。古典管理理论把工人看成是只追求物质利益的“经济人”，倡导用科学的管理方法提高劳动生产率。但梅奥认为，人是“社会人”，工人除有生理和物质方面的需求外，还有很多社会和心理方面的需求。因此，必须同时从社会和心理方面来激励工人提高生产率。

第二，企业中除了正式组织外，还存在着非正式组织。梅奥认为，企业成员在工作过程中，会自发形成无形的群体体系，通常也有默认“领袖”和不成文的规则。这些非正式组织和正式组织尽管目标各异，利益也不一致，却是普遍存在的客观现象。如果能协调好两者的行为、利益与目标，将会大大提高生产率。

第三，新型的领导能力在于提高工人的满足度，以提高工人士气和干劲，进而提高工人的生产效率。梅奥认为，提高生产率最重要的因素是工人的士气，而士气又取决于家庭、社会生活和企业内的人际关系，即取决于工人的社会需要和心理需要得到满足的程度。因此，领导者不仅要具有解决技术、经济方面的能力，还应具有善于了解职工思想感情和处理人际关系的能力，也就是要具备把企业的经济需求同职工的社会心理需求结合统一起来的新型领导能力。

总之，梅奥的人际关系学说，把管理学研究从“以事为中心，以人来适应事”的阶段发展到“以人为中心”的新阶段，使管理学的发展向前进了一大步。霍桑实验以及梅奥的人际关系学说对西方管理理论发展产生了深远的影响，使西方管理思想在经历了早期管理理论和古典管理理论阶段之后开始进入行为科学管理理论的新阶段。

2. 马斯洛及其需要层次理论

（1）马斯洛简介。

马斯洛（1908—1970）出生于纽约市布鲁克林区，是美国著名的社会心理学家、人格理论家和比较心理学家，是人本主义心理学的主要发起者和理论家、心理学第三势力的领导人。1926年进入康奈尔大学学习，三年后转至威斯康星大学攻读心理学，在著名心理学家哈洛的精心指导下，1934年获得博士学位并留校任教。1935 年在哥伦比亚大学担任桑代克学习心理研究工作助理。1937 年担任纽约布鲁克林学院副教授。1951 年被布兰戴斯大学聘为心理学教授兼系主任，开始对健康人格或自我实现者的心理特征进行研究。1967 年担任美国人格与社会心理学会主席和美国心理学会主席，著有《人类动机的理论》一书。

（2）需要层次理论。

1943 年，马斯洛出版了《人类动机的理论》一书，书中提出了需要层次理论。这种理论有三个基本假设：首先，人要生存，人的需要能够影响他的行为。同时只有未满足的需要能影响行为，满足了的需要不能充当激励工具。其次，人的需要按重要性和层次性排成一定的次序，从基本需要如食物和住房到复杂的需求如自我实现。最后，当人的某一级需要得到最低限度满足后才会追求更高一级的需要，如此逐级上升成为推动其继续努力的内在动力。马斯洛把需要分成生理需要、安全需要、社会需要、尊重需要和自我实现需要五类，依次由较低层次到较高层次，如下图所示。

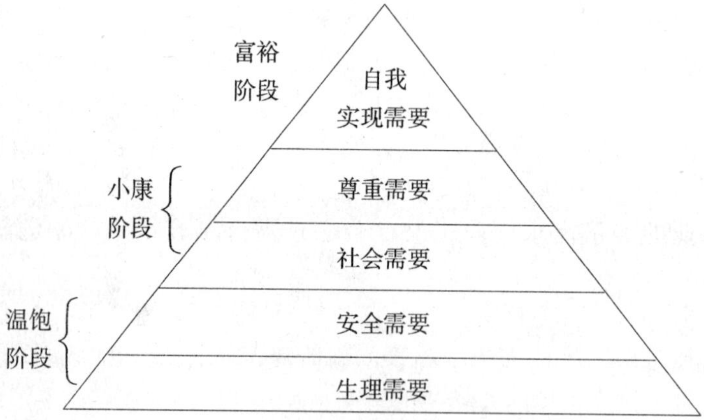

马斯洛需要层次图

马斯洛需要层次理论各层次需要的基本含义如下：

①生理需要。生理需要是人类维持自身生存的最基本要求，包括饥、渴、衣、住、性等方面的要求。如果这些需要得不到满足，就会威胁到人类的生存。因此，生理需要是推动人们行动最强大的动力。马斯洛认为，只有最基本的需要满足到维持生存所需的程度后，其他的需要才能成为新的激励因素，而那些已相对满足的需要就不再成为激励因素。

②安全需要。这是人类要求保障自身安全、摆脱失业和丧失财产的威胁、避免职业病侵袭和接触严酷监督等方面的需要。马斯洛认为，整个有机体是一个追求安全的机制，人的感受器官、效应器官、智能和其他能量主要是寻求安全的工具。当这种需要一旦相对满足后，也不再成为激励因素。

③社会需要。这一层次的需要包括两个方面的内容：一是友爱需要，即人人都需要同事之间关系融洽，人人都希望得到爱情；二是归属需要，即人都有一种归属于一个群体的愿望，希望成为群体中的一员，并相互关心和照顾。

④尊重需要。尊重需要可分为内部尊重和外部尊重。内部尊重是指一个人希望在各种不同情境中有实力、能胜任、充满信心、能独立自主，内部尊重也就是人的自尊。外部尊重是指一个人希望有地位、有威信，受到别人尊重、信赖和高度评价。马斯洛认为，尊重需要得到满足，能使人对自己充满信心，对社会充满热情，体验到自己的生存价值。

⑤自我实现需要。这是最高层次的需要，它是指实现个人理想和抱负，发挥个人能力到最大程度，完成与自己能力相称的一切事情的需要。马斯洛认为，为满足自我实现需要所采取的途径是因人而异的。自我实现需要就是努力发掘自身潜力，充分实现自我。

马斯洛的需要层次理论中提到人的需要满足是阶梯式的，是一个需要满足后再追求下一个需要。马斯洛的需要层次理论在一定程度上反映了人类行为和心理活动的一般规律，指出了人的需要是由低级向高级发展的。马斯洛从人的需要出发研究和激励人的行为，抓住了问题的关键，所以，马斯洛的需要层次理论对如何有效调动人的积极性有一定启示作用。

3. 赫茨伯格及其双因素理论

（1）赫茨伯格简介。

赫茨伯格（1923—　）曾获纽约市立学院学士学位和匹兹堡大学博士学位，是美国的行为科学家，在美国和其他三十多个国家从事管理教育和管理咨询工作，同时是犹他大学的特级管理学教授。他的主要著作有：《工作的激励因素》（1959，与伯纳德·莫斯纳、巴巴拉·斯奈德曼合著）、《工作与人性》（1966）、《管理的选择：是更有效还是更有人性》（1976）。双因素理论是他最主要的成就，在工作丰富化方面，他也进行了开创性的研究。

（2）双因素理论。

双因素理论又叫激励保健理论，是赫茨伯格提出来的，也叫“双因素激励理论”。20 世纪 50 年代末期，赫茨伯格和他的助手们在美国匹兹堡地区对 200 名工程师和会计师进行调查访问。访问主要围绕两个问题：工作中哪些事项是让他们感到满意的，并估计这种积极情绪持续多长时间；哪些事项是让他们不满意的，并估计这种消极情绪持续多长时间。赫茨伯格以此为材料进行研究，结果发现：使职工感到满意的都是属于工作本身或工作内容方面的事项；使职工感到不满的，都是属于工作环境或工作关系方面的事项。他把前者称作激励因素，后者称作保健因素。

赫茨伯格认为，那些能带来积极态度、满意和激励作用的因素就叫做激励因素，这是能满足个人自我实现需要的因素，包括成就、赏识、挑战性的工作、增加的工作责任，以及成长和发展的机会。如果这些因素具备了，就能对人们产生激励。而保健因素的满足对职工产生的效果类似卫生保健对身体健康所起的作用。保健不能直接提高健康水平，但有预防疾病的效果，它不是治疗性的，而是预防性的。保健因素包括公司政策、管理措施、监督、人际关系、物质工作条件、工资、福利等。当这些因素恶化到人们认为可以接受的水平以下时，就会产生对工作的不满。但是，当人们认为这些因素很好时，它只是消除了不满，并不会导致积极的态度。赫茨伯格认为，管理当局应认识到，保健因素是必需的，不过它一旦使不满意中和以后，就不能产生更积极的效果，只有激励因素才能使人们更好地工作。

赫茨伯格的双因素理论同马斯洛的需要层次理论有相似之处。他提出的保健因素相当于马斯洛提出的生理需要、安全需要、感情需要等较低层次的需要；它提出的激励因素则相当于尊重需要、自我实现需要等较高层次的需要。虽然他们的具体分析和解释是不同的，但是，这两种理论都没有把“个人需要的满足”同“组织目标的达成”联系结合起来。有些西方行为科学家对赫茨伯格的双因素理论的正确性表示了怀疑，他们认为不论是有关工作环境的因素或工作内容的因素都可能产生激励作用，这取决于环境和职工心理方面的许多条件。但无论如何，双因素理论促使企业管理人员注意工作内容方面因素的重要性，特别提到了工作丰富化和工作满足的关系，对现实有一定的指导意义。

4. 麦格雷戈及其“X 理论—Y 理论”

（1）麦格雷戈简介。

麦格雷戈（1906—1964）是美国著名的行为科学家，他是20世纪50年代末人际关系学派的中心人物之一。麦格雷戈出生于1906年，后在韦恩大学取得文学学士学位。1935年，他取得哈佛大学哲学博士学位后留校任教。1937—1964年，在麻省理工学院任教，他教授的课程包括心理学和工业管理等，并对组织发展有所研究。但其中有6年时间在安第奥克学院任院长。任院长期间，麦格雷戈对当时流行的传统管理观点和对人特性的看法提出了质疑。1960 年 11 月，他在美国《管理评论》上发表了《企业的人性方面》一文，提出了著名的“X 理论—Y 理论”，麦格雷戈在以后的著作中将这一理论作了进一步阐发，这个思想对管理实践产生了深刻的影响。

（2）X 理论—Y 理论。

麦格雷戈提出了关于人性的两种截然不同的观点：一种是基本上消极的 X 理论；另一种是基本上积极的 Y 理论。麦格雷戈通过观察处理员工关系的方式发现，管理者关于人性的观点是建立在一些假设基础之上的，管理者又根据这些假设来塑造他们对下属的行为方式。

X 理论以下面四种假设为基础：①员工天生不喜欢工作，只要可能，他们就会逃避工作；②由于员工不喜欢工作，因此必须采取强制措施或惩罚办法，迫使他们实现组织目标；③员工只要有可能就会逃避责任，安于现状；④大多数员工喜欢安逸，没有雄心壮志。X 理论假设人对于工作的基本态度是负面的，即从本质上来说人都是不喜欢工作的，并且有可能就逃避工作；一般人都愿意被人指挥并且希望逃避责任。基于上述假设，X 理论得出结论：对大多数人都必须实施强迫、控制以及指挥，甚至要以惩罚相威胁，才能使他们尽到自己的努力。管理人员的职责和相应的管理方式是：管理者的角色是家长，是指挥，是督导。管理人员主要是要应用组织赋予的职权，发号施令，使对方服从，要求员工服从并适应工作和组织要求，而不考虑在情感上和道义上如何给人以尊重。

与消极的人性观点相对照，麦格雷戈还提出了 Y 理论，它基于以下四种假设：①员工视工作如休息、娱乐一般自然；②如果员工对某些工作作出承诺，他们会进行自我指导和自我控制，以完成任务；③一般而言，每个人不仅能够承担责任，而且会主动寻求承担责任；④绝大多数人都具备作出正确决策的能力，而不仅仅是管理者才具备这一能力。实践证明，以 X 理论为前提的管理模式造成人才创造性和奉献精神的不断下降、员工对工作绩效毫不关心等不良后果，使人怀疑 X 理论是建立在错误因果关系的基础上的。麦格雷戈认为，需要有一个关于人员管理的新理论，把它建立在对人的特性和人的行为动机更为恰当认识的基础上，于是他提出了 Y 理论。Y 理论对于人性的假设是正面的，假定人性本善。在 Y 理论的假设下，管理者的重要任务是创造一个使人能够发挥才能的工作环境，并使职工在为实现组织的目标贡献力量时也能达到自己的目标。此时的管理者不是指挥者、调节者或监督者，而是辅助者和训练者。

(3) X 理论与 Y 理论的比较。

麦格雷戈认为，与 X 理论相比，Y 理论更有效。他建议让员工参与决策，为员工提供富有挑战性和责任感的工作，建立良好的群体关系，这些都会大大调动员工的积极性。过去的数十年中，许多大公司都坚定相信麦格雷戈的 Y 理论，他们相信人是愿意负责、具有创造性和进取心的，每一位员工应当受到尊重并值得信任，结果该理论在实践中获得了巨大成功。麦格雷戈在《企业的人性方面》一书中，把 Y 理论称为“个人目标与组织目标的结合”。他认为关键不在于采用强硬或温和的方法，而在于要在管理思想上从 X 理论变为 Y 理论。但也有行为科学家批评了 Y 理论的一些缺陷。他们指出，Y 理论对人的特性假设有积极的一面，这种乐观主义的看法对争取职工协作和热情支持是必需的，但在现实生活中确实是有人天生就懒惰和不愿负责任，而且坚决不愿改变，应用 Y 理论对这些人进行管理必然会失败。而且，要发展和实现人的智能潜能就必须有合适的工作环境，但要创造出这样的环境成本往往太高。所以 Y 理论并不是普遍适用的。

(三) 行为科学管理理论对管理学的贡献

行为科学管理理论对管理学的贡献主要表现在以下两个方面：

1. 管理对象的转变

古典管理理论把管理重点放在对事和物的管理上，强调生产操作标准化、材料标准化和工具标准化，强调建立合理的组织结构、有效的组织系统和明确的职责分工，忽视个人需要和个人目标；古典管理理论把人看作机器，忽视了人的主动性和创造性。而行为科学理论弥补了这种缺陷，它认识到管理要靠人来实现，因而强调要重视人这一因素的作用，应把管理重点放在人及其行为的管理上。管理者可以通过对人的行为的预测、激励和引导，来实现对人的有效控制，从而实现对事和物的有效控制，实现管理的预期目标。

2. 管理方法的转变

由于行为科学理论强调对人性本质的认识，从而引起管理对象重心的改变，导致管理方法也发生重大变化，由原来的监督管理转变为人性化的管理。古典管理理论把人看作会说话的机器，在管理活动中施加强大的外界压力，忽视了人的社会关系和感情因素的作用以及人的主动性和创造性。而行为科学管理理论强调人的欲望、感情和动机的作用，在管理方法上强调满足人的需要并尊重人的个性，重视采用激励和诱导的方法来调动人的主动性和创造性，从而使人的潜力得以充分发掘。企业界随之出现了“以职工为中心”和“弹性”

的管理方法，也出现了“参与管理”、“目标管理”和“工作内容丰富化”等各种新的管理方式。

二、管理理论丛林

从第二次世界大战后到20世纪80年代，除了行为科学管理理论得到长足发展外，另外还有很多管理学家从不同角度发表了对管理学的见解和理论，形成了众多的管理学派，其中主要的代表学派有：管理过程学派、管理科学学派、社会系统学派、系统理论学派、决策理论学派、权变理论学派、经验主义学派和经理角色学派等。以上这些管理学派管理理论不一，研究方法各异，且都有自己的代表人物，美国加利福尼亚大学的教授哈罗德·孔茨称其为管理理论丛林。下面就分别介绍各个管理理论学派的情况。

（一）管理过程学派

管理过程学派，又叫管理职能学派、经营管理学派。它是当代管理理论的主要流派之一，主要致力于研究和说明“管理人员做些什么和如何做好这些工作”，侧重说明管理工作实务。该流派吸收其他管理学家的思想和主张，不断丰富各项管理职能的内容，具有广泛的影响。

1. 管理过程学派概述

古典管理理论的创始人之一法约尔就是这个学派的开山鼻祖，这一理论是在法约尔的一般管理理论的基础上发展而来的。该学派主要代表人物有詹姆斯·穆尼（J. D. Mooney），美国高级管理人员和管理学家，其主要著作是《组织原理》；拉尔夫·戴维斯（Ralph C. Davis），美国管理学家和一些大公司的顾问，他比较强调管理哲学的重要性，认为只有管理哲学才能为企业问题的解决提供依据，他的主要著作有《工厂组织和管理原则》、《企业组织和作业的基本原理》、《高层管理的基本原理》、《管理哲学》等；哈罗德·孔茨，美国管理学家，他在美欧各国讲授管理学，并在美国、荷兰、日本等国的大公司中担任咨询工作，曾担任美国管理学会会长，美国加利福尼亚管理研究院管理学名誉教授。

2. 管理过程学派的主要观点及评价

该学派的主要特点是将管理理论同管理人员所执行的管理职能联系起来，认为无论组织的性质（如经济组织、政府组织、宗教组织和军事组织等）、所处的环境有多大差异，管理人员所从事的管理职能都是相同的，管理活动的过程就是管理的职能逐步展开和实现的过程，应把管理工作的主要方面加以理论概括并建立起系统的管理理论，用以指导管理的实践。

管理过程学派的主要贡献表现在两个方面：一是它最为系统，正如孔茨所言，管理学这样分类具有内容广泛、能划分足够多的篇章、有利于进行逻辑性分析等优点，许多管理学原理教科书都是按照管理的职能写的；二是它确定的管理职能和管理原则为训练管理人员提供了基础，把管理的任务和非管理的任务（如财务、生产以及市场交易）加以明显地区分，能使经理集中于经理人员的基本工作上。

管理过程学派也存在缺陷：首先，管理过程学派所归纳出的管理职能不能适用于所有的组织。它对静态的、稳定的生产环境较为合适，而对动态多变的生产环境难以应用；只在工会力量不大，或失业率很高、生产线稳定的情况下适用；如果在专业性组织中应用时，这些原则便需要修改，其适用性须视情况而定。其次，管理过程学派所归纳的职能并不包括所有的管理行为，它只不过描绘出了经理工作的某些模糊的目标。再次，在管理者日常管理中，一定是先有了目标和组织，然后再进行管理，而不是先有一套典型的职能，能够随时运用到不同的组织中去。

（二）管理科学学派

管理科学学派又称管理中的数量学派，该学派的主要理论是管理科学理论，该理论以系统的观点，运用数学和统计学方法和计算机技术，为现代管理决策提供科学依据，通过计划和控制来解决企业中的生产经营问题。管理科学理论是对泰勒的科学管理理论的继承和发展，其主要目标是寻求最有效的工作方法或最优方案，争取以最短的时间和最少的支出来实现最佳的效果。

1. 管理科学学派概述

第二次世界大战期间，为解决国防需要产生了“运筹学”，发展了新的数学分析和计算技术，例如统计判断、线性规划、排队论、博弈论、统筹法、模拟法、系统分析等，这些成果应用于管理工作就产生了“管理科学理论”。该学派主要代表人物有：英国的兰彻斯特（Lanchester），他把数学定量分析法应用于军事，发表了关于人力和火力的优势与军事胜利之间的理论关系的文章；生理学家希尔（A. V. Hill），他把数理分析方法应用于防空武器，为运筹学研究的创始人之一；美国加利福尼亚大学管理研究院埃尔伍德·斯潘赛·伯法，其代表作是《现代生产管理》（1975）；霍勒斯卡文森，他把复杂的数学模型应用于用传统办法难以进行的大量数据处理工作；等等。

2. 管理科学学派的主要观点及评价

管理科学学派认为，组织是由“经济人”组成的一个追求经济利益的系统，同时又是由物质技术和决策网络组成的系统。科学管理把科学原理、方法和工具应用于管理的各种活动之中，应用范围着重在管理程序中的计划和控制这两项职能，解决问题的步骤是提出问题—建立数学模型—得出解决方案—对方案进行验证—建立对解决方案的控制—把解决的方案付诸实施，管理科学应用的科学方法有线性规划、决策树、计划评审法和关键线路法、模拟、对策论、概念论、排队论，应用的先进工具是计算机。该学派的最大优点就是使复杂的、大型的问题有可能分解为较小的问题，更便于诊断、处理，制作与分析，分析模式必须重视细节并遵循逻辑程序，这样就把决策置于系统研究的基础上，增进决策的科学性，有助于管理人员估价不同的可能选择。但实际解决问题中存在着许多困难，即管理人员与管理科学专家之间容易产生隔阂。实际的管理人员可能对复杂、精密的数学方法缺少理解，无法作出正确评价。而另一方面，管理科学专家一般又不了解企业经营的实际工作情况，因而提供的方案不能切中要害，解决问题。此方法大都需要相当数量的费用和时间，往往只适用于那些大规模的复杂项目，这一点，也使它的应用范围受到限制。

（三）社会系统学派

社会系统学派从社会学的观点来研究管理，认为社会的各级组织都是一个协作的系统，进而把企业组织中人们的相互关系看作一种协作系统。

1. 社会系统学派概述

社会系统学派的思想可追溯到意大利的社会学家维尔弗雷多·帕累托（1848—1923）和20世纪20年代的美国女学者福莱特，其代表人物是美国著名的管理学家巴纳德。巴纳德在1938年出版的《经理的职能》一书中对组织和管理理论的一系列基本问题提出了与传统组织和管理理论完全不同的观点。

2. 社会系统学派的主要观点及评价

社会系统理论认为，管理人员有什么职能以及应当如何行使这些职能是由组织的本质、特性和过程决定的。组织是一个由个人组成的协作系统，个人只有在一定的相互作用的社会关系下，同他人协作才能发挥作用。一个协作系统都包含三个基本要素：信息交流、作贡献的意愿和共同的目的。组织是两个或两个以上的人所组成的协作系统，管理者应在这个系统中处于相互联系的中心，并致力于获得有效协作所必需的协调，因此，经理人员要招募和选择那些能为组织目标的实现而作出更多贡献并能协调地工作在一起的人员。为了使组织的成员能为组织目标的实现作出贡献和进行有效的协调，巴纳德认为应该采用“维持”的方法，包括“诱因”方案的维持和“威慑”方案的维持。

社会系统学派对组织的定义提出了同传统的管理理论截然不同的观点，首先指出组织是一个由两个或两个以上的人组成的协作系统，构成组织的三个基本要素是信息交流、作贡献的意愿和共同的目的。虽然社会系统学派从组织的角度研究管理，但巴纳德认为组织的要素只包括人，不包括物和其他要素，所以对组织的研究就转变成对人的研究。我们从巴纳德对职能的定义可以看出，巴纳德把财和物排除在组织的要素之外，他提出的经理人员的职能没有对财和物管理的职能。因此，巴纳德对组织要素的划分并没有得到管理学家的承认。

（四）系统理论学派

系统理论学派侧重以系统的观点考察组织结构及管理的基本职能。该学派将企业作为一个有机整体，把各项管理业务看作相互联系的网络，重视对组织结构和组织模式的分析，应用一般系统理论的范畴和原理来全面分析和研究管理活动和管理过程，并建立起系统模型以便于分析。

1. 系统理论学派概述

管理科学学派把系统分析作为一种基本方法用于解决某些工程项目的规划和复杂管理问题的决策。但应用一般系统理论建立一种管理理论并形成一个学派，则是20世纪60年代的事情，当时西方的系统管理学派盛行，系统理论、系统工程、系统分析、系统方法等术语充斥于管理文献之中。该学派代表有：一般系统理论的创始人奥地利籍的生物学家、哲学家路德维格·冯·贝塔朗菲（Ludwig Von Bertailanffy），他于1937年在芝加哥大学的一次学术讨论会上最早提出了“一般系统理论”的概念，1945年以后又陆续发表文章和著作介绍一般系统理论的基本原理，1950年在《科学》杂志上发表了题为《物理学与生物学的开放系统理论》的文章阐述了一般系统理论的主要观点，1968年在《一般系统理论——基础、发展和应用》一书中把“系统”作为科学研究的对象，系统而全面地阐述了动态的、开放系统的理论；控制论的创始人维纳（Norbert Wiener），他在1919年研究勒贝格积分时就从统计物理方面阐发了控制论思想，第二次世界大战期间参加美国研制防空火力自动控制系统的工作时提出了负反馈的概念，与别格罗和罗森勃吕特合写了《行为、目的和目的论》的论文，从反馈角度研究了目的性行为，找出了神经系统和自动机之间的一致性，是第一篇关于控制论的论文；信息论的创始人克劳德·艾尔伍德·香农（Claude Elwood Shannon），他为解决通信技术中的信息编码问题，突破传统思路，把发射信息和接收信息作为一个整体的通信过程来研究，提出通信系统的一般模型，同时建立了信息量的统计公式，奠定了信息论的理论基础；耗散结构的建立者普里高津，他主要研究非平衡态的不可逆过程热力学；协同学的理论创始人哈肯（H. Haken），他通过非平衡相变与平衡相变以及非平衡相变之间的类比，得出了“协同”（synergetics）的概念；突变论的创始人托姆（R. Thom），他于1972年发表的《结构稳定性和形态发生学》一书阐述了突变理论，荣获国际数学界的最高奖——菲尔兹奖章；系统理论的研究者美国的理查德·约翰逊和弗里蒙特·卡斯特，他们和詹姆斯·罗森茨韦克三人于1963年共同撰写了《系统理论与管理》一书，比较全面地阐述了管理的系统理论，1970年卡斯特和罗森茨韦克又合作出版了《组织与管理——系统方法与权变方法》一书，进一步充实了这一理论；等等。

2. 系统理论学派的观点与评价

系统理论认为，组织是由许多子系统组成的，组织作为一个开放的社会技术系统，是由不同的分系统构成的整体，包括目标与价值、技术、社会心理、组织结构和管理五个分系统，这些分系统之间既相互独立，又相互作用，不可分割，从而构成一个整体。企业是由人、物资、机器和其他资源在一定的目标下组成的一体化系统，它的成长和发展同时受到这些组成要素的影响，在这些要素的相互关系中，人是主体，其他要素则是被动的。管理人员需力求保持各部分之间的动态平衡、相对稳定、一定的连续性，以便适应情况的变化，达到预期目标。同时，企业还是社会这个大系统中的一个子系统，企业预定目标的实现，不仅取决于内部条件，还取决于企业的外部条件，如资源、市场、社会技术水平、法律制度等，它只有在与外部条件的相互影响中才能达到动态的平衡。如果运用系统观点来考察管理的基本职能，可以把企业看作一个投入—产出系统，投入的是物资、劳动力和各种信息，产出的是各种产品（或服务）。运用系统观点使管理人员不至于只重视某些与自己有关的特殊职能而忽视了大目标，也不至于忽视自己在组织中的地位与作用，可以提高组织的整体效率。

系统理论的贡献体现在如下几个方面：一是系统理论通过对组织的研究来分析管理行为，体现了管理哲学的改变。它使人们从整体的观点出发，对组织的各个子系统的地位和作用以及它们之间的相互关系，获得了更清楚的了解。同时，它也使人们注意到任何社会组织都具有开放系统的性质，从而要求管理者不仅要分析组织的内部因素，解决组织内部因素的相互关系问题，还必须了解组织的外部环境因素，注意解决组织与外部环境的相互关系问题，为人们处理和解决各种复杂组织的管理问题提供了一种十分有用的思路和方法。二是从系统的观点来考察和管理企业有助于提高企业的整体效率。企业领导人有了系统的观点，就更易于在企业各部门的需要和企业整体的需要之间保持适当的平衡，使得企业的管理人员不至于因为只注意一些专门领域的特殊职能而忽略了企业的总目标。但是，现代组织和管理面临着十分复杂的条件，系统理论企图用系统的一般原理和模式来解决如此复杂的现实问题是难以奏效的。有人认为，系统方法过于抽象，实用价值不大。结果，使曾经风行一时的“系统热”渐渐地冷落下去。就连系统理论的主要代表人物卡斯特和罗森茨韦克，在他们的后期著作《组织与管理——系统方法和权变方法》中，也把系统理论同权变理论结合起来。系统理论研究的对象是组织，系统理论通过对组织的研究来分析管理行为，虽然在理论上是正确的，但系统理论对组织的构成因素的分析存在一定的问题，导致其理论并未提出具体的管理行为和管理职能，只是笼统地提出一些原理和观点，初学者在实践中会无所适从。因此，与其他管理理论相比较，它在解决具体的管理问题上的研究显得不足，许多人只是把它看作解决管理理论的一种崭新的方法，而不是一种新的管理理论。

（五）决策理论学派

决策理论学派是在吸收行为科学、系统理论、运筹学和计算机程序等学科内容上发展起来的。该理论认为，管理过程就是决策的过程，管理的核心就是决策。该理论强调决策职能在管理中的重要地位，主张以有限理性的人代替绝对理性的人，用“满意原则”代替“最优原则”。

1. 决策理论学派概述

决策理论学派是在第二次世界大战之后发展起来的一支新兴的管理学派，着重研究为了达到既定目标所应采取的组织活动过程和方法。其主要代表人物是曾经获得 1978 年诺贝尔经济学奖的赫伯特·西蒙。西蒙的主要著作有《管理行为》、《组织》、《管理决策的新科学》，他吸收并发展了巴纳德的社会系统理论并提出了决策理论，形成了有关决策过程、准则、类型和方法的比较完整的理论体系，最终形成了决策理论学派。詹姆斯·马奇（James G. March，1916—　）1953 年在美国耶鲁大学获得博士学位后，也开始了对这一问题的研究。

2. 决策理论学派的主要观点与评价

决策理论学派认为，决策贯穿管理的全过程，是管理的核心。经理人员的重要职能就是作出决策，任何作业开始之前都要先作出决策，制订计划就是决策，组织、领导和控制也都离不开决策。该学派对决策的程序和准则、程序化决策和非程序化决策的异同及其决策技术等进行分析，认为决策包括四个阶段，即搜集情况阶段、拟订计划阶段、选定计划阶段和评价计划阶段，这四个阶段中的每一个阶段本身就是一个复杂的决策过程。在决策标准上，用“令人满意”的准则代替“最优化”的准则，事实上“最优化”是做不到的，应该用“管理人”假设代替“理性人”假设，“管理人”不考虑一切可能的复杂情况，只考虑与问题有关的情况，采用“令人满意”的决策准则，从而可以作出令人满意的决策。一个组织的决策根据其活动是否反复出现可分为程序化决策和非程序化决策。经常性的活动的决策应程序化以降低决策过程的成本，只有非经常性的活动，才需要进行非程序化决策。

决策理论学派的主要贡献是：一是提出了一条新的管理职能。传统的管理学派是把决策职能纳入到计划职能当中，而西蒙提出决策是管理的职能，决策贯穿于组织活动的全部过程；二是首次强调了管理行为执行前分析的必要性和重要性。在决策理论之前的管理理论，管理学家的研究重点集中在管理行为本身的研究中，而忽略管理行为的分析，西蒙把管理行为分为“决策制定过程”和“决策执行过程”，并把对管理的研究的重点集中在“决策制定过程”的分析中。决策理论提出了许多其他理论所不具备的优点，不过仍存在以下缺陷：一是管理是一种复杂的社会现象，仅靠决策也无法给管理者有效的指导，实用性不大；二是决策学派没有把管理决策和人们的其他决策行为区别开来，人们的日常活动中也普遍存在决策，如人们日常生活做事都需要决策，组织中非管理人员的活动也需要决策，但这些决策行为都不是管理行为。

（六）权变理论学派

权变理论认为，在企业管理过程中要根据企业的所处环境随机应变，没有一成不变和普遍适用的管理理论和方法，强调用系统的观点来考虑问题，核心是通过组织内各子系统以及和环境之间的内在联系来确定存在变数的关系类型和结构类型。

1. 权变理论概述

权变理论学派是20世纪60年代末70年代初在美国经验主义学派基础上进一步发展起来的管理理论。该理论认为，在组织管理中要根据组织所处的环境和内部条件的发展变化随机应变，没有什么一成不变、普遍适用的、“最好的”管理理论和方法。该理论主要代表人物有：伯恩斯和斯托克，他们是最早运用权变思想来研究管理问题的人；钱德勒，其代表作是《战略与结构》；琼·伍德沃德，其代表作是《工业组织：理论与实践》（1965）；劳伦斯和洛希，他们的代表作是《组织和环境》（1967）；卢桑斯（Fred Luthans），他的代表作是《管理导论：一种权变学说》；菲德勒（F. E. Fidler），他的代表作是《领导方式与有效的管理》（1965）。

2. *权变理论学派的主要观点及评价*

权变理论学派认为，在企业管理中要根据企业所处的内外条件随机应变，没有什么一成不变、普遍适用的、“最好的”管理理论和方法。它的理论核心就是通过组织的各子系统内部和各子系统之间的相互联系，以及组织和它所处的环境之间的联系，来确定各种变数的关系类型和结构类型。它强调在管理中要根据组织所处的内外部条件随机应变，针对不同的具体条件寻求最合适的管理模式、方案或方法。美国学者卢桑斯在 1976 年出版的《管理导论：一种权变学说》一书中系统地概括了权变管理理论。他认为，权变理论就是要把环境对管理的作用具体化，并使管理理论与管理实践紧密地联系起来；环境是自变量，而管理的观念和技术是因变量。权变管理理论的核心内容是环境变量与管理变量之间的函数关系，就是权变关系。外部环境又可以分为两种：一种是由社会、技术、经济、政治和法律等所组成；另一种是由供应者、顾客、竞争者、雇员、股东等组成。内部环境基本上是正式组织系统，它的各个变量与外部环境各变量之间是相互关联的。

应当肯定地说，权变理论为人们分析和处理各种管理问题提供了一种十分有用的方法，使管理者把精力转移到对现实情况的研究上来，并根据对具体情况的具体分析，提出相应的管理对策，从而有可能使其管理活动更加符合实际情况，更加有效。同时，权变理论学派首先提出管理的动态性，人们开始意识到管理的职能并不是一成不变的，以往人们对管理行为的认识大多从静态的角度来认识，权变理论学派使人们对管理的动态性有了新的认识。但权变理论学派存在一个根本性的缺陷，即没有统一的概念和标准。虽然权变理论学派的管理学者采取案例研究的方法，通过对大量案例的分析，从中概括出若干基本类型，试图为各种类型确认一种理想的管理模式，但却始终提不出统一的概念和标准。权变理论强调变化，却既否定管理的一般原理、原则对管理实践的指导作用，又始终无法提出统一的概念和标准，每个管理学者都根据自己的标准来确定自己的理想模式，未能形成普遍的管理职能，权变理论使实际从事管理的人员感到缺乏解决管理问题的能力，初学者也无所适从。

（七）经验主义学派

经验主义学派通过分析成功管理者的管理经验，总结出共性的东西，然后使之系统化和合理化，并据此向管理人员提供实际建议。

1. 经验主义学派概述

经验主义学派又称为经理主义学派、经验管理学派，以向大企业的经理提供管理企业的当代经验和科学方法为目标。经验主义学派认为管理学就是研究管理经验，通过对管理人员的成功经验和失败教训的研究，让人们学会运用有效的方法解决将来遇到的同类管理问题。该学派主要代表人物有：彼得·德鲁克（Peter F. Drucker，1909—　），他的主要作品有《管理实践》、《管理——任务、责任、实践》等；欧内斯特·戴尔（Dale），其代表作是《伟大的组织者》；威廉·纽曼，美国管理学家，他的主要著作有《经济管理活动：组织和管理的技术》（1951）。

2. 经验主义学派观点与评价

经验主义学派认为管理学就是研究管理经验，通过对管理人员在个别情况下成功的和失败的经验教训的研究，会使人们懂得在将来相应的情况下如何运用有效的方法解决管理问题。因此，这个学派的学者把对管理理论的研究放在对实际管理工作者的管理经验教训的研究上，强调从企业管理的实际经验而不是从一般原理出发来进行研究，强调用比较的方法来研究和概括管理经验。该学派主要论述了三个方面的问题：一是管理应侧重实际应用，而不是纯粹理论的研究。管理学如同医学、法律学和工程学一样，是一种应用学科，而不是纯知识的学科。但管理又不是单纯的常识、领导能力或财务技巧的应用，管理的实际应用是以知识和责任为依据的。二是管理者的任务是了解本机构的特殊目的和使命，使工作富有活力并使职工有成就感，处理本机构对社会的影响和责任。三是实行目标管理的管理方法，即“以工作为中心”和“以人为中心”的管理方法，使职工发现工作的兴趣和价值，在工作中满足其自我实现的需要。同时，企业的目标也因职工的自我实现而实现，这样就把工作和人性二者统一起来了。

但是经验主义学派由于强调经验而无法形成有效的原理和原则，无法形成统一完整的管理理论，管理者可以依靠经验，而没有经验的初学者则无所适从。而且，过去所依赖的经验未必能运用到将来的管理中，因为组织环境一直处于变化之中，过分地依赖未经提炼的实践经验来解决管理问题是行不通的。

（八）经理角色学派

经理角色学派是 20 世纪 70 年代出现的一个管理学派。该学派以对经理所担任角色的分析为中心来考察经理的职务和工作，来研究如何提高管理效率。

该学派所指的“经理”是指拥有正式权力和职位的组织的主要负责人，而“角色”一词是从舞台术语中借用的，这里是指属于一定职责或地位的一套有条理的行为。经理角色学派通过对经理工作的特点、所担任的角色、工作目标及经理职务类型的划分，从而对影响经理工作的因素以及提高经理工作效率等重点问题进行了考察与研究。

1. 经理角色学派概述

经理角色学派以对经理所担任角色的分析为中心来考察经理的职务和工作，以求提高管理效率。其代表人物有：亨利·明茨伯格（Henry Mintzberg，1939— ），他的主要代表作是《经理工作的性质》，这是经理角色学派最早出版的经典著作；乔兰（Choran），他用结构分析的方法对三个小公司的总经理所担任的各种角色进行了研究，并于1969年出版了《小公司的经理》一书；科斯廷（Costin），他对200个中层经理所担任的各种角色进行了研究，并于1970年出版了《工商业和政府中的管理轮廓》一书；贝克斯（John Bex），1971年9月他在英国运筹学学会召开的大会上宣读了《对变动环境中的经理角色的某些观察》一文；萨尔宾（T. R. Sarbin）和艾伦（Alien），他们于1968年发表了《角色理论》一文；托马斯（E. J. Thomas）和比德尔（Biddle），他们于1966年出版了《角色理论：概念和研究》一书；托马森（G. F. Thomason），他于1966年发表论文《经理工作角色和关系》一文。

2. 经理角色学派的观点与评价

经理角色学派认为，经理工作的共同特点是：大量的工作，永不松懈的步调，空闲时间极少；工作活动具有简短性、多样性和琐碎性，肤浅性是经理工作的职业危险；倾向于将工作更活跃的部分——现实的、具体的、明确的、非例行的活动放在优先地位；在口头的（电话、会晤）、书面的（文件）和观察性的（视察）几种联系工具中，爱用口头交谈方式；处于他的组织与外界接触的网络之间，与顾客、供应商、业务伙伴、同级人员以及其他人的外部联系要消耗经理联系时间的1/3～1/2，与下属的联系要占1/3～1/2的时间，而与其上级的联系时间通常只占1/10。经理的职务反映了责任与权力的混合。经理对许多工作作出的初步决定负责，它们又规定了他的许多长期义务；但经理可以通过获取信息、行使领导职务等许多方式从他的义务中取得好处。经理担任的角色分为三类：一是人际关系方面的角色，包括挂名首脑的角色、联络者的角色和领导者的角色；二是信息方面的角色，包括监听者的角色、传播者的角色和发言人的角色；三是决策方面的角色，包括企业家的角色、故障排除者的角色、资源分配者的角色和谈判者的角色。经理工作的目标有六项：即保证组织有效率地生产出某些产品和服务、设计并维持组织业务的稳定性、使组织以一种被控制的方式适应变动中的环境、保证组织实现控制它的那些人的目的、担任组织和其环境之间的关键的信息环节以及使组织的等级制度运转。经理工作在内容和特点上的差别可以用四个方面的变数来解释：一是环境方面的变数，包括周围环境、产业部门以及组织的特点；二是职务方面的变数，包括职务的级别及所负担的职能；三是个人方面的变数，包括担任该项职务者的个性和风格上的特点；四是情绪方面的变数，包括许多与时间有关的因素。

经理角色学派理论是在现代企业组织理论基础上发展起来的，是在经营权与所有权分离以后经理成为一种职业的产物。该理论不仅对我们理解经理的角色、工作性质、职能、经理的培养具有重要意义，而且还对如何提高经理工作效率，尤其是对改革我国传统的经营管理体制（如激励机制、监控机制、决策机制）具有重要的现实意义。由于经理工作极为重要，经理权力又非常之大，其行为的影响又非常深远，因此如何建立既不影响经理发挥职能，又能有效发挥其积极性、创造性，同时又能约束其滥用职权的制度是个非常重要的问题。但是，经理角色学派对管理职能的归纳仍然是有问题的。首先是经理角色学派得出的管理的角色靠归纳得出，但由于对管理者的调查数量较少而受到怀疑，其次是明茨伯格所得出的管理行为是否包含了所有的管理行为很值得怀疑。

第四节　现代管理理论的新思潮

进入20世纪80年代以后，人类社会发展迅速，同时，伴随着信息技术的发展和知识经济的出现，全球形势发生了极为深刻的变化。企业之间的竞争进一步加剧，相互之间的联系和互动增强，企业的管理活动也随之变化，呈现出了全新的格局。管理理论界出现了新的发展趋势和思潮。

一、战略管理理论

战略管理理论起源于美国，形成于20世纪60年代，之后经历了比较曲折的发展过程，70年代发展较快，80年代反而受到冷落，到了90年代又重新受到重视。战略管理理论的主要观点有：①安索夫的资源配置战略理论观点。安索夫是美国国际大学的特级教授，著名的战略管理学专家，被誉为“公司战略之父”。其核心理论是以环境、战略、组织这三种因素作为支柱，构建战略管理理论的基本框架。②波特的竞争战略观点。迈克尔·波特是美国哈佛大学商学院的教授，是世界上关于竞争战略的最高权威。波特的著作《竞争策略》、《竞争优势》和《国家竞争优势》被称为竞争优势三部曲。波特认为，企业在竞争中要考虑的因素包括五种力量：新竞争者的加入、代用品的威胁、买方讨价还价的力量、供应商讨价还价的力量、现有竞争者的对抗力。这五种力量的合力就是企业的竞争能力和盈利能力。③安德鲁斯的目标战略理论观点。该理论认为目标是第一位的，企业的目标几乎决定了一切。

二、企业再造理论

企业再造理论是在美国出现的一种关于企业经营管理方式的理论和方法，其创始人是原美国麻省理工学院教授迈克·哈默与詹姆斯·钱皮。1993 年，哈默和钱皮出版了《再造企业》一书。1995 年，钱皮又出版了《再造管理》一书。哈默与钱皮在书中提出应在新的企业运行空间条件下，改造原来的工作流程，使企业更适应未来的生存发展空间。企业再造理论以工作流程为中心，为了飞越性地改善成本、质量、服务和速度等重大运营基准，对工作流程进行根本性重新思考并重新设计企业的经营管理及运营方式。企业再造包括企业战略再造、企业文化再造、市场营销再造、企业组织再造、企业生产流程再造和质量控制系统再造等。

三、学习型组织理论

美国学者彼得·圣吉在《第五项修炼》一书中提出此观念，他认为企业应建立学习型组织，面临剧烈变化的外在环境，组织应讲求精简、扁平化、弹性、终生学习以维持竞争力。学习型组织不存在单一的模型，它是关于组织和雇员作用的一种态度或理念。在学习型组织中，每个人都要参与识别和解决问题，使组织能够进行不断地尝试改善和提高能力，学习型组织的基本价值在于解决问题。在学习型组织中，雇员参加问题的识别就意味着要懂得顾客的需要；雇员要解决问题就意味着要以一种独特的方式将各种因素综合考虑以满足顾客的需要。组织通过确定新的需要并满足这些需要来提高组织的价值，它常常是通过新的观念和信息而不是物质的产品来实现价值的提高。

第五节　我国管理思想的产生及发展

一、我国古代管理思想

（一）我国古代管理思想概述

追述起来，我国古代管理思想和理论框架形成于先秦至汉代这一时期。在这一时期，诸子百家思想如儒家、道家、法家、兵家、商家等百花齐放、百家争鸣，出现了诸多经典著作如《老子》、《孟子》、《荀子》、《论语》、《韩非子》、《孙子兵法》、《九章算术》等。我国古代管理思想就体现在这些百家思想和著作中。《老子》体现了管理者的权变谋略以及在管理过程中的境界、素质及管理原则；《论语》、《孟子》和《荀子》体现了管理者如何处理人际关系的问题；《韩非子》体现了管理者的统御谋略的思想；《孙子兵法》体现了管理者在人事、决策、环境和组织等方面的战略思想；而《九章算术》则是培训我国古代管理人员的日常应用手册，堪称两千年前世界管理数学之最。诸子百家的代表人物老子、孔子、孟子、孙子、管子都有着极为丰富的管理思想。其中，老子是先秦道家学说的创始人，他的思想不仅包含着深邃的哲学思想，而且也包含着政治、经济、文化、军事诸多方面的管理思想。孔子是儒家学派的创始人，以仁为核心，以礼为准则，以和为目标，以德治国的思想是孔子管理思想的精髓。孟子是孔子思想的传人，其性善论的人性观、施“仁政”的管理准则和“修其身而天下平”的思想对中国管理思想的完善与发展作出了重要贡献。孙子是中国古代著名的军事家，其军事思想和管理思想主要体现在他的传世之作《孙子兵法》中，国内外的许多大学师生和企业家都把《孙子兵法》作为管理著作来研读。管子是我国古代杰出的政治家、军事家和思想家。管子“以人为本”的思想、“与时变”的创新精神、德能并举等许多管理思想至今仍被普遍使用。可以说，我国古代管理思想博大精深，蕴含着无限的智慧，不仅为中华民族的发展提供了无限的营养，也为世界管理思想的发展奠定了基础。

（二）我国古代管理思想的基本特征

我国古代管理思想内容丰富、流派众多、博大精深，很难说哪个具有绝对的权威和代表性，但这些管理思想还是具有一些基本特征：第一，强调人的作用。“以人为本”的思想认为管理者必须以人为本，管理的成败在于用人，这种思想在古代管理思想中有无可替代的地位。第二，强调组织与分工。强调组织与分工是管理的基础，要建立层次分明的组织体系。第三，强调情与义在管理中的价值。我国古代管理思想充满着浓重情义。第四，强调与时俱进的管理思想。强调适应环境变化，善于权变，不拘泥于既定规则。第五，强调中庸之道。中庸思想在我国古代管理思想中始终占重要地位。

二、我国当代管理思想

我国当代管理思想是指新中国成立后至今这一段时期的管理思想，具体可分为改革开放前和改革开放后两大阶段。在第一个阶段，管理基本上是一种“政治人”假设，坚持以阶级斗争为纲，一切管理都以实现政治目标为最高要求。20 世纪 70 年代后期，以改革开放为标志，中国进入全新的建设中国特色社会主义阶段时期，在管理方式上也由集权型向集权与分权相结合转变。在管理思想与理论上，改革开放初期主要是大量引进西方的管理理论，进入 20 世纪 90 年代，开始结合我国国情和西方管理理论，在汲取我国古代管理思想精华的基础上，大胆创新、探索并逐步建立中国特色社会主义企业管理理论。

第六节　未来管理理论的新趋势

当今，以微电子技术为基础的信息技术革命以及国际互联网络的形成正在把世界经济融合为一个全球式“网络经济”，急剧的环境变革将给管理理论带来不可估量的冲击，并将出现一些新的趋势。

一、强调“硬环境”和“软环境”的兼顾

一方面，企业管理强调通过企业文化建设从“软环境”方面重塑企业形象，注重管理的伦理道德、价值观和行为方式的变革，企业文化是以价值体系为主要内容的群体精神支柱、思维方式、行为约束等聚集的合力。在理论研究方面，探讨如何通过对企业文化理论的研究激发人们的事业心和责任感、激发职工的积极性和创造性，形成共同经营宗旨、共同价值观、共同道德行为取

向，产生共同语言和集体荣誉感。另一方面，企业再造理论强调从硬、实的方面构建企业管理新模式，其基本思想是对企业的业务流程进行根本的重新思考和彻底的重新设计，以业务流程重组为重点，以求在质量、成本和业务处理周期等绩效指标上取得显著改善。企业再造工程在欧美企业受到高度重视，带来了显著的经济效益，涌现出大量的成功范例，通过再造减少费用，提高顾客满意度。同时，企业再造理论考虑企业的总体经营战略，注重作业流程之间的联络作用，协调经营流程和管理流程的关系。因此，有管理学者提出“MTP”（Manage Through Process）即流程管理的新办法，对流程规划、设计、构造、调控所有环节进行系统的管理，企业管理理论应将“硬环境”和“软环境”理论进行有机结合。

二、强调“科学管理”与“人本管理”的结合

一方面，企业管理强调通过科学的标准和规章制度来设定管理任务，并通过严格的奖惩机制来保证任务的完成。在理论方面，探讨如何通过科学管理的规范化、标准化管理来实现企业管理效率的提升。另一方面，企业管理强调一切管理活动都要以人为根本出发点。理论研究主要探讨如何有效地调动人的积极性，做好人的工作，强调人的需求是多种多样的，尽量发挥人的自我实现精神，充分调动人的主观能动性等。因此，未来的管理趋势必定以科学管理为基础，强调科学管理与人本管理的有机结合，既不能“见人不见物”，又不能“见物不见人”，加强企业管理，提高生产效率。

【本章小结】

管理活动源远流长，人类进行有效的管理活动，已有数千年的历史，但从管理实践到形成一套比较完整的理论，则是一段漫长的历史发展过程。一般来说，管理学可分成两个阶段：第一阶段是管理学形成之前早期管理实践与管理思想阶段（从有了人类集体劳动开始到 18 世纪）和管理理论产生的萌芽阶段（从 18 世纪到 19 世纪末），第二阶段是管理学形成后阶段，该阶段的发展又经历了古典管理理论阶段（20 世纪初到 20 世纪 30 年代行为科学学派出现前）、现代管理理论阶段（20 世纪 30 年代到 20 世纪 80 年代，主要指行为科学管理理论阶段及管理理论丛林阶段）和当代管理理论阶段（20 世纪 80 年代至今）。本章在简要分析早期管理思想产生过程的基础上，详细介绍了管理学形成后的三个阶段，尤其是现代管理理论阶段。

【关键术语与概念】

管理思想的产生　古典管理理论　现代管理理论　当代管理理论

中国管理思想　管理丛林

【拓展阅读】

1. 吴晓波．西方管理学名著提要．南昌：江西人民出版社，2005

2. 陈忠卫．管理性质的反思及管理理论发展的脉络分析．科技与管理，2006（1）

3. http：//www. 360doc. com/content/070728/06/19446_ 638116. html

第三章　管理的基本原理

【本章学习要点】

■ 掌握系统的概念和主要特征。

■ 掌握系统原理在管理中的应用。

■ 掌握人本原理的内涵和应用。

管理的基本原理是人们在长期的企业管理实践中总结出来的、具有普遍意义的管理工作的基本规律。它是对管理工作客观必然性的揭示，对管理者的管理活动具有指导性和规范性。管理者如果违背了管理原理，就会受到客观规律的惩罚，承受严重损失。

第一节　系统原理

一、系统理论的提出

系统的思想源远流长，在我国古代，系统思想早有萌芽。早期的《易经》实际上就是一种原始的、朴素的系统观和系统思维。西汉董仲舒建立的阴阳五行说将自然系统和人事系统构造出来，统一于五行。我国古代中医理论中的辨证施治的观点也蕴含着朴素的、开放的系统思想。而道家学说中系统的自发、自组织思想；宋明理学中肯定世界有生有灭，宇宙有层次、周期和循环的整体思想；《孙子兵法》中动态系统运筹思想，等等，都是中国传统系统思想的结晶。

在西方传统思维中，尽管分析的方法占有突出的地位，但是也不乏系统的思维方式。如古希腊哲学家泰勒斯试图通过“水”把握世界，得出水为万物之源的结论；毕达哥拉斯学派用抽象的“数”来解释宇宙自然的和谐；朴素辩证法奠基人赫拉克利特则认为“火”是世界万物的开始，把世界看作是一个过程系统；德莫克利特以原子论强调了系统的要素方面，实际上是肯定了系统是要素的组成、终极构成系统和决定系统；亚里士多德更是明确提出了“整体大于部分之和”的命题。

然而系统思想真正作为一门科学的系统论，人们公认是美籍奥地利人、理论生物学家贝塔朗菲创立的。贝塔朗菲在1945年公开发表了论文《关于一般系统论》，到1948年在美国再次讲授“一般系统论”时，他的理论得到学术界的重视。1952年发表“抗体系统论”提出了系统论的思想。确立其学术地位的是他1968年发表的专著《一般系统理论的基础、发展和应用》，该书被公认为是这门学科的理论基础。1973年他提出了一般系统论原理，奠定了这门科学的理论基础。

二、系统的概念

贝塔朗菲把一般系统的概念定义为：系统是相互联系、相互作用着的诸元素的集或统一体，它是处于一定的相互关系中并与环境发生关系的各个组成部分的总体。

我国科学家钱学森认为系统是由相互作用和相互依赖的若干组成部分合成的、具有特定功能的有机整体，而且这个系统本身又是它所从属的一个更大系统的组成部分。这里所谓“组成部分”，通常称为“子系统”或“要素”。需要强调的是，子系统或要素是相对于具体系统而言的，要素如果离开了它所从属的具体系统，它就失去了要素的属性，也就没有意义了。

一个具体的系统必须具备三个基本条件：一是必须由两个或两个以上的要素组成；二是要素与要素、要素与系统、系统与环境之间，存在着相互作用和相互联系；三是系统具有确定的功能。这三个基本条件缺一不可，否则就不能构成一个系统。

三、系统的特征

系统具有以下基本特征：

（一）整体性

系统至少由两个以上的可以相互区别的要素组成。系统的整体性主要表现为系统的整体功能，系统的整体功能不是各组成要素功能的简单叠加，也不是组成要素的简单拼凑，而是呈现出各组成要素所没有的新功能。

（二）相关性

系统内的各要素是相互作用又相互联系的。整体性确定系统的组成要素，相关性则说明这些组成要素之间的关系。系统中任一要素与该系统中的其他要素是互相关联又互相制约的，它们之间的某一要素如果发生了变化，则对其他相关联的要素也要相应地改变和调整，以保持系统整体的最佳状态。一个复杂系统是由许多相互依赖、相互制约的要素所组成的，同时也受到系统外部环境的影响。

（三）目的性

每个系统都应有明确的目的，不同的系统有不同的目的。目的不明确，或者混淆了不同的目的，都会导致系统混乱。

（四）层次性

任何一个复杂的系统都是有层次的。对于某一个系统来说，它既是由一些组成部分（子系统）结合而成的，同时又要充当一个子系统去作为更大系统的组成部分。所以系统的层次性要求管理者必须看清自己的系统在全局中的地位，同时还要分清各层次系统之间的相互关系。

（五）环境适应性

环境的变化对系统有很大的影响，系统与环境是相互依存的，系统必然要与外部环境产生物质、能量和信息的交换，因此，系统必须适应外部环境的变化。能够经常与外部环境保持最佳适应状态的系统是理想的系统，不能适应环境变化的系统是难以存在的。

（六）动态性

由于系统内部各要素之间以及系统与外部环境之间的相互作用，系统的状态是随着时间的推移而变化的。所以凝固不变的系统，无论是在自然界还是在人类社会，都是不存在的。

四、系统的分类

为便于研究和更深刻地认识系统，我们可从不同的角度，依据不同的标准对系统进行分类：

（1）按照形成的方式，可将系统分为自然系统和人工系统。自然系统是由自然物自然形成的，如人体的血液循环系统、消化系统；人工系统是用人工方法建造起来的系统，如计算机系统。

（2）按照组成要素的特征，可将系统分为物质系统和概念系统。物质系统是由物质实体组成的系统，概念系统是由概念、原理、原则、制度、程序等非物质实体组成的系统。

（3）按照与环境的关系，可将系统分为孤立系统、封闭系统和开放系统。孤立系统是指与环境不进行物质、能量和信息交换的系统；封闭系统是指与环境之间仅有能量交换，而无物质和信息交换的系统；开放系统是指与环境之间有物质、能量和信息交换的系统。

（4）按照状态和时间的关系，可将系统分为静态系统和动态系统。静态系统的状态参数不随时间变化而变化，动态系统的状态参数则随时间变化而变化。

实际的系统通常具有复合性，如企业系统既是一个人工系统，又是开放的、动态的系统，而且是由物质和概念复合而成的系统。

五、系统原理在管理中的应用

所谓系统原理，是指对管理活动的总结和分析都必须站在系统的观点上看问题，找到元素与元素之间、元素与系统之间、系统与系统之间、子系统与大系统之间的依存关系，得到科学的管理理论或原则，以便更有效地指导管理实践。系统原理的基本思想主要包括：

（1）系统的各个要素之间、各要素与系统之间、系统与外部环境之间保持着有机的联系。

（2）各要素在系统中的地位、功能、作用以及相互联系均由系统整体决定，任何要素都不能摆脱系统整体的控制，否则系统整体功能就难以发挥。

（3）系统整体具有各个要素所没有的性质和功能。系统整体功能不等于系统内各要素简单、机械地相加。系统整体功能的大小，取决于各要素排列、组合的方式。

（4）若干要素集合在一起，是为了实现一定的目标，没有目标若干要素的集合就没有意义。

（5）系统内部各个要素之间的相互作用以及系统与外部环境之间的相互

作用是推动系统发展的动力。系统功能发挥的程度取决于系统自身的调节能力和对外部环境的适应能力。

管理活动的任务是为了实现系统的整体优化，创造整体的管理效益。为此，要做到以下五点：

第一，要确定科学、统一的管理目标。

第二，要建立最佳的系统结构。科学合理的结构会提高系统的功能。

第三，要正确处理局部与全局的关系。一方面，局部的优化要服从整体优化要求的需要；另一方面，整体优化为局部优化起保证作用。

第四，要按照优化的程序办事。程序优化，系统各要素的活动就能协调，并促进系统顺利运作。如果程序混乱，系统活动就难以正常进行，必然过多地消耗人力、物力和财力。

第五，要不断增强系统自身的应变能力。

第二节　其他基本原理

一、人本原理

人是社会的主体，一切社会活动都是通过人来进行的。现代管理的核心是人，人既是管理的主体，又是管理的客体，离开了人，就不存在管理。因此，如何创造良好的社会环境和管理环境，充分发挥人的主观能动性，是一个组织管理的重要任务。

人本原理，就是管理系统要以人为本，其基本含义是说，任何组织和系统的管理，必须以人为中心，注重人的思想、感情和需求，以激发人的主动性和创造性为根本，以调动人的积极性为主要目的。

人本原理的概念有三个含义：其一，人是组织管理的核心，离开人的管理就谈不上管理；其二，人力资源的开发是无限的，管理活动的任务是调动人的能动性、创造性和积极性；其三，管理的手段是通过对人的思想、感情和需求的了解，做好人的思想工作，尊重人的感情，采取各种激励措施，最大限度地调动人的积极性，挖掘人的潜能。

为什么组织的管理要以人为本呢？可从两个方面来理解：

（1）从人在管理中的历史地位来看，人的管理愈来愈重要。传统管理认为人是经济人，是会说话的工具，与其对应的管理是通过责任制、动作原则等进行管理的。梅奥通过霍桑实验，推翻了经济人的假说，提出了社会人，人更重要的是社会人，是有血有肉的人，应重视人这方面的需求。20 世纪提出的企业文化概念，其主要核心是企业的价值观，把人当成管理的重中之重。现代市场竞争告诉我们，市场竞争的关键是人才的竞争，谁抓住人力资源这一要素，谁就获得了竞争的主动权。

（2）从管理效果来看，提高组织的效率和效益，是组织的目标。而要达到这一目的，主要取决于各部门主动性、创造性和积极性的发挥。组织计划的制订依据制订者的合理安排和优化；计划的执行依据执行者的理解和贯彻；科学决策依据决策者的判断。所有这些管理活动的效果，都依赖于人的积极性和主观能动性的发挥。

人本原理告诉我们：人是管理的主体，是管理系统的动力源泉，同时人的潜力具有开发性、无限性和弹性。只有做好人的思想工作，注重激励，才能极大地调动人的积极性和创造性。

二、能级原理

系统具有层次性，层次不同、职能不同，也就构成了不同的能级。能级原理是指要建立一个合理的能级，使管理中的要素处于相应的能级中，以达到最佳的管理效率和效益。

根据能级原则，在管理上就是要按人的能力大小科学地将其安排在相应职级的岗位上，做到人尽其才，以获得最佳的管理效果。为此，一要准确、全面地了解、掌握员工的能力结构和特长；二要对各种工作岗位进行科学的职位分析；三要对不同能级的职位明确相应的责任、权力和利益，做到在其位，谋其政，行其权，尽其责，取其值，赋其荣，如果失职，要究其责；四要根据人的能力变化和职级的要求及时调整，实现管理能级的动态对应。

三、动力原理

动力是指推动工作、事业等前进和发展的力量。管理者要正确地运用动力，才能使管理活动持续而有效地进行下去，这就是动力原理。动力是管理的能源，又是一种制约因素。没有它，管理就不能有序地进行。

（一）动力的类型

依据性质不同，动力可分为：

1. 物质动力

物质动力是由物质利益引发的动力。它是促进企业生产力发展，维持组织运行的根本动力。物质动力是各类动力的基础，是管理活动最基本的动力。无论是管理者还是被管理者，其最基本的目的都是为获得一定的物质利益。因此，合理分配工资、奖金，合理分配经营责任制中的利润，对调动各方面人员的积极性有着非常重要的作用。

2. 精神动力

精神动力是指由人的思想、精神等因素激发的动力。它包括信仰、理想、成就、爱国主义、精神鼓励和思想政治工作等。物质动力是基础，精神动力是支柱。精神动力是人们较高层次的需要，物质生活水平越高，文化程度越高，精神方面要求就越多，精神动力的作用就越大。因此，提高人们的文化知识水平，进行理想、道德教育，满足个人爱好、追求等，就会更有利于提高人的积极性，推动组织各方面活动的开展。运用精神动力不仅可以补偿物质动力的缺陷，在某种特定环境条件下，精神动力可以成为决定性的动力。

3. 信息动力

信息动力是一种获取知识、资料、情报、消息等的动力。信息动力是一种超物质和精神的动力。人们通过对信息的收集、加工、处理和交流，看到自己的不足，找出自己努力的方向，进而形成一种经常的动力。人们为获得知识，就会有一种求知欲动力；为探索自然界的奥秘，就会有一种追求科学真理的动力。所以，信息动力是一种物质、精神兼有的动力。从管理角度看，信息作为一种动力，有其相对的独立性。在小生产情况下，生产管理不需要大量的信息，信息在管理中的重要性显现不出来。但是，在现代社会化大生产的情况下，没有信息动力是不可想象的。从一个国家看，如果闭关自守，没有国际间的信息交流，就没有前进的动力。就一个企业而言，它本身就是一个系统。它可以从自身以及国内外有关的系统中，搜集各种有用的信息，进行加工处理，用来决策，并采取必要的行动。同时，它又向外部环境提供信息，信息还可以促进竞争，它是一种经常性的动力。

（二）运用动力原理的方法

正确运用动力原理的方法主要包括以下三种：

1. 要综合、协调运用各种动力

对每一个管理系统而言，无论是对于机构，还是对于人来说，三种动力都是同时存在的。在不同的管理系统中，三种动力必然有差异甚至有巨大差异。即使是同一系统，随着时间、地点、条件的变化，三种动力的比重也会有所变化。管理人员要调动人们的积极性，掌握人的动力方向，明确有何动力、缺何动力，运用好三种动力，从而引导人们按既定的目标而努力。同时，还要洞察和掌握三种动力的变化，及时调整激发措施，使组织健康而稳定地发展。

2. 充分重视合力的作用

三种动力不是片面地、孤立地起作用的，各种动力的发挥依赖于各种动力的相互配合。因此，管理人员在运用动力原理时，必须做到三种动力的协调统一，重视合力的作用。另一方面，还要正确认识和处理个体动力与群体动力的辩证关系。就个体动力和群体动力而言，二者也不是协调一致的。作为管理人员就要注意这两者的导向问题，在尊重每一个个体动力的基础上，使其与群体的动力方向保持一致。

3. 选择适当的动力激发方式，重视刺激量

动力的发挥和作用，取决于动力的激发方式和激发程度。若方式选择恰当，则动力的激发程度就高，动力的作用就显著；方式选择不当，则作用就小。比如，在应用物质动力时，一味地进行奖金、福利的刺激，效果就可能逐步减弱，甚至出现攀比现象，从而产生坏的影响；在运用精神动力时，一直以发奖状、登喜报或上光荣榜的方式刺激就不能起到应有的作用，甚至会使人感到厌恶；运用信息动力时，用政治任务往下压或靠行政命令来传达布置，久而久之，人们就会缺乏敏感，从而刺激程度减弱，也就形成不了动力。

另外，动力激发的频率也是动力原理应用时需要考虑的问题。刺激的频率过高，天天刺激，就会失去原有的刺激作用，正所谓报酬递减。

四、弹性原理

弹性原理，是指由于客观世界的一切事物都是不断变化发展的，所以管理活动必须保持充分的弹性，以便及时适应客观事物各种可能的变化，有效地实现动态管理。

管理弹性在实际工作中可分为两类：一是局部弹性。就是任何管理必须在一系列管理环节中保持可以调节的弹性，特别是在重要的关键环节要保留足够的余地。二是整体弹性。每个层次的管理系统都有整体弹性问题，它标志着系

统的可塑性或适应能力，整体弹性是局部弹性的综合。例如企业的生产经营系统就应有可塑性，以应对市场对品种、批量、规格等需求方面的变化。

弹性原理的应用很广，如在计划管理上，就要求计划指标要有区间幅度，即上限和下限；计划方案要有几套，有各种应急方案。在工作时间管理上，有的组织如科研单位采取弹性工作时间，能更好地发挥组织成员的潜力。总之，管理要具有一定的弹性，才能灵活应变。

五、效益原理

任何管理活动，都具有目的性。概括地说，这一目的就是实现组织的目标，而任何一个目标，都可以体现为某一种效益（经济效益或社会效益），否则人类社会就不能向前发展。

所谓效益原理，就是指在任何系统的管理中，都必须讲求实效，用尽可能少的资源投入来实现系统的总目标，即经济效益和社会效益的提高。

管理工作确实能够提高劳动和工作效率，而提高劳动和工作效率的结果应当是经济效益和社会效益的提高。也就是说，现代管理的根本目的，在于通过运用科学的方法、手段，协调好管理系统内各个部分、各个人的工作，以高效率的工作来保证创造出更多、更好的经济效益和社会效益。

在考察效益时，必须把经济效益与社会效益统一起来。经济效益指的是既能节约消耗、降低成本、提高产量、增加收益，又能符合市场交换的需要和人民生活消费需要的效益，它一般表现为可以用货币数量表示的盈利额，如利润、上交税金、收入等。而社会效益指的是从长远和全局看，是否符合人民生活、国家建设和社会发展的根本利益，它往往是无形的、长期的、难以用货币来计量的，如生态环境、社会文化、精神文明、后代幸福等。一般来说，在社会主义条件下，社会效益和经济效益往往是一致的，但有时经济效益和社会效益也会产生一定的矛盾，当二者发生矛盾时，应当强调经济效益服从社会效益。

六、开放性原理

封闭系统依据热力学第二定律，其熵将逐渐增大，活力逐步减少。严格来说，完全封闭的系统是不存在的。任何有机系统都是耗散结构系统。系统与外界不断交流物质、能量和信息，才能维持其生命，并且只有当系统从外部获得的能量大于系统内部消耗、散失的能量时，系统才能克服熵而不断发展壮大。所以，对外开放是系统的生命。在管理工作中，任何试图把本系统封闭起来与外界隔绝的做法，都只会导致失败。明智的管理者应当从开放性原理出发，充分估计到外部对本系统的种种影响，努力从开放中扩大本系统从外部吸入的物质、能量和信息。

【本章小结】

本章主要介绍了系统的概念和主要特征。系统是由相互作用和相互依赖的若干组成部分合成的具有特定功能的有机整体。系统具有整体性、相关性、目的性、层次性、环境适应性以及动态性等特征。系统原理是从系统论角度认识和处理问题的理论和方法，它要求管理者对管理活动的总结和分析都必须站在系统的观点上看问题，找到元素与元素之间、元素与系统之间、系统与系统之间、子系统与大系统之间的依存关系，得到科学的管理理论或原则，以便更有效地指导管理实践。除了系统原理之外，管理活动还应该遵循人本原理、能级原理、动力原理、弹性原理、效益原理和开放性原理。

【关键术语与概念】

系统　　系统原理　　人本原理　　能级原理

【拓展阅读】

1. 李宝元．人本制胜：人本管理学要义．北京：企业管理出版社，2007
2. 禹海波．管理方法论．北京：中国财政经济出版社，2008

第四章　决　策

【本章学习要点】

- ■ 掌握决策的定义和特点。
- ■ 掌握决策的主要类型。
- ■ 熟悉决策的一般过程。
- ■ 掌握决策的原则。
- ■ 熟悉决策的主要方法。

第一节　决策概述

一、决策的定义和特点

任何一个组织和管理者的大部分工作都是在决策，管理的各项职能也都离不开决策。关于决策的概念，不同的学者有不同的看法。西蒙认为管理就是决策。美国学者亨利·艾伯斯认为决策有狭义和广义之分。狭义地说，决策就是在几种行动方案中作出选择。广义地说，决策还包括在作出最后选择之前必须进行的一切活动，即人们为了达到一定目标，在掌握充分信息和深刻分析各种情况的基础上，科学地拟订各种方案并加以评估，最终选出合理方案并付诸实施的过程。所以，决策就是为了实现某一目的而从若干个可行方案中选择一个满意方案的过程。

决策是管理活动的核心，是管理人员的主要任务。决策对管理者各方面工作都非常重要。如表 4－1 所示，决策贯穿于全部管理活动的始终，即贯穿于计划、组织、领导和控制之中。

表 4－1　管理职能中的决策

计划	组织的长远目标是什么？什么战略能够更好地实现这些目标？组织的短期目标应该是什么？每个目标的困难程度有多大？
组织	直接向我报告的下属有多少人？组织中的集中程度应多大？职务如何设计？组织应该何时实行改组？
领导	在特定的环境中，哪些领导方式最有效？一个具体的变化如何影响工人工作的积极性？如何对员工进行激励？
控制	组织中有哪些活动需要控制？如何控制这些活动？

一般来说，决策具有以下特点：

（一）目标性

决策的目的是为了解决领导活动中出现的问题，达成一定的目标，决策中的一切行为都是为实现这一目标服务的。所以，目标是贯穿全部决策过程的主线，任何活动都要围绕着目标进行。首先，目标应是明确的，即简单明了，最好具有可测性，并且任何人都能对其有相同的理解；其次，目标要有可行性，经过努力能够实现。

（二）选择性

一个问题的解决往往有多种途径，决策是从这些途径中选择一个最好的作为行动方案，没有选择就没有决策。在选择决策方案时，应遵循“满意”的选择标准，而非“最优”原则。

（三）优化性

决策总是在特定的条件下寻求优化的目标和达到目标的优化途径，不追求优化，决策是没有意义的。优化有两层含义：一是在同样的约束条件下寻找以最低的代价、最短的时间、最佳的效果实现既定的目标；二是把决策实施后可能产生的消极后果降到最低限度。

（四）风险性

决策可能实现目标，也可能出现意想不到的结果，给组织带来损失。造成这种现象的原因有很多，比如目标错误、方案不佳、选择不当、实施不利、信息不准、环境变化等。所有决策都有失误的可能性，领导者应采取各种措施，谨慎从事，努力减少失误。但是也不能因为害怕失误而回避问题，举棋不定，贻误时机。

二、决策的类型

按作用划分，决策可分为战略决策、管理决策和业务决策；按确定性程度划分，决策可分为确定型决策、风险型决策和不确定型决策；按是否具有重复性，决策可分为程序化决策和非程序化决策；按主体划分，决策可分为个人决策和群体决策；按照要求的时间划分，决策可分为时间敏感型决策和知识敏感型决策。

（一）战略决策、管理决策和业务决策

战略决策是指为使企业与外部环境保持适应性，而对影响企业全局，左右企业长期发展的重大经营性问题作出的决策。战略性决策的一般特点有：一是多为关系到全局的重大问题；二是实施时间较长，对组织影响较为深远；三是由组织的最高层管理者制定。

管理决策又被称为战术性决策或策略决策，指的是为了保证总体战略目标的实现而解决组织局部重要问题的决策，如财务决策、销售计划决策、产品开发决策等。管理决策一般由组织的中层管理人员制定。

业务决策又称日常管理决策，是指为了执行战略决策和管理决策，对日常经营活动中有关提高效率和效益、合理组织业务活动等方面进行的决策，这类决策常由组织的基层人员制定。

（二）确定型决策、风险型决策和不确定型决策

确定型决策，是指在可供选择的方案中只有一种自然状态时的决策。也就是说，决策问题的条件是确定的，可供选择方案之间的优劣比较和预期结果是明确的。

风险型决策，是指在可供选择的方案中，存在两种或两种以上的自然状态，哪种状态发生是不确定的，但是每种自然状态发生的可能性即概率大小是可以估计的。因为这类决策的结果只能按其概率实现，有一定的风险，因而称为风险型决策。

不确定型决策，是指在可供选择的方案中存在两种或两种以上的自然状态，而且这些自然状态所发生的概率是无法估测的。由于此类决策的结果不确

定，因而称为不确定型决策。不确定型决策与风险型决策的区别仅在于各种自然状态发生的概率是否可知。

（三）程序化决策和非程序化决策

程序化决策又称常规型决策，是指对常规的、反复发生的问题的决策。程序化决策是管理人员按照上级制定的规章进行决策，有章可循，比较简单，一般在基层管理工作中较为常见，由中层和基层管理人员进行此类决策。如企业的库存问题、产品质量、设备故障、现金短缺、供货方未按时履行合同、顾客退货、员工迟到早退等都属于程序化问题。解决程序化问题通常是根据已有的制度和规则按特定的程序处理，不需要管理人员再花费时间、精力去拟订解决方案，选择解决方案。

非程序化决策，又称非常规型决策，是指偶然发生的或首次出现而又较为重要的非重复性决策，这类决策一般没有先例可鉴，无固定章法可循，因而较为困难。非程序化决策由于涉及的问题比较重要，关系到组织全局，所以应引起管理者的重视。一般说来，高层管理者所作的决策多属于非程序化决策，如组织结构变革问题、开发新产品、在没有经营过的国家里设立子公司等。解决非程序化问题由于无先例可循，无固定模式，也没有“现成的处理方法”，通常是按解决问题的一般思维过程寻找独特的解决办法，需要发挥创造性的思维对它进行“量体裁衣”的处理。

需要强调的是，程序化决策和非程序化决策的划分并不是绝对的。正如西蒙所说的：“它们是像一个光谱一样的连续统一体，其一端为高度程序化的决策，而另一端为高度非程序化决策。我们沿着这个光谱式的统一体可以找到不同灰色梯度的各种决策，而我们采用程序化和非程序化这两个词也只是用来作为光谱的黑色频段和白色频段的标志而已。”

（四）个人决策和群体决策

个人决策就是决策者只有一个个体的决策制定过程。个人决策最大的优点是效率高且责任明确。通常，个人的行为特征对制定决策起着重要的影响作用。这些行为特征很多，如行为持久性、对刺激的反应、感知的方式、知觉的选择性和成见效应，还有动机、记忆、习惯、偏好等。

在一个正式组织里，纯粹的个人决策还是很少的，更多的决策都是两人或两人以上的群体作出的。俗话说“三个臭皮匠顶个诸葛亮”，群体制定决策的一个最大优点就是群体比任何个体拥有更广泛的知识、经验和信息，从而有利于识别问题、设计方案、评价方案。此外，群体参与制定决策，还有助于人们更好地了解和接受所制定的决策，特别是对那些实施决策的人们来说。因而群体决策的实施通常比个人决策的实施得到更积极和更正确的执行。

当然，由于群体成员的价值观和目标的多样化，其影响力、能力和个性也有差异，因而群体决策也有许多个人决策所没有的特殊问题，其中最大的问题是“从众现象”，即有意识或无意识地趋同。另外，群体决策通常比个人决策花费更多的时间，也没有个人决策的责任那么清楚。

群体决策不仅受个体心理的影响，而且还受群体心理的影响。群体的心理包括舆论、社会压力、默契、士气、风尚、内在的氛围等。群体决策的效果很大程度上取决于群体心理的积极程度，而后者又取决于主管人员的领导水平。如果领导得不好，群体决策的效果比个人决策的效果还差，如果领导得好，那么群体决策就会产生“1 +1 >2”的整体扩张效应。

（五）时间敏感型决策和知识敏感型决策

时间敏感型决策是指那些必须迅速作出的决策。战争中军事指挥官的决策多属于此类。这类决策对速度的要求甚于一切。例如，一个走在马路上的人突然看到一辆疾驶的汽车向他冲来时，最需要做的就是迅速跑开，至于跑向马路的哪一边更近，对此时的他来说不够重要。

知识敏感型决策是指那些对时间要求不高而对质量要求较高的决策。在作这类决策时，决策者通常有宽裕的时间来充分利用各种信息。组织中的战略决策大多属于知识敏感型决策。

三、决策理论

决策理论中，最具有代表性的是以“经济人”假说为基础的古典经济学理论和美国管理科学家西蒙的行为决策理论。

古典经济学的基本命题是完全理性和最大化或最佳原则，它把人类行为抽象为经济人的行为，以经济人行为作为研究的前提条件。经济学家们给经济人赋予一种完全的理性。这种经济人有一个完整而内在一致的偏好体系，他总能够从面临的备选方案中作出抉择，他完全了解有哪些备选的方案；他为择优所进行的计算，不受任何复杂性问题的限制。关于结果，古典经济学区分了三种情况：第一是“确定的”，即决策者对每项措施的唯一结果都具有完全的了解，在这种情况下，择优也是准确无误的；第二是“有风险的”，决策者对每项措施各种可能的结果只能准确地了解它的概率分布，在这种情况下，理性的选择就是选定期望值最大的措施；第三是“不确定的”，即每项措施的结果存在于所有可能发生的结果之中，但每种结果出现的概率无法确定，在此情况下，理性的选择就成为问题了，且选择后理性标准是否合适也无从评价。

而西蒙指出“经济人”的模式有两个难点：第一，只有在确定的情况下，它才符合理性的概念；第二，在决策时，必须假定全部可供选择的措施都是“已知的”，每一个措施的结果要么是确定的，要么是不确定的或有风险的，并且经济人对所有的结果都能排列成正确的效用数列（从大到小或从小到大）。通过以上的假定，它允许人们不必进行观察和分析，就可以预计、判断人们的行为了。西蒙认为这种理论只能处理相对稳定和与竞争性均衡相差不大的经济行为，无法满意地处理有关不确定和不完全竞争情况下的决策行为。这种理想主义的模式不一定能指导人们的实际决策活动。于是，西蒙提出了对经济学领域具有重大影响的“满意标准”和“有限理性标准”，从而用“管理人”取代了“经济人”，开创了决策研究的新领域，它把众多学科学者的研究目光从“完全理性”下的“应当如何”转向“有限理性”下的“实际如何”，使决策理论研究的结果更切合实际，更具有实际指导意义。

为什么说理性是有限制的呢？主要是由于在现实生活中很少具备完全理性的假定前提。

（1）人的知识是有限的。人不可能掌握全部的信息，很难做到对复杂多变的现实情况具有完全的了解并对未来发展具有准确的预测。因而人们常常要在缺乏完全了解的情况下，一定程度地根据主观判断进行决策，且决策时也很难考虑到所有可能的措施。

（2）人的能力是有限的。能力的含义很广泛，包括技术能力、设计能力、计算能力、想象力、创造力、注意力、洞察力等。这也限制了人们识别问题的准确性、设计方案的完善性和穷尽性、评价方案的精确性和实施的正确性。

（3）人在影响其决策的价值观和目标观念上是受限制的。人的价值取向与多元目标并非始终如一。如果一个人对组织很忠诚，他的决策就会显示出对组织目标的真诚接受；如果他缺乏这种忠诚，他的个人动机就可能干扰管理效率。要是他仅仅忠于自己所在的小单位，他的决策有时就会不利于该单位所属的上级机构或更大的单位。

（4）决策环境的高度不确定性和极度复杂性。在不明确的环境下难以做到理性抉择。因而，现实生活中个人或企业的决策，都是在有限理性的条件下进行的。

完全的理性导致决策人寻求最佳措施，即“最优解”，而有限理性导致其寻求符合要求的或令人满意的措施，即“满意解”。寻求“最优解”的前提条件是具有能对所有措施进行比较的一套标准；寻求“满意解”的前提条件是具有一套说明符合最低限度要求的措施的标准，用以选定符合或超过这个标准的措施。西蒙认为，绝大多数的决策，不管是个人的，还是组织机构的决策，都属于寻找和选择“满意解”的过程。因此，西蒙的决策理论不仅是经济学的一个组成部分，而且能为企业和政府的决策者提供决策工作的基本思路和方法，具有重要的实践意义。

四、决策的原则

决策遵循的基本原则是满意原则。因为对决策者来说，要想使决策达到最优，必须具备三个条件：第一，获得与决策有关的全部信息；第二，根据信息拟订出所有可能的方案；第三，准确预测每个方案在未来的执行结果。但现实生活中，这些条件往往不会满足，因此决策者难以作出最优决策，只能作出相对满意的决策。

第二节　决策过程

决策过程是指从问题提出到作出决策所经历的过程。一般来说，决策过程大致包括以下几个步骤：

一、识别机会或诊断问题

决策者必须知道哪里需要行动，所以决策过程的第一步是识别机会或诊断问题。管理者通常密切关注与其责任范围有关的各类信息，包括外部的信息以及组织内的信息。实际状况和所预期状况的偏差提醒管理者潜在机会或问题的存在。识别机会或诊断问题并不总是简单的，因为要考虑组织中人的行为。有时候，问题可能植根于个人过去的经验、组织的复杂结构或个人和组织因素的某种混合。因此，管理者必须特别注意要尽可能精确地评估问题和机会。另一些时候，问题可能简单明了，只要稍加观察就能识别出来。

评估机会或诊断问题的精确程度有赖于信息的精确程度，所以管理者要尽力获取精确的、可靠的信息。低质量的或不可靠的信息不但使时间白白浪费掉，而且使管理者无从发现导致某种情况出现的潜在原因。即使收集到的信息是高质量的，在解释的过程中也可能发生扭曲。有时，信息持续地被误解或有问题的事件一直未被发现，都会使信息的扭曲程度加重。即使管理者拥有精确的信息并正确地解释它，处在他们控制之外的因素也会对机会和问题的识别产生影响。但是，管理者只要坚持获取高质量的信息并仔细地解释它，就能提高作出正确决策的可能性。

二、识别目标

确定决策目标是决策的前提，目标体现的是组织想要获得的结果。根据时间的长短，可把目标分为长期目标、中期目标和短期目标。长期目标通常用来指导组织的战略决策，中期目标通常用来指导组织的战术决策，短期目标通常用来指导组织的业务决策。无论时间的长短，目标总指导着随后的决策过程。

明确的目标应该具有以下特点：①可以计量其结果，以便进行考核；②可以规定时间，以便在拟订方案时有所参考；③责任明确，即明确由谁来对这项目标负责。

三、拟订备选方案

一旦机会或问题被正确地识别出来，管理者就要提出达到目标和解决问题的各种方案。这一步骤需要创造力和想象力。在提出备选方案时，管理者必须把其试图达到的目标牢记在心，提出尽可能多的方案。管理者常常借助个人经验、经历和对有关情况的把握来提出方案。为了提出更多、更好的方案，需要从多种角度审视问题，这意味着管理者要善于征询他人的意见。

备选方案可以是标准的，也可以是独特的、富有创造性的。标准方案通常是指组织以前采用过的方案。富有创造性的方案，可以通过使用头脑风暴法和德尔菲法等提出。

四、评估备选方案

对所拟订的每一个行动方案，应从定性和定量两个方面加以分析评估，明确各个方案的利弊，从而为选择方案打下基础。

（1）要建立一套有助于指导和检验判断正确性的决策准则。决策准则表明了决策者关心的主要是哪几方面，一般包括目标达成度、成本（代价）和可行性等。

（2）根据组织的大政方针和所掌握的资源来衡量每一个方案的可行性，并据此列出方案的限制因素。

（3）确定每一个方案对于解决问题或实现目标所能达到的程度，以及采用这些方案后可能带来的后果。要对各方案是否满足决策所处条件下的各种要求以及能带来的效益和可能产生的各种后果进行分析。

（4）根据可行性、满意程度和可能产生的后果，比较哪一个方案更有利。可通过罗列出各方案对各个希望目标的满足程度、各个方案的利弊，来比较其优劣。

五、筛选方案

在决策过程中，管理者通常要作出最后选择。但作出决定仅是决策过程中的一个步骤。尽管选择一个方案看起来很简单——只需要考虑全部可行方案并从中挑选一个能最好地解决问题的方案，但实际上，作出选择是很困难的。由于最好的决定通常建立在仔细判断的基础上，所以管理者要想作出一个好的决定，必须仔细考察全部事实、确定是否可以获取足够的信息。

六、实施方案

方案的实施是决策过程中至关重要的一步。在方案选定以后，管理者就要制订实施方案的具体措施和步骤。决策的目的在于行动，否则再好的决策也没有用处，所以实施方案是决策过程的重要步骤。一旦作出决策，就要予以实施。

实施过程中通常要注意做好以下工作：

（1）制定相应的具体措施，保证方案的正确实施。

（2）确保与方案有关的各种指令能被所有有关人员充分接受和彻底了解。

（3）应用目标管理方法把决策目标层层分解，落实到每一个执行单位和个人。

（4）建立重要的工作报告制度，以便及时了解方案进展情况，并及时进行调整。

七、监督和评估

由于决策的成败在很大程度上还取决于执行情况，因此在实施中要注意监督，一旦发现失误，要及时反馈，加以改变和调节，从而保证决策的顺利实施。

还要注意组织内部条件和外部环境的不断变化。由于一个方案可能涉及较长的时间，在这段时间内，形势可能发生变化，而初步分析建立在对问题或机会的初步估计上，因此，管理者要不断对方案进行修改和完善，减少或消除不确定性，以适应变化了的环境。

具体来说，职能部门应对各层次、各岗位履行职责情况进行检查和监督，及时掌握执行进度，检查有无偏离目标，及时将信息反馈给决策者。决策者则根据职能部门反馈的信息，及时追踪方案实施情况，对与既定目标发生部分偏离的，应采取有效措施，以确保既定目标的顺利实现；对客观情况发生重大变化，原定目标确实无法实现的，则要重新寻找问题或机会，确定新的目标，重新拟订可行的方案，并进行评估、选择和实施。

第三节　决策方法

决策方法一般可分为定性决策方法与定量决策方法。

一、定性决策方法

定性决策法又称主观决策法，是指在决策中主要依靠决策者或有关专家的智慧来进行决策的方法，这是一种“软技术”。决策者运用社会科学的原理并依据个人的经验和判断能力，采取一些有效的组织形式，充分发挥各自丰富的经验、知识和能力，从对决策对象本质特征的研究入手，掌握事物的内在联系及其运行规律，对企业经营管理的决策目标、决策方案的拟订以及方案的选择和实施作出判断。

定性决策法适用于受社会、经济、政治等非计量因素影响较大、所含因素错综复杂、涉及社会心理因素较多以及难以用准确数量表示的综合性问题。定性决策法有很多种，常用的有经理人员决策法、专家会议法、头脑风暴法、德尔菲法等。这里主要介绍头脑风暴法、德尔菲法。

（一）头脑风暴法

头脑风暴法又称智力激励法、自由思考法，是由美国创造学家奥斯本于1939年首次提出的一种激发性思维的方法。

头脑风暴法的所有参加者，都应具备较高的联想思维能力。在进行“头脑风暴”（即思维共振）时，应尽可能提供一个有助于把注意力高度集中于所讨论问题的环境。头脑风暴法产生的结果，是专家成员集体创造的成果，是专家组这个宏观智能结构互相感染的总体效应。

在应用时头脑风暴法应注意以下几点：

1. 组织形式

参加人数一般为5~10人，最好由不同专业或不同岗位者组成；会议时间控制在1小时左右；设主持人1名，主持人只主持会议，对设想不作评论；设记录员1~2人，要求认真将与会者的每一设想不论好坏都完整地记录下来。

2. 会议类型

会议类型主要有两种：第一种是设想开发型，这是为获取大量的设想、为课题寻找多种解题思路而召开的会议，因此，要求参与者要善于想象，语言表达能力要强；第二种是设想论证型，这是为将众多的设想归纳转换成实用型方案召开的会议，要求与会者善于归纳、分析、判断。

3. 会前准备工作

第一，会议要明确主题。会议主题应提前通报给与会人员，让与会者有一定的准备。第二，选好主持人。主持人要熟悉并掌握该技法的要点和操作要素，摸清主题现状和发展趋势。第三，参与者要有一定的训练基础，懂得该会议提倡的原则和方法。最后，会前可进行柔化训练，即对缺乏创新锻炼者进行打破常规思考、转变思维角度的训练活动，以减少思维惯性，从单调紧张的工作环境中解放出来，以饱满的创造热情投入到激励设想活动当中。

4. 会议原则

为使与会者畅所欲言，互相启发和激励，达到较高效率，必须严格遵守下列原则：

（1）禁止批评和评论，也不要自谦。对别人提出的任何想法都不能批判、阻拦。即使自己认为是幼稚的、错误的，甚至是荒诞离奇的设想，亦不得予以驳斥。同时，也不允许自我批判。在心理上调动每一个与会者的积极性，彻底防止出现一些“扼杀性语句”和“自我扼杀性语句”，诸如“这根本行不通”、“你这想法太陈旧了”、“这是不可能的”、“这不符合某某定律”以及“我提一个不成熟的看法”、“我有一个不一定行得通的想法”等语句。只有这样，与会者才可能在充分放松的心境下，在别人设想的激励下，集中全部精力打开自己的思路。

(2) 目标集中，追求设想数量，越多越好。鼓励大家提设想，越多越好。会议以谋取设想的数量为目标。

(3) 鼓励巧妙地利用和改善他人的设想。这是激励的关键所在。每个与会者都要从他人的设想中激励自己，从中得到启示，或补充他人的设想，或将他人的若干设想综合起来提出新的设想。

(4) 与会人员一律平等，各种设想全部记录下来。与会人员，不论是该方面的专家、员工，还是其他领域的学者，以及该领域的外行，一律平等。各种设想，不论大小，甚至是最荒诞的设想，记录人员也要认真地将其完整地记录下来。

(5) 主张独立思考，不允许私下交谈，以免干扰别人的思维。

(6) 提倡自由发言、畅所欲言、任意思考。会议提倡自由奔放、随便思考、任意想象、尽量发挥，主意越新、越怪越好，因为它能启发人推导出好的设想。

(二) 德尔菲法

德尔菲法是由美国兰德公司于20世纪50年代初发明的，最早用于预测，后来推广应用到决策中来。德尔菲是古希腊传说中的神谕之地，城中有座阿波罗神殿可以预卜未来，因而借用其名。

德尔菲法是以匿名方式通过几轮函询征求专家们的意见，组织决策小组对每一轮的意见都进行汇总整理，作为参照资料再发给每一个专家，供他们分析判断，提出新的意见。如此反复，专家的意见渐趋一致，得出最终结论。

1. 德尔菲法的实施过程

(1) 拟定决策提纲。先把决策的项目写成几个提问的问题，问题的含义必须提得十分明确。不论谁回答，对问题的理解都不应两样，而且最好只能以具体明确的形式回答。

(2) 选定决策专家。所选择的专家一般是指有名望的或从事该项工作多年的专家，最好包括多方面的有关专家，选定人数一般以20~50人为宜，一些重大问题的决策可选择100人以上。

(3) 征询专家意见。向专家邮寄第一次征询表，要求每位专家提出自己决策的意见和依据，并说明是否需要补充资料。

（4）修改决策意见。决策的组织者将第一次决策的结果及资料进行综合、整理、归纳，使其条理化，发出第二次征询表，同时把汇总的情况一同寄去，让每位专家看到全体专家的意见倾向，据此对所征询的问题提出修改意见或重新作一次评价。

（5）确定决策结果。征询、修改以及汇总反复进行三四轮，专家的意见就逐步集中和收敛，从而确定出专家们趋于一致的决策结果。

2. 德尔菲法的特点

（1）匿名性。征询和回答是用书信的形式“背靠背”进行的，应答者彼此不知道具体是谁，这就可以避免相互的消极影响。

（2）反馈性。征得的意见经过统计整理，重新反馈给参加应答者。每个人可以知道全体的意见倾向以及持与众不同意见者的理由。每一个应答者都有机会修改自己的见解，而且无损自己的威信。

（3）收敛性。征询意见过程经过几轮（一般为四轮）重复，参加应答者就能够达成大致的共识。也就是说，统计归纳的结果是收敛的，而不是发散的。

二、定量决策方法

定量决策方法是利用数学模型进行决策的方法，根据未来面临状态的确定性不同，可分为确定型决策、风险型决策和不确定型决策三类决策方法。

（一）确定型决策方法

确定型决策方法的特点是只要满足数学模型的前提条件，模型就能给出特定的结果。确定型决策的方法很多，主要有差量分析法、线性规划法、目标规划法和量本利分析法等。本书主要介绍量本利分析方法。

1. 量本利分析法介绍

量本利分析法，又称盈亏平衡分析法，它是根据盈利与亏损的平衡点来选择合理的产量（产值）的一种方法。它是研究成本、业务量与利润之间函数关系的技术方法。企业进行量本利分析时，应按成本与业务量的关系，把成本划分为变动成本和固定成本。其中，成本总额与业务量的总额成正比例增减变动的，叫作变动成本；成本总额在一定时期和一定业务量（产量或销售量）范围内，不受业务量增减变动影响固定不变的，叫作固定成本。

成本、业务量、利润之间的关系一般可用下列公式表示：

利润 = 销售收入 - 销售成本

或：利润 = 销售收入 - 变动成本 - 固定成本

量本利之间的关系如图 4-1 所示：

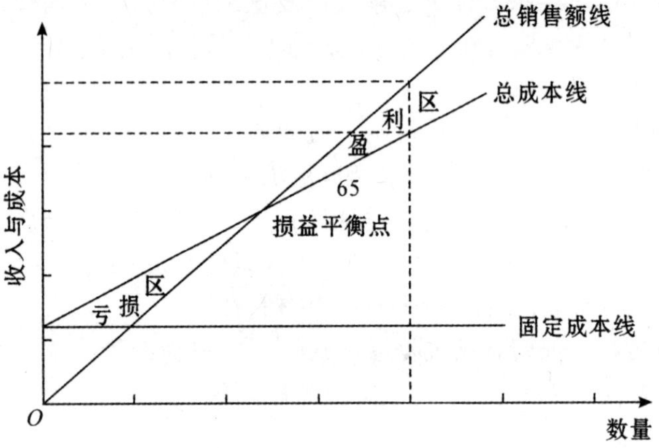

图 4-1　量本利分析示意图

2. 量本利分析法的应用

（1）确定盈亏平衡点。

所谓盈亏平衡点就是企业预期利润为零时的销售量，即企业销售收入等于总成本，可用下式表示：

销售额 = 固定成本 + 变动成本

$$\text{即：销售量} = \frac{\text{固定成本}}{\text{单位产品的售价} - \text{单位产品的变动成本}}$$

例 4-1　设某机械厂的管理人员正在考虑对一种新产品甲进行投资，新产品预计售价为每件 125 元，单位变动成本预计为 75 元，每年固定成本总额预计为 60 万元。管理人员想要知道销售多少件产品，企业才能达到盈亏平衡，可用下列盈亏平衡点方程式求得：

$$\text{销售量} = \frac{\text{固定成本}}{\text{单位产品的售价} - \text{单位产品的变动成本}} = \frac{600\ 000}{125 - 75} = 12\ 000\ \text{（件）}$$

因此，企业要达到盈亏平衡，必须销售新产品甲 12 000 件。

为了验证盈亏平衡的正确性，可用简略的利润表进行计算，见表4-2。

表4-2　利润表

销售额（125元×12 000件）	150万元
减：变动成本（75元×12 000件）	90万元
边际贡献	60万元
减：固定成本	60万元
利润	0

上述计算表明每件产品售价125元，销售量12 000件，减去变动成本后，企业将得到60万元的边际贡献。此项数额正好补偿60万元的固定成本并使利润为零，这就是盈亏平衡点。

（2）确定达到预期利润的销售量。

企业领导者所追求的不是盈亏平衡，而是获得利润，当预期利润不为零时，预期利润销售量的确定可用下列公式计算：

$$销售量=\frac{固定成本+预期利润}{单位产品的售价-单位产品的变动成本}$$

例4-2　仍然使用上例，但要求计划一年获利18万元，求销量。

$$销售量=\frac{固定成本+预期利润}{单位产品的售价-单位产品的变动成本}$$

$$=\frac{600\ 000+180\ 000}{125-75}=15\ 600（件）$$

所以，该企业每年必须销售15 600件新产品甲，才能获取18万元的利润，达到预期利润的销售额为195万元（125元×15 600件）。

（二）风险型决策

风险型决策常用的决策方法有期望值法和决策树法两种。

1. 期望值法

当管理者面临的各备选方案中存在着两种以上的可能结果，且管理者可估计每一种结果发生的客观概率时，就可用期望值法进行决策，即根据各方案的期望值大小来选择行动方案。

例4－3 某企业计划生产某新产品投放市场，其生产成本为4元，在定价时，人们提出了三种方案：每台5元、6元、7元。由于价格不同，其销售量将会有所不同，相应地其预期收益也不同。表4－3表明了在不同的价格水平下可能的销量，要求据此对定价方案作出抉择。

表4－3 不同方案的销路、概率及效益

状态 方案	不同状态下的销量（万台）及收益			期望值（万元）
	畅销 （0.25）	一般 （0.50）	差 （0.25）	
高价（7元）	30（90）	25（75）	20（60）	90×0.25+75×0.5+60×0.25=75
平价（6元）	48（96）	36（72）	28（56）	96×0.25+72×0.5+56×0.25=74
低价（5元）	100（100）	60（60）	46（46）	100×0.25+60×0.5+46×0.25=66.5

首先，根据销售量、生产成本及定价，可计算出各方案在不同销路下可能获得的收益大小。预期收益＝销售量×（售价－成本），各方案在不同销路下的预期收益如表4－3括号中的数值。

然后，计算出各方案的收益期望值：

$$期望值 = \sum_{i=1}^{n}（方案在状态下的预期收益）\times（方案\ i\ 状态发生的概率）$$

三种方案的期望值如上表所示。

最后，根据各方案期望值的大小决定定价方案。由于高价方案期望值最大，所以，高价方案为决策方案。

2. 决策树法

由于在实际工作中风险型决策问题大多比较复杂，为了避免遗漏与错误，可采用简明的图示形式进行辅助决策，这就是决策树法。

决策树技术就是以决策树为工具的分析技术。其基本原理是：在决策树中，用方案枝代表可供选择的各个方案，用概率枝分别表示各方案的每一种自然状态，期望值表示当某一方案执行时，在各种自然状态下出现的概率损益值。通过对各方案期望值大小的分析比较，为决策者提供决策依据。

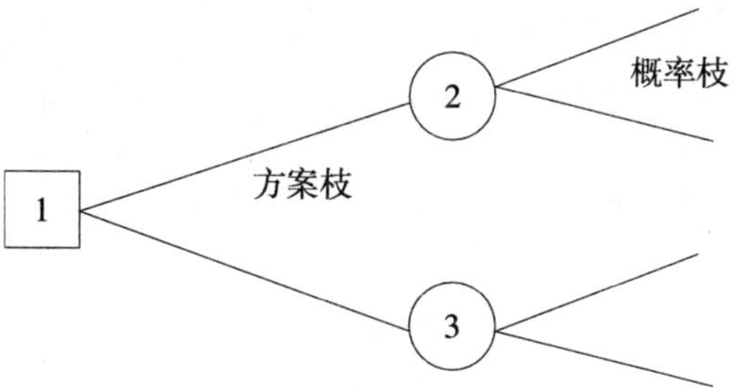

图 4－2　决策树示意图

用决策树法决策时，决策问题应具备四个条件：

（1）存在明确的目标。

（2）有两个或两个以上的可供选择的方案。

（3）每种方案存在着决策者不可控制的两种或两种以上的自然状态。

（4）不同方案在不同自然状态下的期望值可以计算出来。

例 4－4　某企业计划生产某种新产品投入市场。有两个方案可供选择：大批量方案年生产量 20 万件，小批量方案年生产量 5 万件。据市场调查估计，这种产品投入市场后销路好的可能性为 70%，销路差的可能性为 30%，在不考虑其他因素的情况下，两个方案在销路好和销路差两种情况下的年利润情况如表 4－4：

表 4－4　不同方案的概率及利润

自然状态 / 概率 / 方案	销路好	销路差
	0.7	0.3
大批量（20 万件）	100 万元	5 万元
小批量（5 万件）	20 万元	20 万元

试以期望值大小为价值准则，进行决策。

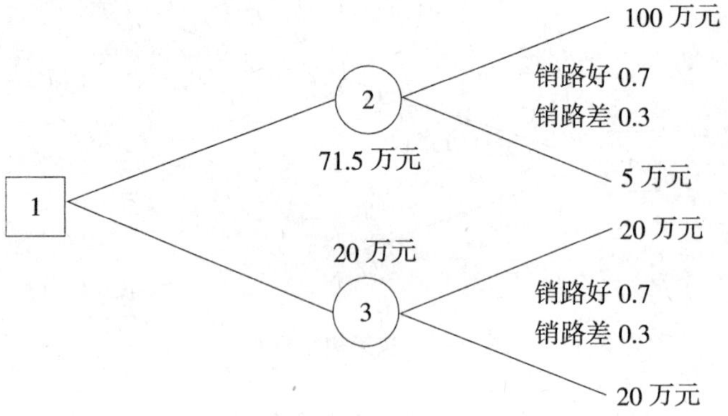

图 4－3

第一步：先画出决策树，见图 4－3。

第二步：计算期望值。期望值等于方案不可控制状态出现的概率与其出现时所表现的数量的乘积的总和。

$$大批量方案：Q_{大}=0.7\times100+0.3\times5=71.5（万元）$$

$$小批量方案：Q_{小}=0.7\times20+0.3\times20=20（万元）$$

第三步：决策选优。比较两方案期望值的大小，选择大批量方案为决策方案，舍弃其他的方案。

（三）不确定型决策

在不确定型决策中，由于其结果无法估计，决策在很大程度上取决于决策者对组织状况的判断和决策者自身的性格特点。例如，乐观与悲观的决策者，实力雄厚与实力弱小的组织，对同一决策问题所作出的决策很可能是不同的。

对于不确定型决策，通常有三种决策方法。

1. 极大极小损益值法

（1）极大极小损益值法的基本思想。

这种方法又称“小中取大法”。其基本思想是：先计算出各种方案在各种自然状态下可能有的收益值，再找出各种方案在自然状态下的最小收益值，然后选择与这些最小收益中最大的值相对应的方案作为决策方案。

例 4－5　某企业拟试制一种新产品投放市场，由于缺乏历史资料和统计数据，只能大致估计产品投放市场会有销路好、销路一般、销路差三种状态；现有大批量生产、中批量生产、小批量生产三个方案。三个方案在三种状态下的收益值见表 4－5，试用“小中取大法”进行决策。

第一步：找出各方案的最小收益值。它们分别为：－20 万元，10 万元和 20 万元。

第二步：找出最小收益值中的最大值：20 万元。

第三步：决策。最小收益值中的最大值所对应的方案为小批量生产方案，将该方案作为决策方案。

表 4－5

状态／方案	收益值（万元）		
	销路好	销路一般	销路差
大批量生产	120	50	－20
中批量生产	85	60	10
小批量生产	40	30	20

（2）极大极小损益值法的优点和缺点。

“极大极小损益值法”是在收益最少、最不利的自然状态中进行选择，最后决定的方案是在最不利的情况下的最好方案，所以这是一种比较保守的决策方法。

这种方法的优点是风险较小，比较谨慎，对未来持较为悲观态度的决策者以及承担风险能力较小的企业组织易倾向于采用此种决策方法。这种方法即使是在最不利的情况下，也能获得一定的利润。

这种方法的缺点是：有可能失去获得高额利润的机会。对上面所举例子而言，如果销路好，采用小批量生产方案比采用大批量生产方案要少盈利 80 万元。

2. 极大极大损益值法

（1）极大极大损益值法的基本思想。

这种方法又称“大中取大法”。其基本思想是：先计算出各种方案在各种自然状态下可能有的收益值，然后再从这些收益值中选择一个收益值最大的方案为决策方案。对例 4－5 而言，各方案的最大收益值分别为：120 万元，85 万元，40 万元。其中的最大值为 120 万元，所对应的方案为大批量主产方案，故选择大批量生产方案为决策方案。

（2）极大极大损益值法的优点和缺点。

“大中取大法”是一种比较乐观而积极的决策方法，常为一些敢冒风险、勇于进取的决策者和实力雄厚的企业组织所采用。它的优点是：有可能获得最好的效果。其缺点是：承担的风险较大。在本例中，假如销路差，大批量生产方案反而会亏损20万元。

3. 极小极大后悔值法

该方法又称“大中取小法”，即在最大后悔值中取其最小值所对应的方案为决策方案。

决策者在选定方案后，如实践证明自然状态比原先估计的要好，那么企业就遭受了机会损失，决策者将会为此而后悔。后悔的程度用最大收益值与所采取的方案的收益值之差来衡量，称为后悔值。“大中取小法”的基本思想是：先找出各个方案的最大后悔值，然后选择这些最大后悔值中最小者所对应的方案作为决策方案。

前例4-5中，如果出现的自然状态是销路好，而采取的决策方案是大批量，收益值为120万元，比中批量和小批量方案都要好，不会后悔，即后悔值为0。但如当初采用的是中批量或小批量，则后悔值分别为：

$$120-85=35\text{（万元）}$$
$$120-40=80\text{（万元）}$$

以此类推，可以得出在销路一般的状态下，三个方案的后悔值分别为：

$$60-50=10\text{（万元）}$$
$$60-60=0\text{（万元）}$$
$$60-30=30\text{（万元）}$$

在销路差的状态下，三个方案的后悔值分别为：

$$20-(-20)=40\text{（万元）}$$
$$20-10=10\text{（万元）}$$
$$20-20=0\text{（万元）}$$

三个方案的最大后悔值分别为40、30和80。

其中以30为最小，故选择其对应的中批量生产方案为决策方案。

“大中取小法”的精神是：估计可能出现的决策与实际的最大差距，并把这种最大差距尽可能降到最小。

以上三种方法得出三种决策结论，究竟该采用哪一种方法，要根据组织的具体情况而定。

三、计算机在决策中的应用

（一）用计算机制定决策大大提高了决策的速度和精确性

计算机硬件所具有的功能加上软件系统（诸如电子数据处理系统 EDPS、管理信息系统 MIS、决策支持系统 DSS）的不断开发、发展和应用，使得计算机逐步承担了决策制定过程中的大部分工作，如信息和数据的存贮和处理、运用对象模型拟订多种方案、方案运算和分析等，因而大大缩短了决策过程，减少了决策时间，同时计算机精确的计算也提高了决策的精确性。

（二）计算机的运用提高了决策的自动化程度

我们前面介绍了程序化决策和非程序化决策。程序化决策通常都有一套解决问题的方法和程序，这些方法和程序绝大部分都属于运筹学或管理科学领域。我们只要把它们编译成计算机语言，那么程序化决策就可以完全实现自动化。事实也是如此："电子计算机已经使得过去属于职工工作范围的那些常规的程序化决策制定和数据处理迅速地实现了高度的自动化；程序化决策的领域，随着我们愈来愈多地将运筹学工具用于以前被认为是靠判断力的决策中而迅速增大，这特别是（不仅只是）指生产和库存领域中的中层管理决策而言的；计算机已将数学技术的适用能力扩展到一些很大而不能用自动化程度较差的计算设备解决的问题上去；并且计算机通过提供新的模拟技术已进一步地将可程序化的决策的范围加以扩展。"

非程序化决策由于没有以往经验和固定模式可循，所以往往需要发挥主管人员或领导的创造性。对于这类问题，计算机在模拟人脑思维也称人工智能技术领域的发展，使我们逐步取得了非程序化决策实现自动化的技术手段。现在甚至将来，决策制定的自动化程度将不再是个技术问题，而将变成一个经济问题——使用计算机的费用与人力资源费用的比较。在前者费用小于后者费用的领域或场合，自动化程度高；反之，自动化程度低。

（三）计算机的运用提高了决策者的能力

不同的决策者拥有的知识、经验、信息、才能不同，所以制定的决策的效果也可能截然相反。在计算机没有出现的时候，可以说决策者是依靠信息，依靠知识来取得竞争优势的。谁拥有信息，谁拥有智慧、能力，谁就能在市场竞争中轻易打败对方。计算机的出现和运用，特别是网络和“信息高速公路”的开发，使得这种竞争优势逐渐消失。决策者手中的计算机提供着相同的信息，进行着相同的计算，得出近似相同的方案，那么在这种情况下，决策者靠什么去赢得竞争优势？计算机的运用对决策者的能力提出了更高的要求。无疑，随着计算机的发展，决策者的素质和各方面的综合能力将会不断地加强。

【本章小结】

本章主要介绍了决策的概念及内涵。决策是一个过程，主要包括以下几个主要步骤：识别机会或诊断问题、识别目标、拟订备选方案、评估备选方案、筛选方案、实施方案、监督和评估。

决策要遵循满意原则。因为对决策者来说，要想使决策达到最优，必须具备两个条件：第一，获得与决策有关的全部信息；第二，根据信息拟订出所有可能的方案；第三，准确预测每个方案在未来的执行结果。但现实生活中，这些条件往往不会满足，因此决策者难以作出最优决策，只能作出相对满意的决策。

决策方法主要包括定性决策方法和定量决策方法两种。定性决策方法主要介绍了头脑风暴法和德尔菲法。定量决策方法根据未来面临状态的确定性不同，可分为确定型决策、风险型决策和不确定型决策三类决策方法。

【关键术语与概念】

决策　　定性决策法　　定量决策法　　头脑风暴法　　德尔菲法

【拓展阅读】

1. ［美］赫伯特·A. 西蒙. 管理行为. 杨砺，韩春立译. 北京：北京经济学院出版社，1988

2. ［美］赫伯特·A. 西蒙. 管理决策新科学. 李玨流等译. 北京：中国社会科学出版社，1985

【案例阅读与思考】

案例1　欧洲迪斯尼的错误决策

欧洲的迪斯尼乐园在法国开张两年后，尽管每月有300万游客，每天却损失100万美元，这是怎么回事呢？

迪斯尼一直充满雄心，结果造成严重的战略和财务失误。在利率开始上升时过于依靠负债。他们假设乐园会继续火爆，那时可以卖掉一些股份用于偿还债务。乐园本身也有一些错误的决策，包括成本超出、无酒精政策（在法国午餐有一瓶葡萄酒是正常的）、太少的淋浴卫生间以及错误地认为法国人不在饭店的餐厅用早餐等。

公司认为是连续的欧洲经济衰退、高利率、法郎升值等造成了这些问题。但是公司与员工关系很糟，公司认为懂得最多，并坚持将之强加于员工。法国建设与工业部的一位官员说："因为他们是迪斯尼，所以他们什么都懂。"欧洲迪斯尼的管理者感到他们不过是在充当总公司管理的副手而已。

迪斯尼在许多方面都表现得过于自信。管理者夸口他们能预测巴黎未来的生活模式：他们认为人们会转移到离欧洲迪斯尼很近的东部来；他们相信能够改变欧洲人的习惯。例如欧洲人不像美国人那样对孩子逃学持认可态度，他们宁可在吃饭上少花时间也要有更多的休闲时间。迪斯尼认为它能改变这些习惯。迪斯尼的一位前任管理者说："有一种倾向相信人们所接触的都是最完美的。"迪斯尼认为在佛罗里达州能做到的，在法国一样能做到。过分骄傲、批评的压力、工人的士气低落等在一开始就使得游客远离，而门票价格要比美国的更高。迪斯尼完全没有看到欧洲经济处于不景气当中。一名高层管理者说："由于受到计划规定的开园日期的压力以及开园的诱惑，我们没能意识到一场大的经济衰退正在来临。"

迪斯尼的主席米歇尔·艾思纳曾经鼓励过欧洲迪斯尼要在计划中大方一些。他过分重视迪斯尼的质量，而忽视了做事情的预算和评论家的警告。

当事情完全出乎预料时，迪斯尼因受威胁要关掉乐园，但是在谈判的最后关头，还是赞同了新的财务计划。至少暂时来说危机似乎可以得到解决，也有许多观察家认为欧洲迪斯尼没有关门的危险，公司还有许多好牌，它的债权人和法国政府，一个提供低于市场利率的 7 500 万美元贷款，一个开始为公园提供公路和铁路网。

新管理层降低了门票价格并削减成本，欧洲迪斯尼开始恢复并在财务上走向正轨。但是，随后迪斯尼又一次惹怒了欧洲人。动画电影《大力神》和《钟楼怪人》对原著的粗暴歪曲激怒了人们。一家欧洲的主要报纸评述说，"卡通（指大力神）歪曲和滥用欧洲文化的一个基本传说"，并进一步说，"在美国，虽然对政治上是否正确非常敏感，在素材来源的地方也是一样。只顾赚钱，他们真的这样做，并赚了上亿美元"。

思考问题：

1. 在这个案例中你能找出多少次决策？对于这样一个巨大计划哪些方面应该做而没有做？

2. 在这个案例中有哪些概念和本章相关？你认为迪斯尼高层犯了什么错误？

3. 为了长期利益，迪斯尼可以做哪些工作？

4. 你如何看待在最后一段中所描写的欧洲人的反应？迪斯尼应该怎样做？

案例2　钟表王国的困惑与再起

瑞士西部城市比也纳是一个人口不到6万的“钟表之城”，聚集着几十家钟表厂，驰名世界的“劳力士”表就出产于此。

20世纪70年代中期开始，瑞士钟表业陷入严重的危机中。日本和香港采用电子石英技术使钟表的生产效率大大提高，大量价廉物美的电子石英表涌入国际市场。这股狂流冲击着以生产机械表为主的瑞士钟表业。世界钟表市场在逐日扩大，而瑞士产品的销路却在不断缩小。

危机使瑞士两大钟表集团受到了严重损失，这两大集团就是德语区钟表业集团有限公司（ASUAG）和法语区钟表业联合会（SSIH），两大集团都在寻找夺回钟表王国霸主地位的途径。ASUAG面对日本的挑战不断进行科研攻关，于1979年1月终于制造出世界上最薄的手表：整只手表只有0.98毫米厚。该表以塑料作为主要材料，是一款大众表，1981年被正式命名为“瑞士表”（即Swatch）。他们期望“瑞士表”能够像流行音乐、流行服装一样，随着时代的变化而不断变化，成为时代的弄潮儿。

然而，这种不起眼的塑料表的诞生却在这个钟表王国受到广泛批评，没有人喜欢这个80年代的“灰姑娘”，认为它破坏了瑞士钟表业的形象。

1982年初，ASUAG和SSIH决定与美国一家公司成立合资企业生产“瑞士表”，同年8月，“瑞士表”产量达到每周4 000只，型号达25种。但产品销售很快出现了问题，失败的情绪笼罩着“瑞士表”。面对种种反对意见，公司负责人果断制定了将“瑞士表”打入国际市场的长远战略，并成立了市场研究小组。1983年3月1日，“瑞士表”的宣传大战正式拉开序幕，这同时也标志着该表的正式问世。在一个大型记者招待会上，“瑞士表”打出了四张“王牌”：

（1）价格是瑞士石英手表历史上最低的；

（2）质量敢与价格昂贵的手表相比：误差每天 1 秒，30 米深防水压、防震，经久耐用；

（3）是新潮流、新生活的标志；

（4）能够适合各种人的爱好，可做时髦的装饰品。

为使“瑞士表”在更大范围内获得人们的接受，公司每年至少将利润的 12% 用于广告宣传，以扩大企业和产品的影响。为壮大实力，ASUAG 和 SSIH 于 1984 年正式合并，组成瑞士微电子钟表工业集团有限公司（SMH）。这家公司在今天已拥有欧米茄、布郎班、浪琴、雷达等高档表以及雪铁纳、铁索和“瑞士表”等 12 家钟表企业，在瑞士 100 家大型企业中名列第 12 位。

根据统计，1993 年，瑞士出口手表和机芯达 12 亿件，约占世界手表市场的 50%，其中仅“瑞士表”就有 2 500 万只，占瑞士出口成表的 75%。另有资料表明，“瑞士表”的市场已经遍布 5 大洲、140 多个国家和地区。“瑞士表”普遍受到了人们的欢迎和称赞，它的成功在瑞士钟表界已被传为佳话。

思考问题：

从管理决策角度分析“瑞士表”的成功开发和经营主要得益于什么？

第五章　计　划

【本章学习要点】

■ 掌握计划的含义及其类型。

■ 掌握计划在管理实践中的重要性。

■ 了解计划职能与其他管理职能的关系。

■ 掌握编制计划的步骤。

无论是组织还是个人，不管在工作中还是生活中，都会经常遇到计划问题。每个人都能从日常活动中体会到，是否制订、能否执行计划会给活动带来不同的结果。

计划是管理的一项最基本的职能。管理的其他活动只有在计划确定了之后才能进行，并且这些活动都要随着计划和目标的改变而改变。计划工作先于其他管理活动的工作，在管理工作中处于重要的地位。

第一节　计划概述

一、计划与计划工作

20 世纪初期，作为古典管理学派的主要代表人物之一的法国管理学家法约尔最先提出计划工作是管理的一项基本职能。法约尔在 1916 年发表的《工业管理与一般管理》一书中首次提出了著名的企业管理五种职能，即计划、组织、指挥、协调、控制。他指出，计划是规划未来，确定目标，以及提出实现目标的途径和方法的一种管理活动。他说："管理应当预见未来。"这个格言使人们对工商企业的计划工作的重要性有所理解。古典管理学派认为，计划职能包括决定最终目标以及决定实现最终目标的适当手段的全部管理活动。

哈罗德 · 孔茨在《管理学精华》一书中指出，计划工作就是预先决定做什么、如何做和谁去做。他说，计划工作是一座桥梁，它把我们从所处的此岸和我们要去的彼岸连接起来。

什么是计划？概括地说，计划就是对未来所要从事的事业的谋划、规划和打算。这一概念可从动态和静态两个方面理解。从静态角度看，计划是指规划好的行动方案或蓝图，它是计划工作完成之后产生的结果。从动态角度看，它是准备在未来从事某项工作或实现某个目标，而预先确定行动的时间、方法、步骤、手段等的过程，我们通常称之为“计划工作”。因此，我们可以说，计划是为了从事某些工作预先规划好的详细方案；计划工作则是对有关将来活动作出决策所进行的周密思考和准备工作，它包括限定组织的目标，为实现这些目标制定总体战略，并提出一系列派生计划，以综合协调各项活动。我国的企业把计划看作是企业经营思想、经营方针、经营目标、经营决策和经营策略的具体化，是统率企业人、财、物、供、产、销各项生产要素和经济活动的龙头，是统一企业全体员工行为的行动纲领。

计划的内容常用五个“W”和一个“H”来表示：

Why——为什么做？原因与目的。

What——做什么？活动与内容。

Who——谁去做？人员。

Where——在什么地方做？地点。

When——在什么时候做？时间。

How——怎么做？手段和安排。

计划工作的概念有广义和狭义之分。广义的计划工作包括制订计划、执行计划和检查计划的执行情况等整个过程。狭义的计划工作指制订计划，即通过一定的科学方法，确定组织的目标和为了达到决策目标而提出实现目标的安排。上述五个“W”和一个“H”大体上反映了它的内容。

二、计划的作用

计划作为管理的一项基本职能在管理活动中有着重要的地位，在一切人类社会活动中，我们都可以看到计划的作用，即使在原始社会中，收获和贮藏等活动就包含着计划的内容。当然，真正把计划作为管理的一项基本职能应用到管理活动中来，是在资本主义社会。因为，资本主义的社会大生产使社会分工与协作的程度空前提高，生产规模不断扩大；组织与组织之间的联系更加紧密，每一个社会组织的活动不但受到内部多种因素的影响，还要受到外部环境的制约。一个组织要在复杂多变的环境中生存和发展，就需要科学地制订计划，协调与平衡各方面的关系，不断地适应变化了的形势，寻找新的生存与发展机会。

早在19世纪，美国著名的管理学家泰勒在推行他的科学管理理论时就指出，计划作为管理的职能之一是整个管理活动的核心。他把计划与执行计划加以区分，认为编制计划是管理人员的工作，而执行计划的工作应由非管理人员去完成。法国管理学家法约尔具有同样的思想，他在《工业管理和一般管理》一书中分析管理功能的五个方面时，首先就强调了计划的重要性。在现代社会，科学技术迅猛发展，生产技术日新月异，一个以知识创新为基础的知识经济时代已经到来，计划在管理中的地位越来越重要。同时现代社会经济的发展也为现代管理工作增添了新的内容，一些新的计划理论相继产生。如现代学者普遍认为，管理人员不但要编制计划，而且还要参与计划的执行。在计划实施的不同阶段，根据计划执行反馈的信息和客观环境的变化，及时地修订计划，使其更加符合实际。因此，他们提出了计划必须定期修订、补充并“滚动”发展的理论。在计划编制上，一些新的计划编制方法和技术，如系统分析技术、目标管理技术、预测技术、计划评审技术等被广泛地运用，从而大大提高了计划的科学性。

在现代社会中，无论是组织还是个人，无论是工作还是生活，都会经常遇到计划问题。作为一个国家，要协调社会经济的发展，合理确定社会各个系统之间的关系，需要编制国家计划；作为一个企业，要实现经济利益最大化，需要制订产品开发计划和销售计划；作为一个家庭，为有效利用家庭经济资源，需要制订家庭收支计划；作为个人，要进行日常活动，也需要事前安排和计划。计划作为管理的最基本职能，在管理中具有重要的作用。早在泰勒推行科学管理运动时期，许多管理者就已认识到计划在管理实践中具有重要的作用。特别是近十几年来，生产技术日新月异，生产规模不断扩大，分工与协作的程度空前提高，每一个社会组织的活动不但受到内部环境的影响，还要受到外部因素的制约，企业要不断地适应这种复杂的、变化的环境，只有科学地制订计划才可能协调与平衡多种活动，求得本组织的生存和发展。

（一）计划是管理者指挥的依据，为组织成员指明方向，协调组织活动

管理者在制订计划之后，还要根据计划进行指挥。他们要分派任务，要根据任务确定下级的权力和责任，要促使组织中全体人员的活动方向趋于一致，形成一种复合的、巨大的组织化力量，以保证达到计划所设定的目标。如国家要根据五年计划安排基本建设各项目的投资，企业要根据年度生产经营计划安排各月的生产任务、新产品开发和技术改造。管理者正是基于计划来进行有效

指挥的。

当组织成员理解了计划工作所制订的组织目标和行动方案后，他们就会自觉地将个人的力量向组织目标努力，这样就可以避免由于缺乏计划而导致组织成员力量的内耗，有利于实现组织的目标。可见，计划工作协调了组织成员所做的各项工作。

（二）计划是降低风险、掌握主动的手段，能通过预测未来，减少变化的冲击

未来的情况是变化的，当今世界处于一种剧烈变化的时代中，社会在变革，技术在革新，人们的价值观念也在不断变化。计划是预测这种变化并且设法消除变化对组织造成不良影响的一种有效的手段。未来可能会出现资源价格的变化，有新的产品和新的竞争对手，国家的政策、方针可能变化，顾客的意愿和消费观念也会变化，如果没有预先估计到这些变化，就可能导致失败。由于计划是针对未来的，这就使计划制订者不得不对未来的变化进行预测，根据过去和现在的信息来推测未来可能出现哪种变化，这些变化将对达成组织目标产生何种影响，在变化确实发生的时候应该采取什么对策，并制订出一系列备选方案。一旦出现变化，就可以及时采取措施。虽然有些变化是无法预知的，而且随着计划期的延长，这种不确定性也将相应增大。这种情况的出现是由于人们掌握的与未来有关的信息是有限的，而且未来的某种变化可能完全是由于某种偶然因素引起的。但这并没有否认计划的作用，通过计划，进行科学的预测可以把将来的风险降低到最低限度。

计划工作促使管理者展望未来，预见变化，考虑内外环境变化给组织带来的冲击，从而采取适当的对策，减少组织活动的种种不确定性，降低变化给组织带来的不利影响，甚至还能变不利为有利，抓住变化带来的机会。

（三）计划是减少浪费、提高效益的方法

计划工作的一项重要任务就是要使未来的组织活动均衡发展。计划工作明确了组织成员活动的目的和手段，通过对计划进行认真的研究，消除不必要的活动所带来的浪费，能够避免在今后的活动中由于缺乏依据而进行轻率判断所造成的损失，避免了多项活动并行过程中出现的种种不协调现象，并可减少重复性的活动。计划工作要对各种方案进行技术分析，选择最适当的、最有效的方案来达到组织目标。此外，由于有了计划，有利于组织中各成员统一思想，

激发干劲，组织中各成员的努力将合成一种组织效应，这将大大提高工作效率，从而带来经济效益。计划工作还有助于用最短的时间完成工作，减少迟滞和等待时间，减少盲目性所造成的浪费，促使各项工作均衡稳定地发展。计划工作对现有资源的使用可以作充分的分析研究，各部门都明确整个组织的现状，减少闭门造车的工作方式，使组织的可用资源充分发挥作用，并降低成本。

（四）设立目标和标准以利于控制

如果管理者不清楚要达到什么目标，也就无法判断是否达到了目标。正是由于在计划工作中设立了目标和标准，管理者才能在管理工作中用这些目标和标准来进行控制，将实际的绩效与目标进行比较，发现已经和可能发生的偏差，从而采取必要的纠偏行动。没有计划就无法对组织活动实施控制。计划职能与控制职能具有不可分离的联系：控制的所有标准几乎都源于计划，计划的实施需要控制活动给予保证；在控制活动中发现的偏差，又可能使管理者修订计划，建立新的目标。

在实际工作中，对计划工作的作用应有正确的认识。首先，正式的计划工作是与企业的较高利润、良好的财务状况相联系的。其次，高质量的计划工作和对计划适当的贯彻执行将实现更高的组织绩效。如果在实践中对计划有一些误解，必须加以澄清。

（1）计划工作不是策划未来，也就是说，计划工作并不是预测。实际上，人类是无法完全准确地预言未来和控制未来的，试图指挥和策划未来是幼稚的。我们仅能决定为了实现未来的目标应当采取什么样的行动。

（2）计划工作不是作未来的决策，计划工作所涉及的是当前决策对未来事件的影响。所以，计划工作涉及未来，但是，计划工作的决策是现在就作出的。

（3）计划工作并不能消除变化。变化是客观存在的。管理部门之所以要从事计划工作是为了预估各种变化和风险，并对它们作出最为有效的反应。

（4）计划工作并不减少灵活性。组织的正式计划比存在于一些高级经理人员头脑中模糊的假设要容易修改，因为它推理明确，构想清晰。而且，有些计划可以人为地增加其灵活性，管理人员是管计划的，而不是被计划管的。

三、计划的特点

（一）目的性

任何组织或个人制订计划都是为了有效地达到某种目标。在计划工作开始之前，这种目标还不十分具体，计划就是开始于这个不具体的目标。例如，某百货公司的经理希望明年的销售额和利润额有较大幅度的增长，这就是一个不明确的目标，然后再定出一个确定的目标，比如，销售额增长20%，利润额增长15%。

（二）首要性

计划在管理职能中处于首要地位，这主要是由于管理过程中的其他职能都是为了支持、保证目标的实现。因此这些职能只有在计划确定了目标之后才能进行。因为只有在明确目标之后才能确定合适的组织结构、下级的任务和责权，以及怎样控制组织和个人的行为不偏离计划等。计划首要性的另一个原因是，在有些情况下，计划是唯一需要完成的管理工作。计划的最终结果可能导致一种结论，即没有必要采取进一步的行动。计划首先要做的工作是进行可行性分析，如果分析的结果表明该计划是不合适的，那么，所有工作也就告一段落，无须再实行其他的管理职能。

（三）普遍性

企业内的任何管理者或多或少都有某些制订计划的权力和责任。一般来说，高层管理人员负责制订战略性的计划，而那些具体的计划则由下级完成。授予下级某些制订计划的权力，有助于调动下级的积极性，挖掘下级的潜在能力，这对贯彻执行计划，高效地完成组织目标无疑大有好处。

（四）效率性

计划工作的任务，是保证目标的实现，其中包括从众多备选方案中选择最优的方案。

计划的经济效益可用计划的效率来衡量。计划效率是指制订计划与执行计划时所有的产出与所有的投入之比。如果一个计划能够达到目标，但它需要的代价太大，这个计划的效率就很低，就不是一份好的计划。在制订计划时，要好好考虑计划的效率，不但要考虑经济方面的利益和耗损，还要考虑非经济方面的利益和耗损。

四、计划与决策

有人认为，计划是一个较为宽泛的概念。作为管理的首要工作，计划是一个包括环境分析、目标确定、方案选择的过程，决策只是这一过程中的某一阶段的工作内容。比如，法约尔认为，计划是管理的一个基本部分，包括预测未来并在此基础上对未来的行动予以安排。

而以西蒙为代表的决策理论学派则强调，管理就是决策，决策是包括情报活动、设计活动、抉择活动和审查活动等一系列活动的过程；决策是管理的核心，贯穿于管理过程。因此，决策不仅包括了计划，而且包容了整个管理，甚至就是管理本身。

我们认为，决策与计划是两个既相互区别又相互联系的概念：

首先，计划与决策是相互区别的。计划与决策相互区别，是因为这两项工作解决的问题不同。决策是关于组织活动方向、内容以及方式的选择；而计划则是对组织内部不同部门和成员在一定时期内具体任务的安排，它详细规定了不同部门和成员在该时期内从事活动的具体内容和要求。

其次，计划和决策又是相互联系的。因为：第一，决策是计划的前提，计划是决策的逻辑延续。决策为计划任务的安排提供了依据，计划则为决策所选择的目标的实施提供了组织保证。第二，在实际工作中，计划与决策相互渗透，有时甚至是不可分割地交织在一起的。决策制定过程中，不论是对内部能力优势或劣势的分析，还是在方案选择时关于各方案执行效果或评价，实际上都已经开始孕育着决策的实施计划。反过来，计划的编制过程，既是决策的组织落实过程，也是决策的更为详细的检查和修订的过程。无法落实的决策，或者说决策选择的某些任务无法安排，必然导致决策在一定程度上的调整。

第二节　计划的类型

计划工作是组织中各个部门、各个管理层次都存在的活动，计划工作的普遍性决定了计划的多样性。按照不同的标准，可将计划分为不同的类型。认识计划的不同类型，有利于充分发挥计划的职能，从而制订有效的计划。

一、按制订者的层次划分

按制订者的层次可将计划分为战略计划、战术计划和作业计划。

（一）战略计划

战略计划是指应用于整个组织，为组织确立总体目标并寻求组织在环境中的地位的计划。在一个组织中，战略计划关系到整体的运作，并要求多层次的介入。战略计划是由组织高层管理部门制订的，高层管理部门为整个组织提出指导性的目标，然后由各级管理部门逐级提出相应的目标与计划来达成组织的目标。随着计划工作过程在组织中自上而下地推行，目标的主题和业绩的衡量就越来越具体了。战略计划是对组织未来两年、五年甚至更长时期的宏伟蓝图的描述，并为组织在未来成功地运作做好准备。

战略计划始于组织的使命。组织的使命是对该组织为什么而存在的明确阐述，它决定了组织中将发生或应发生的一切。著名管理学家彼得·德鲁克曾指出：对于每一个企业而言，有两个根本性的问题需要回答：我们的企业是什么？它应该是什么？对于第一个问题的答案是由消费者决定的，而不取决于生产者。消费者对企业产品的看法和意见，企业管理者必须认真考虑和接受。对于第二个问题要求企业考虑自己是否找对了事业，或是否应改变其方向。有些企业由于受经济形势、竞争的压力或其他非常事件的影响不得不调整经营方向；有些企业出于生产率、创新及获利能力等方面的考虑，也需要寻找新的机会和新的方向。这些改变将促使企业重新定义其使命。

（二）战术计划

战术计划是将战略计划中具有广泛性的目标和政策，转变为确定的目标和政策，并且规定了达到各种目标的确切时间。战术计划通常是由组织的中层管理部门制订的，它是对各部门必须做什么、如何做以及由谁负责来做的具体安排，它的时间跨度一般为一年。

（三）作业计划

作业计划是由基层管理者制订的，用于完成其工作职责的计划。战术计划虽然比较具体，但在时间、预算和工作程序方面还不能满足实际实施的需要，因此，必须制订作业计划。作业计划根据战术计划确定的具体目标，确定工作流程，划分合理的工作单位，分派任务和资源，以及确定权力和责任。

二、按期限划分

按期限的长短可将计划分为长期计划、中期计划和短期计划。短期计划一般是指一年或一年以下的计划；中期计划是指一年以上到五年以下的计划；长期计划是指五年以上的计划。但是，这种划分并不是绝对的。比如，一项航天发展项目的短期实施计划可能需要五年，而一家小的服装厂，由于市场变化较快，它的短期计划仅能适用两个月。所以，尽管我们按上述时间界限划分出长期、中期和短期计划，但在实际工作中，还是应根据具体情况来看。

三、按计划的对象划分

按对象可把计划分为综合计划、局部计划和项目计划三种。

（一）综合计划

综合计划一般是指具有多个目标和多方面内容的计划。就其涉及对象来说，它关联整个组织或组织中的许多方面。习惯上人们把预算年度的计划称为综合计划，如企业中的年度生产经营计划，它主要包括：销售计划、生产计划、劳动工资计划、物资供应计划、成本计划、财务计划、技术组织措施计划等。这些计划都有各自的内容，但它们又互相联系、互相影响、互相制约，形成一个有机的整体。

（二）局部计划

局部计划是指在指定范围内的计划。它包括各种职能部门制订的职能计划，如技术改造计划、设备维修计划等。局部计划是在综合计划的基础上制订的，是为达到整个组织的分目标而确立的，它的内容专一性强，是综合计划的一个子计划。

（三）项目计划

项目计划是针对组织的特定课题作出决策的计划。例如，某种新产品的开发计划、企业的扩建计划、职工食堂建设计划等都是项目计划。项目计划可能为一年，也可能为几年。

四、按组织的职能业务划分

按组织的职能业务可将计划分为生产计划、营销计划、财务计划和人事计划等。企业要从事生产、营销、财务、人事等方面的活动，就要为这些活动和职能业务部门制订计划。企业的生产计划决定了企业生产规模的扩张程度、各车间的生产作业进度等；企业的营销计划是对企业销售渠道、促销方式及费用等方面的安排；财务计划是对企业资金的筹措和运用等业务活动的安排；人事计划是为保证企业的生存和发展而提供相应人力资源的长期和短期的安排。

五、按照执行者的约束力划分

按照执行者的约束力可以把计划分为指令性计划和指导性计划。

（一）指令性计划

指令性计划是由上级部门下达的具有行政约束力的计划。它具有强制性、权威性、行政性和间接市场性的特点。指令性计划一经下达，计划执行单位必须坚决遵照执行，并尽一切努力保证完成计划。同时，上级部门对于完成指令性计划所需要的人力、物力、资金等也要给予充分的保证，为完成指令性计划创造必要的条件。由于下级部门对指令性计划没有选择的余地，市场机制对计划的影响主要是通过行政权威发生作用的，因此，指令性计划的范围不能过宽。

（二）指导性计划

指导性计划是由上级主管部门下达的起导向作用的计划。它具有参考性、灵活性和可调节性的特点。指导性计划下达以后，各单位可以根据本单位的实际情况，决定可否按指导性计划工作。这种计划不是采取行政命令的方式强迫下级单位执行的，而是一种弹性的控制方法。为了促使计划执行部门按照指导性计划进行工作，上级部门通常采用价格、税收、金融信贷等经济杠杆来进行调节，对完成指导性计划任务的给予某种优惠待遇。此外，上级计划制订部门还可以通过其他方式鼓励下级部门执行指导性计划。

在市场经济条件下，社会经济的发展既离不开指令性计划，也离不开指导性计划。两种计划形式在不同的范围发挥着不同的作用。一般而言，在宏观经济管理中，计划起战略性、调节性、政策性作用，可以多运用指导性计划的形式。在企业微观经济管理中，计划起着指挥性、强制性的作用，可以多运用指令性计划的形式。

六、计划的表现形式

计划的表现形式是多种多样的，从抽象到具体不同形式的计划可组成一个层次体系，如图 5 -1 所示。

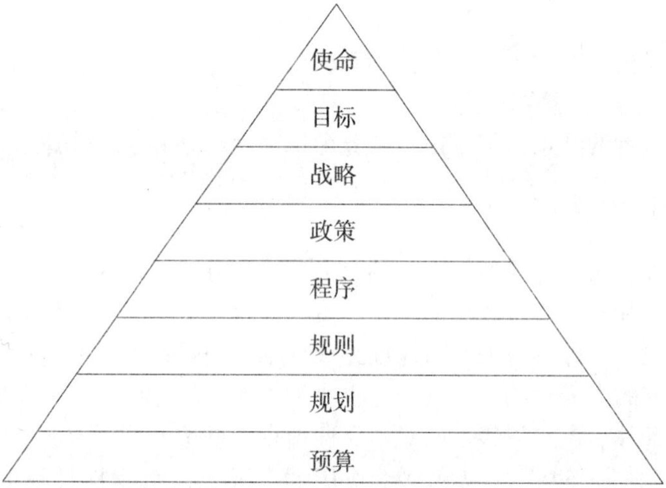

图 5 -1　计划的层次体系

（一）使命

组织的使命决定一个组织的性质，也是一个组织存在的理由，是指明一定的组织机构在社会上应起的作用和所处的地位，它要解决的是一个组织是干什么的和应该干什么的这两个问题。不同的组织有不同的使命。每个组织既有其由社会赋予的基本职能，即社会使命，也有使其成员生存、发展的使命。企业的使命一般来说是生产和分配商品或服务，使命的具体内容则体现在组织选择的服务领域或事业上。如美国杜邦公司提出的具体使命是“通过化学方法生产更好的产品”。

使命不是目标。它是拟定、明确目标的最高原则。一个组织必须有明确的使命，最高管理层应牢记本组织的使命，并将使命灌输到每一个员工的头脑中去，贯彻到计划的制订和执行过程中去。

（二）目标

目标是宗旨的具体化，表现为组织在计划期内要追求的结果。目标通常由一系列指标来体现。经济组织的目标常用利润、产量、产值、利润率、成本等来表示。在一个书面计划中，组织要实现的目标常常有一组，它们构成一个由总目标统领的目标体系。诚如一些管理学家所说的，组织计划中的目标是分等级层次的，并且还会形成一个网络。由于目标的层次特性和网络特性，保证各级目标、各部门目标之间的协调统一是计划工作要予以充分注意的。通常人们可以把组织的目标细化，从而得出多方面的目标，形成一个互相联系，并且有等级层次之分的目标体系。组织的总目标可以层层分解为更具体的总目标、部门目标及个人目标。组织目标除了具有层次性外，还具有多重性。从深层次分析，所有组织的目标都是多重的，如企业除了关注利润外，还追求市场份额的扩大和满足职工的福利等。即使在组织各级目标体系中，目标也是多种多样的。现代组织是一个复杂的社会机构，它需要在多重的目标和需要之间求得平衡。如果过分强调某一个目标，就会忽视其他目标。因此，实际中要综合考虑各个目标。

（三）战略

战略是组织为了达到总目标而采取的行动和利用资源的总计划。战略提供的是指导思想和行动框架，而不是具体的行动方案。战略具有一定的竞争对抗含义。因此，组织在确定战略时，要仔细研究其他的相关组织，特别是主要的竞争对手的情况，为取得竞争中的优势地位而制定组织自身的战略。

（四）政策

政策是一个组织行动所定的方针。政策是管理者决策时考虑问题的指南，它能使决策与目标保持一致。政策帮助组织成员事先决定问题，不需要每次重复分析相同的情况。政策是指导决策的，所以允许对某些事情有酌情处理的自由。一般来说，组织中的不同部门、不同层次都有其相应的政策，如财务政策、生产政策等。为了保持政策的一致性和整体性，应将组织的政策用书面形式写下来。这样能使所有组织成员均能确切地了解组织的有关政策，并充分理解自己部门的决策对其他系统所产生的影响。管理学家指出："政策好比指路牌，它规定了必要的、并为公司董事会或执行委员会所认可的活动范围。一个组织中的决策可能是多种多样的。例如一个企业，需要制定招聘员工的政策、提级增薪的政策、鼓励职工提供合理化建议的政策、企业在市场上的价格竞争政策等。”

之所以将组织制定的政策也归入计划职能之中，是因为政策的目的也是着眼于未来。一个组织需要制定某一项政策的起因是因为当前出现了某种问题，但其作用则是为了应付未来再发生诸如此类的问题。如果不是着眼于未来那就只是解决当前问题的方案，而不是政策了。

（五）程序

程序规定了某些经常发生的问题的解决方法和步骤。程序是按时间顺序对必要的活动进行的排列，它是一种经过优化的计划，是通过大量的实践经验总结而形成的规范化的日常工作过程和方法，程序可以提高工作效率。程序也是一种计划，它规定了如何处理未来活动的例行方法。程序只是指导人们如何去采取行动，不是指导去怎样思考问题，它详细地说明在组织活动中，人们必须准确地按照某种既定的方式去完成某种活动。程序的实质是对所要进行的活动规定时间顺序。

程序在一个组织中处处存在，并且还是多种多样的。不同的工作需要不同的程序。如在股份公司中，董事会的决策程序就不同于基层管理人员所遵循的程序。一般来说，越到基层，所规定的工作程序也就越细，数量也就越多。其原因就是基层工作大多是执行性的工作，程序化决策最为常见。

（六）规则

规则也是计划。它同其他计划一样，是从各个备选方案中选定的要采取的行动。它是控制成员在工作中的态度和行为的一种常规计划。用孔茨的话来说，规则往往是一种最简单的计划。它规定了成员应该怎样行动和不该怎样行动，没有酌情处理的余地。

在一般情况下，规则、政策和程序三者很难区分，因为它们共同构成组织的制度，都隐藏在制度之中。西方管理学家认为，规则与指导行动的程序有关，但它不说明时间顺序。实际上，可把程序看作是一系列的规则。然而，有些规则却是程序所不能包括的，如在防火要求很高的企业中，“禁止吸烟”的规则就与任何程序无关。但企业关于审批购货单的程序，其中就包含了某些规则，如大数额的订货单需要当天送主管副经理审批。管理程序中所包含的这些规则是不允许随意违反的。规则的本质就在于它反映了是否采取某种行动的管理决策权限。从某种意义上说，规则是划分权力的计划。规则与政策的主要作用是指导人们在决策时如何考虑问题。规则与政策的区别在于人们执行规则一般没有自由度，而政策则给人们较大的自由度。

（七）规划

组织规划是为在组织总体目标内特定的重点工程或任务所制订的一套专用计划。它是一个综合性的计划，包括目标、政策、程序、规则、任务分配、要采取的步骤、要使用的资源以及完成既定行动方针所需要的其他因素。因此，有时人们将规划与计划等同起来。从前面的论述可知，规划与计划是两个不同范畴，它只不过是一种综合性的计划形式而已。

规划的具体形式和内容弹性较大。比如，有的规划仅是粗线条的轮廓，或只是定性的基本原则体系；有的则十分详尽，许多目标都已数量化、具体化、明确化。所以，人们也常将以粗线条勾画未来发展轮廓的设想称之为规则，如通常称之为战略规则的那一种规则，而将比较详尽的规划称之为计划。从计划管理工作的角度来看，作这种区分也有作用。

（八）预算

预算就是对组织活动从经济核算的角度开展的计划工作。预算是一系列用货币量表示预期结果的报表，可以称它为一份“数字化”的计划。预算描述了组织在未来一段时期的现金流量、收支等的具体安排，它是基本的计划工作手段。由于预算采用数字的形式，所以编制预算可以迫使管理者精确制订组织计划。

任何组织活动都需要付出代价，用经济学术语来说就是需要成本的。经济性是人们对工作进行计划的客观原因之一。尽可能地节约支出，求得最大的投入产出效益是每个管理者努力的目标。所以说，预算是一切组织中最重要的计划之一。

一个组织不仅需要预算，而且预算还必须做到科学、可行、合理。与其他计划形式比较起来，对预算的要求更加严格一些，因为每一个组织都需要合理地利用自己的财力资源。所以，每一个组织都要做好预算工作。

长期以来，我们一直都只将预算式的计划看作计划的唯一形式，而不将程序、规划、策略等视作计划。如果这一观念不转变，是不利于做好计划管理工作的。如一些企业和其他组织将完不成计划当作一件重要的事情来对待，但把违反程序、不遵循程序当作很平常的事情。这显然是与科学的计划管理要求不相符的。要认识计划的各种形式，对我国的管理者来说还有一个观念转变的任务。

第三节　计划的编制

计划的正确与否直接影响着组织的运作和未来的发展方向。因此，为了保证计划的预见性和合理性，以及计划工作的顺利进行，在编制计划时，必须采用科学的工作程序和科学的编制方法。

一、计划编制的程序

计划编制过程包括八个步骤的工作，其先后次序如图 5－2 所示。

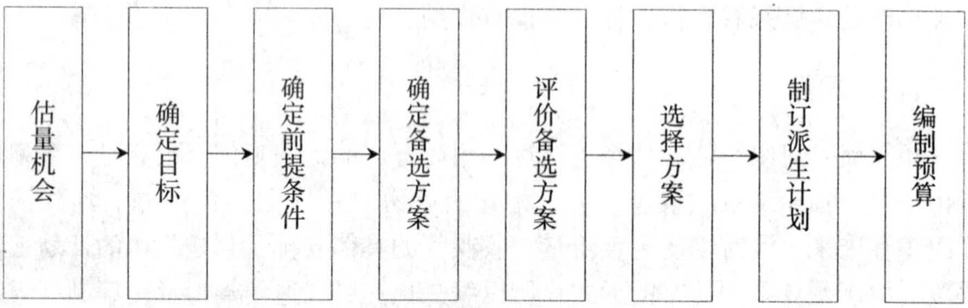

图 5－2　计划编制过程

（一）估量机会

估量机会就是管理者根据环境和组织的现实情况对可能存在的机会作出的现实判断。严格地说，估量机会不属于编制计划过程的一个组成部分，它要在编制实际计划之前进行。但是寻找组织外部环境中和组织内部的机会是编制计划的真正起点。在编制计划时，管理者应该考虑将来可能出现的机会，并对这些机会进行全面了解，从而使计划更加正确合理。

（二）确定目标

目标的选择是计划工作的关键，一份成功的计划不可能出现目标上的偏差。确定目标，首先，要注意目标的价值，各类计划设立的目标应与组织的使命和总目标有价值上的一致性，这是对计划目标的基本要求。其次，要注意目标的内容及其优先顺序，不同的目标顺序将导致不同的行动内容和资源分配的先后顺序。最后，目标应有明确的衡量指标，不能含糊不清，对目标应尽可能进行量化，以便度量和控制。

组织的总目标要为组织内的所有计划指明方向，而这些方向又根据反映组织总目标的方式规定了各个主要部门的目标，而部门目标又控制着其下属各部门的目标。这样，就会使整个组织的全部计划内容控制在组织的总目标体系内。

（三）确定前提条件

确定前提条件是要确定整个计划活动所处的未来环境。计划是对未来条件的一种“情景模拟”，确定前提条件就是要确定这种“情景”所处的状态和环境。这种“情景模拟”能够在多大程度上贴近现实，取决于它对将来所处的环境和状态的预测的准确程度，也就是取决于确定前提条件这一步骤的工作质量。

（四）确定备选方案

每一项活动（或问题）一般都有几种不同的解决方式和方法，编制一个计划需要集思广益，开拓思路，寻求和检查可供选择的多个方案。但有时主要的问题不是寻找可供选择的方案，而是减少可供选择的方案数量，以便从中确立最合适的方案。因此，需要管理者进行初步判断，从中发现最有成功希望的方案。

（五）评价备选方案

评价备选方案就是根据计划的目标和前提条件，权衡利弊，对各种备选方案进行评价。评价备选方案的尺度有两个：一是评价的标准；二是各个标准的相对重要性。在多数情况下，存在很多备选方案，而且有很多有待考虑的可变因素和限制条件，这会使评价比较困难。

（六）选择方案

选择方案是计划的关键步骤。作出正确的选择需要建立在前面几步工作的基础上。为了保持计划的灵活性，选择的结果往往可能是两个或更多的方案，并且决定首先采取哪个方案，同时将其余的方案也进行细化和完善，作为后备方案。

（七）制订派生计划

选择好方案后，计划工作并没有完成，还需要为涉及计划内容的各个部门制订支持总计划的派生计划。几乎所有的总计划都需要派生计划的支持和保证，完成派生计划是实施总计划的基础。

（八）编制预算

计划编制工作的最后一步就是要把计划转变为预算，使计划数字化。预算是汇总组织各种计划的一种手段，将各类计划数字化后汇总，才能分配好组织的资源。预算是用数字表述计划，并把这些数字化的计划分解成与组织的职能业务相一致的各个部分。这样，预算就与计划工作相联系，它将资源使用权授予组织的各部门，又对资源使用状况进行控制。管理人员只有明确了这些具体的资源使用情况和投入、产出数据，才能采取授权的方式在预算限度内去实施计划。

二、计划编制的方法

（一）滚动计划法

滚动计划法将短期计划、中期计划和长期计划有机地结合起来，根据近期计划的执行情况和环境变化情况，定期修订未来计划。由于在计划工作中很难准确地预测未来，计划期限越长，这种不确定性就越大。为了提高计划的有效性，可以采用滚动计划法。其具体做法为：在制订计划时，同时制订未来若干期的计划，但计划内容采用近细远粗的方法，即把近期的详尽计划和远期的粗略计划结合在一起。在近期计划完成后，根据计划的执行情况和环境的变化情况，对原计划进行修订和细化。以后根据同样的原则逐期向前滚动，如图5－3所示。

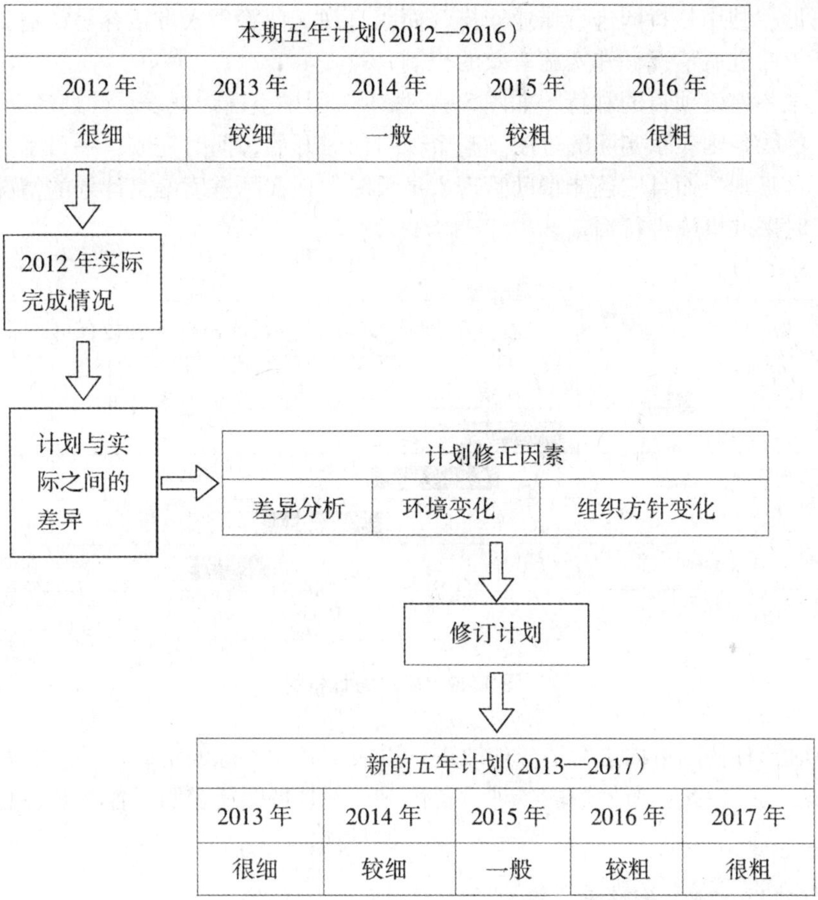

图5－3　滚动计划法示意图

滚动计划法虽然加大了计划编制的工作量，但它推迟了对远期计划的决策，增大了对未来估计的准确性，提高了计划的质量。同时，它使长期、中期和短期计划相互衔接，保证了组织能根据环境的变化及突发事件及时进行调节，使各期计划基本保持一致，这就大大增强了计划的弹性，从而提高了组织的应变能力。

（二）甘特图

甘特图是表示作业计划及其进展情况的基本工具。它是一种线条图，纵向表示要安排的活动，横向表示时间，线条则表示整个期间计划活动与实际完成的情形。利用甘特图进行作业安排，简明直观，使管理人员很容易认清目前计划任务的进展情况，并实施有效的控制。

某一建设项目的甘特图如图5－4所示。图中空白线框表示计划活动顺序，涂色的线条则表示实际的进度，整个项目何时开始，何时完成，一目了然，不仅非常直观，而且它还能帮助管理人员及时发现实际进度偏离计划的情况，以便及时采取措施进行纠正。

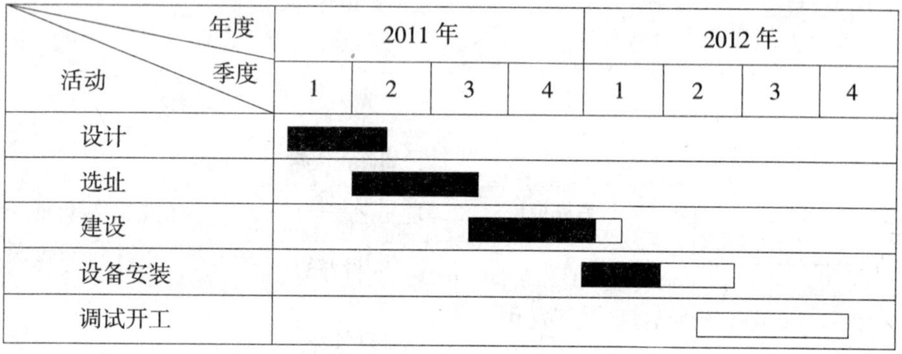

图5－4　简化的甘特图

对于甘特图可以进行适当的改进，以表示各种资源的负荷情况。例如把纵向的活动一栏改为所使用的各种设备情况，则甘特图就表明了各种设备的负荷情况。

（三）网络计划技术

网络计划技术是20世纪50年代在美国产生和发展起来的，它是以网络图的形式来制订计划，通过网络图的绘制和网络时间的计算，了解整个工作任务的全貌，对工作过程进行科学的统筹安排，并以此组织和控制工作的进行，以达到预期的目标。

任何一项任务都可以分解成许多步骤的工作，根据这些工作在时间上的衔接关系，用箭线表示它们的先后顺序，画出一个各项工作相互关联，并注明所需时间的箭线图，这个箭线图就是网络图。图5－5给出了一个简单的网络图。

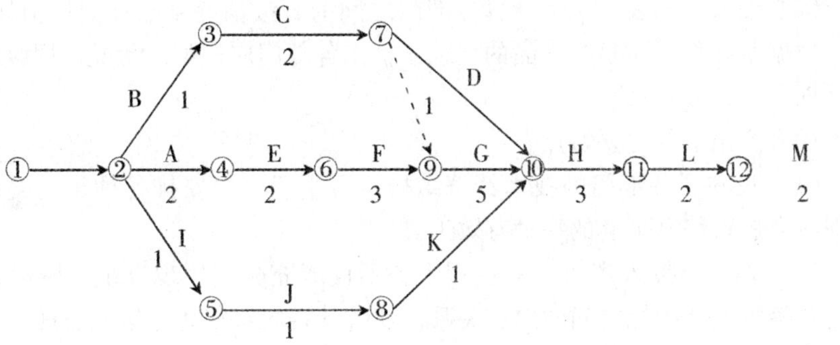

图 5－5 网络图

1. 网络图的三个构成要素

（1）工序。它是一项工作的过程，要消耗一定的人力、物力和时间才能完成，用带箭头的线段（箭线）表示。箭线下的数字表示完成该项工作所需的时间。

（2）事项。它是两个工序间的连接点，表示前道工序结束、后道工序开始的瞬间。它既不消耗资源，也不占用时间。

（3）线路。它是网络图中由初始点事项出发，沿箭线方向前进，连续不断地到达终点事项为止的一条通道。一个网络图中存在着多条路线，把其中最长的路线称为关键路线。关键路线的路长决定了整个计划任务所需的时间。关键路线上各工序的完成时间的提前或拖延将直接影响到整个计划任务的完成时间。

2. 利用网络计划技术编制计划的步骤

（1）分解任务。该步骤是把整个计划活动分为若干个具体工序，并确定各工序的时间，在此基础上分析并明确各工序时间的相互关系。

（2）绘制网络图。根据各工序之间的相互关系，根据一定规则，如两个事项之间只能由一条箭线相连，绘制出包括所有工序的网络图。

（3）找出关键线路。根据各工序所需作业时间，计算网络图中各路线的路长，找出关键线路。

（四）投入产出法

投入产出法是 20 世纪 40 年代美国经济学家列昂节夫提出来的，它的主要根据是各部门经济活动的投入与产出之间的数量关系。投入产出法作为一种综合计划方法，首先要根据某一年份的实际统计资料来求出各部门之间的一定比例，编制投入产出表；然后计算各部门之间的直接消耗系数和间接消耗系数；最后根据某些部门对最终产品的要求，算出各部门应达到的状况，据此编制综合计划。

投入产出法的主要特点有：

（1）反映了各部门的技术经济结构，可用于合理安排各种比例关系，是特别适合进行综合平衡的一种有效工具。

（2）在编制投入产出表的过程中，不仅能充分利用现有统计资料，而且能建立各种统计指标之间的内在关系，使统计资料系统化，编成的投入产出表是一个比较全面反映经济过程的数据库，可以用来做多种经济分析和经济预测。

（3）由于通过表格形式反映经济现象，涉及的数学知识不深，因而易于理解，并易于为计划工作者所接受。

（4）适用范围较广，不仅可用于国家、部门或地区等宏观层次的计划制订，而且还可用于企业的计划安排。

【本章小结】

计划职能是管理的首要职能。要使学生掌握计划的含义、性质、制定程序，重点掌握制订计划的一些重要原则，掌握目标管理的基本思想与事实目标管理的基本过程，理解科学预测的意义，预测的主要类型，重点掌握战略的含义与特点，理解对战略构成要素的不同观点，掌握企业环境的分析方法。

【关键术语与概念】

计划　使命　目标　战略　政策　程序　规则

规划　预算　网络计划技术　甘特图

【拓展阅读】

1. http：//www. docba. cn/doc/GeRenJiHua/
2. http：//www. maeee. cn/article/wenmi/jihua/
3. http：//www. appliedwriting. com/
4. 侯玉珍．秘书常用文书写作．北京：首都经济贸易大学出版社，2004

第六章　组　织

【本章学习要点】

- ■ 了解组织工作的主要内容。
- ■ 掌握组织结构设计中应考虑的问题：依据与原则。
- ■ 掌握管理幅度与管理层次的关系。
- ■ 掌握几种部门化的特点。
- ■ 掌握常见组织形式的特点和适用情况。
- ■ 了解人员配备工作的任务、程序与原则。
- ■ 了解管理人员选聘应考虑的问题：需要量、来源、标准及程序。

第一节　组织概述

一、组织的概念与组织理论

组织理论是管理科学的一个重要组成部分。从历史上看，“组织”（动词和名词）与“管理”曾被看成同义词，从某种意义上说，管理理论首先是从组织理论的研究开始而逐步发展形成的。

确实，“组织”与“管理”二者极为密切，但仍是有区别的，主要是二者所涉及的范围和研究的角度不同。现在，组织理论已成为管理科学中的一个独立的研究领域。组织理论实质上就是研究如何合理、有效地进行分工。这里的“分工”包括业务工作的分工、工作量的分配、职责和权限的划分，以及分工之后的配合、协作关系等。根据什么原则或标准来具体进行分工？怎样的分工才算合理、有效？如何协调分工后的各项活动？这些问题都是组织理论要研究的基本内容。

组织理论研究的对象就是“组织”。组织的概念有两个含义：

（一）一般意义的组织

一般意义的组织是人们进行合作活动的必要条件。它泛指各种各样的社会组织或事业单位，如企业、机关、学校、医院、工会等。美国管理学家切斯特·巴纳德认为：由于生理的、心理的、物质的、社会的限制，人们为了达到个人的和共同的目标，就必须合作，于是形成群体，即组织。本书第一章所述及的“组织”及其内外部要素，指的就是一般意义的组织。

（二）管理学意义的组织

管理学意义的组织是按照一定目的和程序组成的一种权责角色结构（the structure of roles），其中有三个重要概念：

（1）职权（authority）。指经由一定的正式程序所赋予某项职位的一种权力。居其位者，可以承担指挥、监督、控制以及惩罚、裁决等工作。这种权力是一种职位的权力，而不是特定个人的权力。

（2）职责（responsibility）。指某项职位应该有完成某项任务的责任。

（3）负责（accountability）。反映上下级之间的一种关系。下级有向上级报告自己工作绩效的义务或责任；上级有对下级的工作进行必要指导的责任。

二、组织工作及组织工作的职能

（一）组织工作的含义和特点

组织工作作为一项管理职能是指在组织目标已经确定的情况下，将实现组织目标所必需进行的各项业务活动加以分类组合，并根据管理宽度原理，划分出不同的管理层次和部门，将监督各类活动所必需的职权授予各层次、各部门的主管人员，以及规定这些层次和部门间的相互配合关系。它的目的就是要通过建立一个适于组织成员相互合作并发挥各自才能的良好环境，从而消除由于工作或职责所引起的各种冲突，使组织成员都能在各自的岗位上为组织目标的实现作出应有的贡献。

组织工作这个职能是因人类在生产劳动中需要合作而产生的，正如巴纳德所强调的那样，人类由于受到生理的、心理的和社会的种种限制，为了达到某种目的就必须进行合作，而合作之所以能有更高的效率、能更有效地实现某种目标，在多数情况下就是由于有了组织结构。因此，从组织工作的含义看，设计、建立并保持一种组织结构，基本上就是主管人员的组织工作职能的内容。具体地说，组织工作职能的内容包括以下四个方面：

（1）根据组织目标，设计和建立一套组织结构和职位系统。

（2）确定职权关系，从而把组织上下左右联系起来。

（3）与管理的其他职能相结合，以保证所设计和建立的组织结构有效地运转。

（4）根据组织内外部要素的变化，适时地调整组织结构。

（二）组织工作职能的特点

1. 组织工作是一个过程

设计、建立并维持一种科学的、合理的组织结构，是为成功地实现组织目标而采取行动的一个连续的过程，这个过程由以下一系列的逻辑步骤组成：

（1）确定组织目标。

（2）对目标进行分解，拟定派生目标。

（3）明确为了实现目标所必需的各项业务工作或活动，并加以分类。

（4）根据可利用的人力、物力以及利用它们的最佳途径来划分各类业务工作或活动。

（5）授予执行有关各项业务工作或活动的各类人员以职权和职责。

（6）通过职权关系和信息系统，把各层次、各部门联结成为一个有机的整体。

这个过程的前两步实际上是组织工作的依据，有了这个依据，组织工作才有进行的必要和可能，其后几步是组织工作的实质内容。一般情况下，组织工作实务同这个过程是相吻合的。主管人员通过这一过程来消除混乱，解除人们在工作或职责方面的矛盾和冲突，建立起一种适合组织成员互相默契配合的组织结构。

组织工作过程的结束，其最终表现或最终成果就是一系列的组织系统图和职务说明书。组织系统图描述的是一个组织内部的各种机构（包括层次和部门）以及其中相应的职位和相互关系。而职务说明书则是详细规定了各个职务的职权和职责以及与其相关的上下左右的关系。

2. 组织工作是动态的

通过组织工作建立起来的组织结构不是一成不变的，而是随着组织内外部要素的变化而变化的。由于任何组织都是社会系统中的一个子系统，它在不断地与外部环境进行能量、信息、物质等的输入和输出，而这种输入和输出一般都会影响组织目标。随着时间的推移，原来的目标由于环境变化，可能不太适宜了，那么这时依据计划工作中的改变航道原理，必须根据环境条件的变化，不断地修正目标。目标的变化自然又会影响组织结构，为使组织结构能切实起到促进组织目标实现的作用，就必须对组织结构作出适应性的调整。例如，近年来的研究资料表明，随着人民生活水平逐渐提高，人群死因已发生改变，传染病的死亡率在下降，而一些与文明社会伴随而来的疾病诸如心血管疾病、恶性肿瘤等的死亡率在上升。在这种情况下，许多医院的内部结构也必将随之发生某些变动，比如成立心理健康咨询门诊、精神病科、肿瘤科等。此外，即使组织的内外部要素的变化对组织目标影响不大，但随着社会的进步、科学技术的发展，当原有的组织结构已不能高效地适应实现目标的要求时，也需要进行组织结构的调整和变革。所以，我们说组织工作具有动态的特点。根据这一特点，在具体从事组织结构的调整时，前述的组织工作过程的逻辑步骤基本上是适用的，但其中应加上对现有组织结构进行分析这一步骤。

3. 组织工作应重视非正式组织

由霍桑试验以及巴纳德等人的研究成果可知，组织有正式组织和非正式组织之分。在组织工作职能的实施过程中，随着组织结构的建立，一个正式组织就形成了。但是任何正式组织中都必然伴随着非正式组织。非正式组织是在组织成员之间感情相投的基础上，由于观点、爱好、兴趣、习惯、志向等一致而自发形成的结伙关系。关于非正式组织为什么能够存在以及怎样存在等问题的研究是属于社会心理学研究范围的，但了解一些非正式组织的特点，对主管人员来说则是非常重要的。在组织工作中，应着重考虑非正式组织的以下两个特点：①非正式组织在满足组织成员个人的心理和感情需要上，比正式组织更有优越性。所以应发挥非正式组织比正式组织具有更强的凝聚力的作用。②非正式组织形式灵活，稳定性弱，覆盖面广，几乎所有的正式组织的成员都介入某种类型的非正式组织。根据这两个特点，主管人员在组织工作中应有意识、有计划地促进某些具有较多积极意义的非正式组织的形成和发展，例如技术钻研、学习互助、业余娱乐等，使其成为正式组织的辅助。在时机成熟和条件许可的情况下，也可将其中一些转化为正式组织，使其成为组织工作所设计和保持的组织结构的有机组成部分。

三、组织工作的分析方法

彼德·德鲁克总结了组织工作的三种分析方法，对我们执行管理的组织工作职能有重要的参考意义。

（1）业务活动分析（activities analysis）。主要分析组织为实现目标应该有哪些活动。只有利用严密的业务活动分析，才能使主管人员明确必须执行哪些任务，哪些任务属于同一类，以及应该如何着重强调每项业务工作的轻重缓急。

（2）决策分析（decision analysis）。主要分析在各项业务活动中有哪些种类的决策，这些决策的重要程度如何，应该由哪一层次、哪一部门或哪些人员作出，以及各级主管人员参与决策的方式和程度等。

（3）关系分析（relationship analysis）。主要分析职权关系、职责关系、负责关系、沟通关系等。

四、组织工作要回答或解决的基本问题

总的说来，组织工作的成果之一就是形成了一个“组织结构”，设计这个结构即是回答组织工作要解决的几个基本问题，包括：

（1）决定管理宽度，构成组织机构分级的因素是什么？

（2）决定各种类型部门划分的因素是什么？各类基本部门划分的优缺点有哪些？

（3）在把各种业务工作指令下达给既定部门时要注意哪些因素？

（4）在一个组织中存在着哪些职权关系？

（5）为什么应该把职权分散到整个组织结构的各个部分？确定分散程度的因素是什么？

（6）委员会在组织中处于什么地位？

（7）经理应该如何把组织理论应用到实际工作中？

这些问题实际上也就是组织理论要研究的基本问题。

第二节　组织结构设计

一、组织结构设计的任务与依据

（一）组织结构设计的任务

组织的目标确定之后，如何使这些目标得以顺利实现，就需要制定并保持

一种职务系统，使组织中的每一个人清楚自己在组织工作中的作用以及相互之间的关系，并使他们能有效地在一起工作。组织结构设计就是进行专业分工和建立使各部分相互有机地协调配合的系统的过程。具体地说，组织结构设计的任务是建立组织结构和明确组织内部的相互关系，提供组织结构图和职务说明书。

（二）组织结构设计的依据

管理职务及其结构的设计，其目的是为了合理组织管理人员的劳动。而需要管理的组织活动，总是发生在一定的环境中，受制于一定的技术条件，并在组织总体战略的指导下进行。组织结构设计必须考虑这些因素的影响。此外，组织规模及其所处阶段不同，也会对组织的结构形式提出相应的要求。

1. 组织结构与战略

在组织结构与战略的关系上，一方面战略的制定必须考虑组织结构的实现；另一方面，一旦战略形成，组织结构应作出相应的调整。适应战略要求的组织结构，能够使战略得以更好地实施，从而为组织目标的实现提供必要的前提。战略选择的不同，在两个层次上影响组织的结构：不同的战略要求开展不同的业务活动，这会影响管理职务的设计；战略重点的改变，会引起组织工作重点的改变，从而引起各部门与职务在组织中重要程度的改变，因此要求对各管理职务以及部门之间的关系作相应的调整。

2. 组织结构与环境

组织外部环境对组织内部结构产生的影响可以反映在三个不同的层次上，分别是职务与部门设计层次、各部门关系层次、组织结构总体特征层次。组织是社会经济大系统中的一个子系统，组织与其他社会子系统之间也存在分工问题，分工的不同决定了组织内部的工作内容、所需完成的任务、所需设立的职务和部门的不同。因此，组织外部环境会对组织的职务和部门设计产生影响；而环境不同，对组织中各项工作的完成以及组织目标的实现亦产生影响。因此，组织外部环境将影响到组织内各部门间的关系。外部环境是否稳定，对组织结构的要求也是不一样的：稳定环境中管理部门与人员的职责界限分明，工作内容和程序经过仔细的规定，各部门的权责关系固定，等级结构严密；而多变的环境则要求组织结构灵活，各部门的权责关系和工作内容需要经常做适应性的调整，等级关系不甚严密，强调的是部门间的横向沟通而不是纵向的等级控制，因此，外部环境也会对组织总体结构特征产生影响。

3. 组织结构与技术

组织在工作中需要利用一定的技术手段，技术水平不仅影响组织活动的效果和效率，而且会作用于组织工作的各个方面，尤其会对工作人员的素质提出要求。显然，信息化的组织，由于大量的工作任务部分或全部地由电脑完成，致使管理者的管理幅度加宽、组织的层次减少成为可能，也使得组织从“高耸结构”转变为“扁平结构”成为可能。

二、管理宽度与部门化

（一）管理幅度与管理层次

一名主管能够直接有效地指挥和监督的下属数量总是有限的。这个有限的能够领导的下属数量被称作管理幅度，又称管理宽度或管理跨度。基于同样的理由，最高主管的委托人也需要将受托担任的部分管理工作再委托给另一些人来协助进行，依此类推，直至受托人能直接安排和协调组织成员的具体业务活动，由此形成组织中从最高主管到具体工作人员之间的不同管理层次。组织的管理层次受到组织规模和管理幅度的影响。在管理幅度给定的条件下，管理层次与组织的规模大小成正比，组织规模越大，成员数目越多，其所需的管理层次就越多。在组织规模给定的条件下，管理层次与管理幅度成反比，每个主管所能直接控制的下属人数越多，所需的管理层次就越少。

主管委托一定数量的人分担其管理工作，结果是减少了他必须直接从事的业务工作量，但与此同时，也增加了他协调受托人关系的工作量。所以，增加管理层次节约出来的时间，一定要大于用于监督的时间，这是衡量增加一个管理层次是否合理的重要标准。

任何组织在进行结构设计时，都必须考虑管理幅度的问题。一般来说，即使在同样获得成功的组织中，每位主管直接管辖的下属数量也不相同。有效管理幅度的大小受到管理者本身素质及被管理者的工作内容、能力、工作环境与工作条件等诸多因素的影响，每个组织都必须根据自身的特点，确定适当的管理幅度和相应的管理层次。影响管理幅度的因素有：

1. 主管与其下属的素质与能力

主管的综合能力、理解能力、表达能力强，可以迅速把握问题的关键、能对下属的请示提出恰当的指导建议，并使下属明确地理解，从而可以缩短与每一位下属接触所占用的时间，管辖较多的人员便不会感到过分紧张。同样，如果下属具备符合要求的能力，受过良好的系统训练，可以根据自己的符合组织要求的主见解决很多问题，不必事事都向上级请示汇报，这样就可以减少与其主管接触的时间和次数，从而增大管理幅度。

2. 工作内容和性质

（1）主管所处的管理层次。主管的主要工作在于决策和用人。处在管理系统中的不同层次，决策与用人所用的时间比重也各不相同。越接近组织的高层，主管用于决策的时间越多，用于指导、协调下属的时间越少。所以，越接近组织的高层，其管理幅度就越小。

（2）下属工作的相似性。下属从事的工作内容和性质相近，则主管对每个人工作的指导和建议也大体相同，同一主管可以指挥和监督较多的下属，管理幅度就可以相对大些。

（3）计划的完善程度。下属如果单纯地执行计划，且计划本身制订得详尽周到，下属对计划的目的和要求十分清楚，那么主管对下属指导所需时间就少，管理幅度就可以大；反之，如果下属不仅要执行计划，而且要将计划进一步分解，或计划本身不完善，那么主管对下属指导、解释的工作量就会相应增加，此时的有效管理幅度就小。

（4）非管理性事务的多少。主管作为组织不同层次的代表，往往需要花费相当的时间去处理一些非管理性事务，处理这些事务所需时间越多，越不利于管理幅度的扩大。

3. 工作条件

（1）助手的配备情况。如果相关下属遇到的所有问题不分轻重缓急都报送主管去亲自处理，那么必然会占据主管大量的时间，主管所能直接领导的下属数量就会受到一定的限制。如果给主管配备了必要的助手，由助手和下属进行一般的联络，并直接处理一些明显的次要问题，则可以大大减少主管的工作量，增加其管理幅度。

（2）信息手段的完备情况。掌握信息是进行管理的前提，利用先进的技术收集、处理、传输信息，不仅可帮助主管更早、更全面地了解下属的工作情况，及时地提出忠告和建议，而且可使下属更多地了解与自己工作有关的信息，更好地自主处理分内的事务，这显然有利于扩大主管的管理幅度。

（3）工作地点的接近性。不同下属的工作岗位在地理上的分散，会增加下属与主管以及下属与下属之间的沟通难度，从而影响每个主管所能管理的下属数量。

4. 工作环境

组织环境是否稳定，会在很大程度上影响组织活动内容和政策的调整频次与幅度。环境变化越快，变化程度越大，组织中遇到的新问题越多，下属向上级的请示就越有必要、越频繁，而此时上级因为必须花更多的时间去关注环境的变化、考虑应变的措施，能用于指导下属工作的时间和精力就越来越少。因此，环境越不稳定，各层次主管的管理幅度就越受限制。

随着经济的发展和技术的进步，组织趋于扁平化，组织通过增大管理幅度、减少层次来提高组织信息收集、传递和组织决策的效率，最终发挥组织的内在潜力和创新能力，从而提高组织的整体绩效，完成组织的战略目标。按照管理跨度的大小及管理层次的多少，可形成两种结构模式：扁平结构和锥式结构。所谓扁平结构，就是管理层次少而管理跨度大的结构。锥式结构的情况则相反。

扁平结构与锥式结构各有利弊：

（1）扁平结构缩短上下级距离，密切上下级关系，信息纵向流通快，管理费用低，而且由于管理幅度较大，被管理人员有较大的自主性、积极性、满足感，同时也有利于更好地选择和培训下层人员；但由于不能严密地监督下级，上下级协调较差，管理幅度加大，从而加重了同级间相互沟通联络的困难。

（2）锥式结构具有管理严密、分工明确、上下级易于协调的特点。但层次越多，带来的问题也增多。这是因为层次越多，需要从事管理的人员迅速增加，彼此之间的协调工作也急剧增加。管理层次的增加，会使上下级的意见沟通和交流受阻，最高层主管人员要求实现的目标，制定的政策和计划，不是下层不完全了解，就是传达到基层之后变了样。管理层次增多后，上层管理人员对下层的控制变得困难，易造成一个单位整体性的破裂。同时由于管理严密，影响下级人员的主动性和创造性。因此，一般来说，为了达到有效管理的目的，应尽可能地减少管理层次。这也是近年来组织结构变革的趋势。

（二）部门化

在对整个组织的工作进行充分细致地分析和明确地分类后，进行科学的综合就形成了通常所指的部门。部门是指组织中主管人员为完成规定的任务而有权管辖的一个特定的领域。部门的划分是组织的横向分类，其目的在于：确定组织中各项任务的分配与责任的归属，分工合理、职责分明，有效地达到组织的目标。正如法约尔所指出的，它是“为了用同样多的努力生产更多和更好的产品的一种分工”。部门的划分应确保组织目标的实现、保持组织一定的弹性、力求维持最少的部门。部门划分的方法如下：

1. 按人数划分

单纯地按人数多少来划分部门可以说是一种最原始、最简单的划分方法。军队中的师、团、营、连即是用此方法划分的。具体操作是抽取一定数量的人在主管人员的指挥下去执行一定的任务。这种划分方法的特点是仅仅考虑人力，当最终成果只取决于总的人数，或每个人的劳动都是单纯无差别时，采用这种方法是有效的。因此在现代高度专业化的社会中有逐渐被淘汰的趋势。当然并不排除这种方法在现代社会的某些基层场合出现，尤其是在基层的部门划分中仍然适用。

2. 按时间划分

这是一种最古老的划分部门的方法，这种方法多见于组织的基层，是由于经济、技术或其他一些原因，在正常的工作日不能满足工作需要时所采用的一种轮班的做法。例如，许多工业企业按早、中、晚三班制进行生产活动，那么部门设置就可以是三个。此外，交通、邮电、医院等组织也采用这种轮班制的方法来进行部门的划分。这种划分方法有利于连续不断地提供服务和进行生产，有利于设备、设施得到充分利用，给管理带来的主要问题是监督、效率以及协调问题，另外中晚班的费用比较高。

3. 按职能划分

按职能划分部门是现代组织最广泛采用的一种方法。这种方法是根据专业化的原则，以工作或任务的性质为依据来划分部门。按职能划分部门的优点在于：由于遵循分工和专业化原则，有利于提高人员使用效率，同时简化了培训工作；有利于组织的主要基本活动得到重视，从而有利于组织目标的实现；由于最高主管要对最终成果负责，从而为最高层实施严格控制提供了手段。这种划分方法的缺点是：容易使各职能部门的专业人员产生“隧道视野”，即除了自身领域外，其他什么也看不见，从而给各部门之间的横向协调带来一定的困难；由于只有最高主管对最终成果负责，因而对各部门的绩效和责任很难进行评价；这种结构不利于培养综合全面的管理人才，组织适应环境变化的能力较差。

4. 按地区划分

对于活动地域分散在不同地区的组织来说，按地区划分部门是一种比较普遍采用的方法。这种方法是将某个地区或区域内的业务活动集中起来，委派相应的管理者，形成区域性的部门。这种方法有利于促进地区活动的协调；有利于调动各个地区的积极性，从而取得地方化经营的优势效益；有利于培养能力全面的管理者。其缺点是由于机构重复设置而使费用增加，增加了最高主管部门对地方控制的难度，要求管理者具有全面的管理能力。

5. 按产品划分

按产品划分部门是根据产品或产品系列来组织业务活动。许多多角化经营的组织，常常采用这种划分部门的方法。随着组织规模不断扩大，管理工作越来越复杂，职能部门化的组织中部门主管的工作负担越来越重，而管理宽度的限制使得他们难以通过增加直接下属的办法解决问题。此时按照产品重新组织活动就成为必要，因此，产品部门是从按照职能部门化的组织中发展而来的。在这种组织结构下，产品分部主管对某产品或产品系列的所有职能活动拥有充分的职权，同时也对产品的利润负主要的责任。

这种划分部门的方法能够发挥个人的技能和专长，发挥专业设备的效率，有利于部门内的协调，有利于产品和服务的改进和发展；由于能够明确利润责任，便于最高主管把握各种产品或产品系列对总利润的贡献；有利于锻炼和培养能独当一面的总经理型人才。但是，这种方法要求部门主管具备更全面的管理能力，因为各产品部门的独立性较强而整体性较差；由于各产品分部也需保持职能部门或职能人员，从而使部门重叠，管理费用增加。

6. 按顾客划分

这是一种为了更好地迎合特定顾客群体的要求，在将与某类特定顾客有关的各种活动集中起来的基础上划分部门的方法。这种方法也是许多不同类型的组织中所普遍采用的。这种方法的最大优点是有利于重视顾客的需要，增加顾客的满意度，并有利于形成针对特定顾客的技能和诀窍。但按这种方法组织起来的部门常常要求给予特殊的照顾而造成部门间的协调困难。此外，这种方法有可能使专业人员和设备得不到充分利用。

7. 按技术或设备划分

这也是一种划分部门的基本方法。这种方法常常和其他划分方法结合起来使用。这种划分方法的优点在于能够经济地使用设备，充分发挥设备的作用，便于设备的维修和材料的供应，同时也有利于发挥专业技术人员的特长。

以上介绍的是划分部门的基本方法。除此之外，还有一些其他方法，如按市场销售渠道划分、按工艺划分等。总而言之，设计组织的横向结构，即划分各层次的业务部门，是为保证组织目标的实现而对业务工作进行安排的一种手段。所以，在实际的运用中，每个组织都应根据自己的特定条件，选择能取得最佳效果的划分方法。应该指出的是，划分方法的选择不是唯一的，并不一定要求各层次的业务部门都整齐划一。在很多情况下，常常采用混合的方法来划分部门，即在一个组织内或同一组织层次上采用两种或两种以上的划分方法。例如一所大学，在中层这个管理层次上，就可以按领域划分为系、所；按职能划分为总务处、财务处、保卫处、教务处、人事处、外事处等；按服务对象划分为研究生院、成人教育学院；按设备划分为电化教育中心、计算机中心等。这种混合划分部门的方法，常常能够更有效地实现组织的目标。

总之，部门的划分，解决了因管理幅度的限制而约束组织规模扩大的问题，同时把业务工作安排到各个部门中去，有利于组织目标的实现。由于业务工作的划分难以避免地带来部门间不协调的问题，因此在划分部门的同时，必须考虑到这种不协调所带来的消极影响。

三、组织结构的主要类型

对于不同性质、不同规模的组织来说，组织结构多种多样，但都是由一些基本类型组合而成的。主要的组织结构类型有：

（一）直线型组织结构

直线型组织结构是最古老、最简单的一种组织结构形式。它的特点是：组织中各种职务按垂直系统直线排列，各级主管人员对所属下级拥有直接的领导职权，组织中每一个人只能向一个直接上级报告，组织中不设专门的职能机构，最多有几名助手协助最高层管理者工作。这种组织结构的优点是：结构比较简单、权力集中、权责分明、命令统一、沟通快捷、决策迅速、比较容易维护纪律和秩序。其缺点是：在组织规模较大的情况下，由于所有的管理职能都集中由一人承担，往往会因为个人的知识及能力有限而难以深入、细致、周到地考虑所有的管理问题，因此管理就比较简单粗放。此外，组织中的成员只注意上情下达和下情上达，每个部门只关心本部门的工作，因而部门间的横向联系与协调比较差，难以在组织内部培养出全能型、熟悉组织情况的管理者。一般来说，这种组织结构形式只适用于那些没有必要按职能实行专业化管理的小型组织，或者是现场的作业管理。如图 6－1 所示：

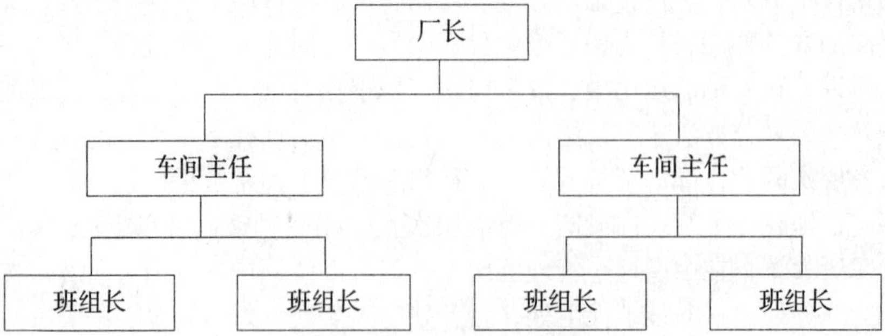

图 6－1　直线型组织结构示例

（二）职能型组织结构

职能型组织结构的特点是：采用专业分工的管理者，代替直线型组织中的全能型管理者。组织内除直线主管外还相应地设立一些组织机构，分担某些职能管理的业务。这些职能机构有权在自己的业务范围内，向下级单位下达命令和指示，因此下级直线主管除了接受上级直线主管的领导外，还必须接受上级各职能机构在其专业领域的领导和指示。它的优点是能够适应现代组织技术比较复杂和管理分工较细的特点，能够发挥职能机构专业管理的作用，因而有可能发挥专家的作用，减轻上层主管人员的负担。但其缺点也比较明显：这种结构形式妨碍了组织中必要的集中领导和统一指挥，形成了多头领导；各部门容易过分强调本部门的重要性而忽视与其他部门的配合、忽视组织的整体目标；不利于明确划分直线人员和职能科室的职责权限，容易造成管理的混乱；加大了最高主管监督协调整个组织的要求。这种结构比较适用于中小型组织。如图6－2所示：

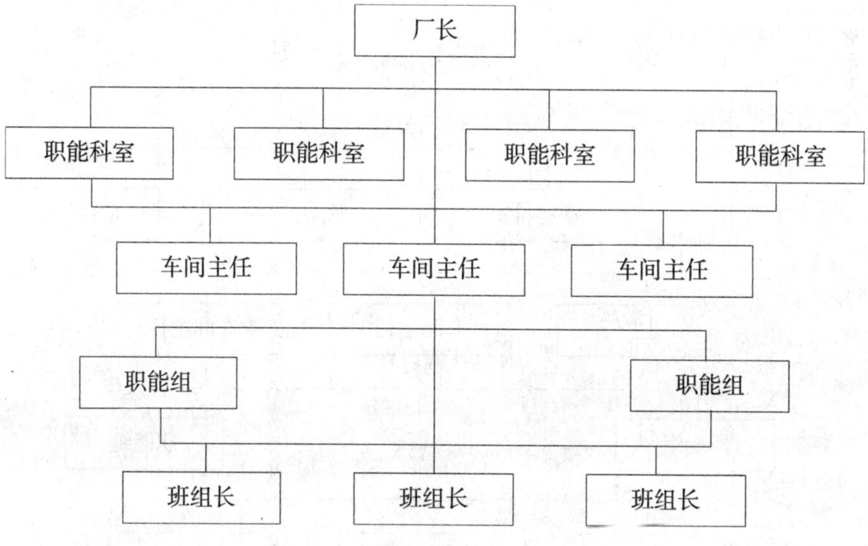

图6－2　职能型组织结构示例

（三）直线职能型组织结构

直线职能型组织结构是对职能型组织结构的改进，是以直线型组织为基础，在各级直线主管之下，设置相应的职能部门，即设置了两套系统：一套是按命令统一原则组织的指挥系统；另一套是按专业化原则组织的管理职能系统。其特点是：直线部门和人员在自己的职责范围内有决定权，对其所属下级的工作进行指挥和命令，并负全部责任，而职能部门和人员仅是直线主管的参谋，只能对下级机构提供建议和业务指导，没有指挥和命令的权力。可见，这种组织形式综合了直线型和职能型组织结构的优点，既保证了集中统一指挥，又能发挥各种专家业务管理的作用，其职能高度集中、职责清楚、秩序井然、工作效率较高，整个组织有较高的稳定性。其缺点是：下级部门主动性和积极性的发挥受到限制；各部门自成体系，不重视信息的横向沟通，工作容易重复；当职能参谋部门和直线部门之间目标不一致时，容易产生矛盾，致使上层主管的协调工作量增大；整个组织系统的适应性较差，缺乏弹性，对新情况不能及时作出反应；还会增加管理费用。另外，如果授予职能部门的权力过大，容易干扰直线指挥命令系统。这种组织结构形式对中、小型组织比较适用，但对于规模较大、决策时需要考虑较多因素的组织，则不太适用。在目前仍被我国大多数企业采用。如图 6－3 所示：

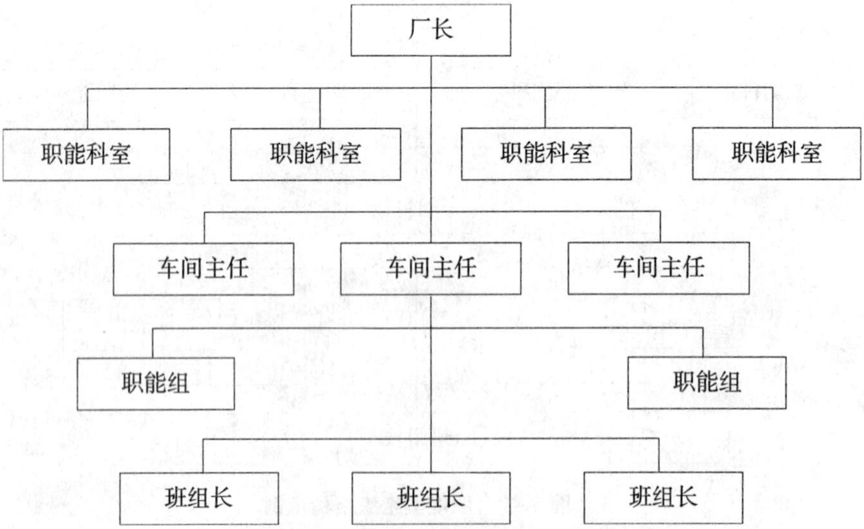

图 6－3　直线职能型组织结构示例

（四）事业部制组织结构

事业部制组织结构首创于20世纪20年代，最初是由美国通用汽车公司副总经理斯隆创立，又称为“斯隆模型”，由于是分权制组织形式，也称为“联邦分权化”，它是在产品部门化基础上建立起来的。在组织的最高层领导下设立多个事业部，各事业部有各自独立的产品市场、独立的责任和利益，实行独立核算，是一种分权管理组织结构。同时，事关大政方针、长远目标以及一些全局性问题的重大决策集中在总部，以保证企业的统一性。这种组织结构形式最突出的特点是“集中决策，分散经营”，即组织最高层集中决策，事业部独立经营。这是在组织领导方式上由集权制向分权制转化的一种改革。

事业部制这种组织结构形式的主要优点是：组织最高层摆脱了具体的日常管理事务，有利于集中精力做好战略决策和长远规划；由于组织最高层与事业部的责、权、利划分比较明确，能较好地调动经营管理人员的积极性，提高了管理的灵活性和适应性，有利于培养管理人才。它的缺点是：由于机构重复，造成了管理人员的浪费；由于各个事业部独立经营，各事业部之间要进行人员互换就比较困难，相互支援较难；各事业部主管人员考虑问题往往从本部门出发，各事业部间独立的经济利益会引起相互间激烈的竞争，可能发生内耗；由于分权易造成整个组织的利益被忽视、协调比较困难的情况，也可能出现架空领导的现象，从而减弱对事业部的控制。这种组织结构多适用于规模较大的公司。如图6－4所示：

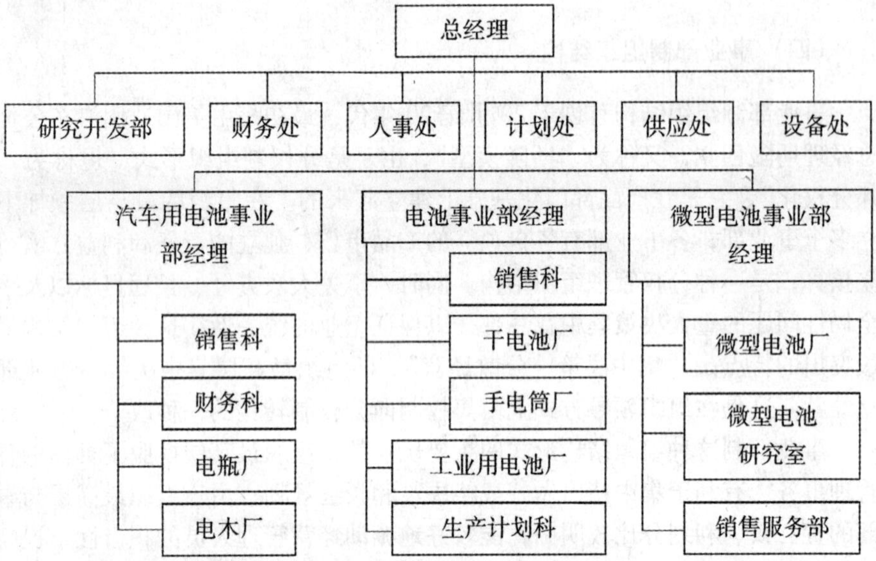

图6－4　事业部制组织结构示例

经验证明，采用事业部制应当具备以下一些基本条件：

(1) 具备按专业化原则划分事业部的条件，并能确保事业部在生产、技术、经营活动方面具有充分的独立性，以便能承担起利润责任。

(2) 事业部之间应当相互依存，而不是互不关联地硬拼凑在一个公司中，这种依存性可以表现为产品结构、工艺、功能类似或互补，或用户类同，或销售渠道相近，或运用同类资源和设备，或具有相同的科学技术理论基础等。这样，各事业部才能互相促进，相辅相成，保证组织的繁荣发达。

(3) 要保持、控制事业部门之间的适度竞争、相互促进，因为过度竞争可能使公司遭受不必要的损失。

(4) 公司要有管理各事业部门的经济机制（如内部价格、投资、贷款、利润分成、资金利润率、奖惩制度等)，尽量避免单纯使用行政手段。

(5) 具有良好的外部环境。当世界经济景气，国内和行业经济呈增长势头时，企业采用事业部制，有利于主动创造新局面，开拓新领域，有助于公司的蓬勃发展。若国内外经济均不景气，发展缓慢，甚至停滞下滑，公司应当适当收缩，集中力量渡过难关。此时如过于强调事业部制，就会分散力量，不利于企业的整体利益与发展。

（五）矩阵型组织结构

矩阵型组织结构是把按职能划分的部门和按产品（或项目或服务等）划分的部门结合起来组成一个矩阵，使同一个员工既同原职能部门保持组织与业务的联系，又参加产品或项目小组的工作，即在直线职能型基础上，再增加一种横向的领导关系。为了保证完成一定的管理目标，每个项目小组都设负责人，在组织最高主管直接领导下进行工作。这种组织结构的特点是打破了传统的一个员工只有一个上司的命令统一原则，使一个员工属于两个甚至两个以上的部门。矩阵型组织结构也可以称为“非长期固定性组织”，它是为完成某一项目，由各职能部门抽调人员组成项目经理部，该项目经理部包括项目所必需的各类专业人员。当项目完成后，各类人员另派工作，此项目经理部即不复存在。一般适用于外部环境变化剧烈，组织需要处理大量信息、分享组织资源要求特别迫切的情况。如图 6－5 所示：

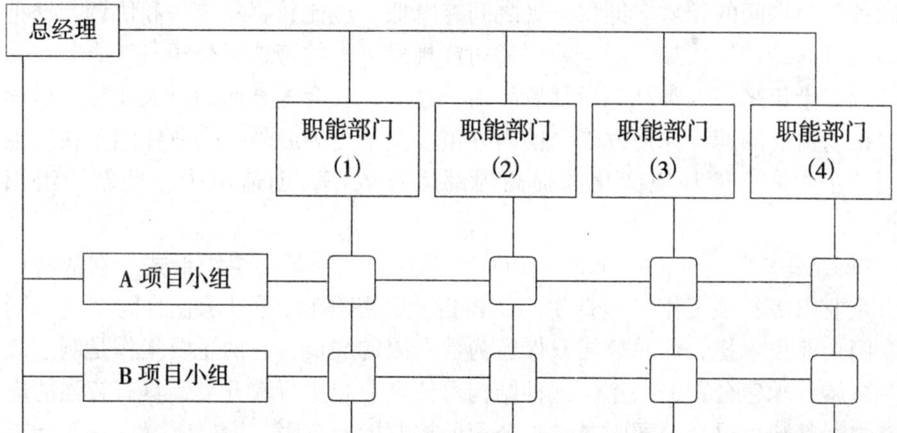

图 6－5　矩阵型组织结构示例

它的优点是：具有较大的机动性和适应性，能克服职能部门相互脱节，各自为政的缺陷；专业人员和专用设备能够得到充分利用；具有较大的机动性，任务完成即解散，各回原来的部门；各行各业人员为了一个目标在一个组织内共同工作可以相互启发、相互帮助、相得益彰，有利于人才的培养，克服“近亲繁殖”的弊端；实现了集权与分权优势的结合。

其缺点是：由于这种组织形式是实行纵向、横向联合的双重领导，如处理不当，会由于意见分歧而在工作中相互推诿并造成冲突；组织关系较复杂，对项目负责人的要求较高。克服缺点的办法是：授予项目经理全面的职权；独立预算；项目经理与职能经理共同制定进度并确定重点，如有矛盾，提交上一级解决。

（六）多维立体型组织结构

多维立体型组织结构是矩阵型组织结构形式和事业部制组织结构形式的综合发展。这种结构形式由三方面的管理系统组成：①按产品（项目或服务）划分的部门（事业部），是产品利润中心；②按职能如市场研究、生产、技术、质量管理等划分的专业参谋机构，是职能利润中心；③按地区划分的管理机构，是地区利润中心。在这种组织结构形式下，每一系统都不能单独作出决策，而必须由三方代表通过共同协调才能采取行动。因此，多维立体型组织结构能够促使每个部门都从整个组织的全局来考虑问题，从而减少产品、职能、地区各部门之间的矛盾。即使三者之间有摩擦，也比较容易统一和协调。这种类型的组织结构形式最适用于跨国公司或规模巨大的跨地区公司。

近二十年来，人类社会面临着政治、经济、社会等方面的巨大变化。科学技术正以空前的速度向前发展，国内外市场竞争更为激烈，企业体制正在发生巨变。企业为适应环境变化和提高内部运行效率，创造出了一些新的组织结构。

“网络组织”（network organization）是其中一种新的组织形式。它的特色是将企业内部各项工作（包括生产、销售、财务等），通过承包合同交给不同的专门企业去承担，而总公司只保留为数有限的职员，它的主要工作是制定政策及协调各承包公司的关系。这种结构可使企业减少行政开支，具有较强的应变能力。其缺点是总公司对各承包公司的控制能力有限。

“簇群组织”（cluster organization）是另一种新的组织形式。它的特色是将公司员工组成为20～50人的“簇群”，每个“簇群”包括不同的专业人才，他们紧密合作，全力负责一个业务计划或主管一项商品。在这种组织结构下，企业废弃中层管理人员，采用集体领导，集体负责制；每个员工需要同时担任多项职务；“簇群”内集思广益，沟通与决策素质得以提高。然而，这种组织结构对员工要求甚高，他们的配合和领导素质变得至关重要。

20世纪90年代，企业界掀起了“流程再造”（business process reengineering）浪潮。在这种潮流的推动下，人们对多年来形成的金字塔形的组织结构提出了挑战，尝试打破以往由上而下、重视垂直层级的管理模式和部门界限的概念，建立新的“水平企业”。在这种组织中，由于取消了价值增值较少的活动和琐碎的任务，组织的等级层次是扁平的；团队成为组织的主要组成部分，团队间紧密配合，各司其职完成整个营运过程；高层管理工作主要是协调各团队的工作，加强他们之间的联系，而非自上而下发号施令，其最终目的是通过权力下放及合理安排工作，提高企业的总体效能。

机械式组织与有机式组织是组织结构设计的两种模式。机械式组织是综合运用传统设计原则的产物，包括直线型、职能型、直线职能型、事业部制等；有机式组织则是综合运用现代设计原则的产物，包括简单结构、矩阵型、多维立体型等。机械式组织结构与传统意义上的金字塔形实体组织具有相同的特点：有严格的层级关系，高度复杂化、高度正规化、高度集权化，有正式的沟通渠道。有机式组织结构与现代意义上的扁平型实体组织具有相同的特点：强调纵向及横向的合作，职责不断调整，低度正规化、低度集权化，存在非正式沟通渠道。

第三节　组织运行

组织运行具有“动态”的一面，它是相对于“静态”而言的。设计出的组织结构，仅仅是一个框架，尚处于“静态”之中。为了使组织在实现目标的过程中作出贡献，必须使它运转起来。使组织运转起来的前提是配备人员，即按照组织结构中职位的要求配备相应的人员。在其运转过程中须不断地实施指导和领导工作、控制工作，同时还必须进行组织分析，以使组织结构有效地运转。

在组织运转过程中，要正确处理的关系有：授权；集权与分权；职权；个人管理与集体管理等等。

一、授权

（一）什么是授权

所谓授权（delegatioin of authority），就是指上级授给下属一定的权力，使下属在一定的监督之下，有相当的自主权和行动权。授权者对于被授权者有指挥和监督权，被授权者对授权者负有报告及完成任务的责任。

授权是一个过程。这个过程包括确定预期的成果、委派任务、授予实现这些任务所需的职权，以及行使职权使下属实现这些任务。从某种意义上说，目标管理就是授权的一种形式。按照这种管理方法，各级管理人员在一定期限内都应有集体和个人的工作目标。目标制定后，上级即根据目标内容对下级授予包括用人、用钱、对外交涉等权力，使下级能运用这些权力尽力完成所定的目标。上级只用目标管理下级，在期限内或到期限后，用这些目标对下级的工作进行检查和考核。

授权并不意味着授责。授权只是把一部分权力分散给下属，不是把与“权”同时存在的“责”分散下去。换言之，当一级主管把某几种决策权授给二级部属时，虽然二级部属因而获得该决策权，但一级主管仍然负有相同的责任。例如，一个防疫站长，当他所属的某科室不能按期完成任务时，即使该科长觉得自己应负完全责任，但该站长还是避免不了要最后负责。

授权有它特定的含义，应注意区分以下问题：

（1）授权不同于代理职务。代理职务是在某一时期，依法或受命代替某人执行其任务，而不是上级授权给他。

（2）授权不同于助理或秘书职务。助理或秘书只帮助主管工作，而不承担责任，授权的主管依然应负担全责；在授权中，被授权者应当承担相应的责任。

（3）授权不同于分工。分工是在一个集体内，由各个成员按其分工各负其责，彼此之间无隶属关系；而授权则是授权者和被授权者有上下级之间的监督和报告关系。

（4）授权不同于分权。授权主要是指权力的授予和责任的建立，它仅指上下级之间短期的权责授予关系；而分权则是授权的延伸，是在组织中有系统地授权，这种权力根据组织的规定可以较长时期地留在中、下级主管人员手中。

（二）授权应遵循的原则

授权的范围很广，有用人之权、做事之权等。它们虽各自具有一些不同的特点，但不管哪种授权，都有一些共同的准则可以遵循。授权应遵循的准则如下：

（1）因事设人，视能授权。一切以被授权者才能的大小和知识水平的高低为依据。“职以能授，爵以功授”，这是古今中外的历史经验，两者绝不能混为一谈。“因人设事”、“以功授权”必然贻误大事。授权前，必须对本单位工作任务的难易程度进行仔细分析，以便把职权授予最适合的人选。一旦授予下属职权而下属不能承担职责时，应明智地及时收回职权。

（2）明确所授事项。授权时，授权者必须向被授权者明确所授事项的任务目标及权责范围。这样不仅有利于下属完成任务，更可避免下属推卸责任。

（3）不可越级授权。只能对直接下属授权，不可越级授权。例如局长只能把所属的权力授给他所管辖的处长，而不能越过处长直接授予科长。越级授权必然造成中层主管人员的被动以及部门之间的矛盾。

（4）授权适度。授予的职权是上级职权的一部分，而不是全部，对下属来讲，这是他完成任务所必需的。授权过度等于放弃权力。对于涉及有关组织全局的问题，例如决定组织的目标、发展方向、人员的任命和升迁、财政预算以及重大政策问题等，不可轻易授权，更不可将不属于自己权力范围内的事授予下属。

（5）适当控制。在授权过程中要适度地进行控制。如果主管人员授权后，仍不断地检查工作，是授权不足的表现。主管人员在实施授权前，应先建立一套健全的控制制度、制定可行的工作标准和适当的报告制度，以及能在不同的情况下迅速采取补救的措施。

（6）相互信赖。授权和沟通相似，必须基于主管人员和部属之间的相互信赖的关系。因此，主管人员如果把权力授予下属，就应该充分信任下属，也就是说要“用人不疑”。

二、集权与分权

集权意味着职权集中到较高的管理层次；分权则表示职权分散到整个组织中。集权与分权是相对的概念，不存在绝对的集权和分权。绝对的集权，意味着没有下层管理者，就如同在一个医院内，没有内科、外科等科室主管人员，仅有院长一样。职权的绝对分散，意味着没有上层的主管人员，形同没有院长的医院。实际上这两种组织结构都是不存在的。有层次的组织的建立，就已经存在着某种程度的分权。为使组织结构有效地运转，还必须确定分权的程度。

（一）集权与分权的程度

一般说来，集权或分权的程度，常常根据各管理层次拥有的决策权的情况来衡量。

（1）决策的数目。基层决策数目越多，分权程度就越高；反之，上层决策数目越多，集权的程度就越高。

（2）决策的重要性及其影响面。若较低一级管理层作出的决策事关重大，涉及面较广，就可认为分权程度较高；相反，若下级作出的决策无关紧要，则集权程度较高。例如，只允许分厂作出有关经营管理方面决策的公司，其分权程度就低于还允许分厂作出有关财务与人事方面决策的公司。

（3）决策审批手续的简繁。在根本不需要审批决策的情况下，分权的程度就较高；在作出决策以后，还必须呈报上级领导审批的情况下，职权分散程度就低一些；如果在作出决策前，必须请示上级，那么分权的程度就更低一些。此外，较低一级管理层次在决策时，需要请示的人越少，分权的程度就越高。

按照集权与分权的程度不同，可形成两种领导方式：集权制（system of centralization）与分权制（system of decentralization）。集权制指管理权限较多地集中在组织最高管理层。它的特点是：①经营决策权大多数集中于上层主管，中下层只有日常的业务决策权限；②对下级的控制较多，例如下级的决策前后都要经过上级的审核；③统一经营；④统一核算。分权制就是把管理权限适当分散在组织的中下层。分权制的特点是：①中下层有较多的决策权；②上级的控制较少，往往以完成规定的目标为限；③在统一规划下可独立经营；④实行独立核算，有一定的财务支配权。

（二）影响集权或分权程度的因素

集权和分权的程度，是依据条件的变化而变化的。影响集权和分权程度的因素如下：

（1）决策的代价。这里要同时考虑经济标准和诸如信誉、士气等一些无形的标准。对于较重要的决策、耗费较多的决策，由较高管理层作出决策的可能性较大。因为基层主管人员的能力及获取的信息量有限，限制了他们决策的能力。再者，重大决策的正确与否责任重大，因此往往不宜授权。

（2）政策的一致性要求。组织内部执行同一政策，集权的程度较高。

（3）规模问题。组织规模大，决策数目多，协调、沟通及控制不易，宜于分权；相反，组织规模小，决策数目少，分散程度较低则宜于集权。

（4）组织形成的历史。若组织是由小到大扩展而来，集权程度较高；若组织是由联合或合并而来，分权的程度较高。

（5）管理哲学。主管人员的个性与所持的管理理念影响权力的分散程度。

（6）主管人员的数量和管理水平。主管人员的素质及数量，也影响着权力分散的程度。主管人员数量充足，经验丰富，训练有素，管理能力较强，则可较多地分权；反之应趋向集权。

（7）控制技术和手段是否完善。通信技术的发展、统计方法、会计控制以及其他技术的改进都有助于趋向分权。但计算机的应用也会出现集权趋势。

（8）分散化的绩效。权力分散化后的绩效如何，将会影响职权的分散与否。

（9）组织的动态特性及职权的稳定性。组织正处于迅速发展中，要求分权。原有的、较完善的组织或比较稳定的组织，一般趋向集权。有些问题的处理有很强的时间性，而且要随机应变，权力过于集中容易贻误时机，处理此类事项的权力应当分散，以便各管理环节机动灵活地解决问题。

（10）环境影响。决定分权程度的因素中，大部分属组织内部的，但影响分权程度的还有一些外部因素，例如经济、政治等因素。这些外部因素常促使集权。正如戴尔写道："困难时期和竞争加剧可能助长集权制。"

三、职权

（一）什么是职权

职权是经由一定的正式程序赋予某一职位的一种权力。职权被视为是把组织紧密结合起来的黏合剂。组织内最基本的信息沟通就是通过职权来实现的。职权可以向下委让给下属管理人员，授予他们一定的权力，同时规定他们在限定的范围内行使这种权力。每一个管理职位都具有某种特定的、内在的权力，任职者可以从该职位的等级或头衔中获得这种权力。职权是一种职位的权力，而与担任该职位管理者的个人特性无关，它与任职者没有任何直接的关系。任职者一旦被辞退，就不再享有该职位的任何权力。职权仍保留在该职位，并给予新的任职者。

同职权共存的是职责，职责是某项职位负有应该完成的某项任务的责任。

（二）职权的类型

组织内的职权有三种：直线职权、参谋职权和职能职权。

（1）直线职权。是某项职位或某部门所拥有的包括作出决策、发布命令等权力，也就是通常所说的指挥权。每一管理层的主管人员都应具有这种职权，只不过每一管理层的职位不同，其职权的大小、范围也不同而已。从组织的上层到下层的主管人员之间，形成一条权力线，这条权力线被称为指挥链或指挥系统，其中的权力指向是由上到下。由于在指挥链中存在着不同管理层次的直线职权，故指挥链又叫层次链。指挥链即是权力线。

（2）参谋职权。是某项职位或某部门所拥有的辅助性职权，通常包括：建议权，即参谋人员的权限仅限于提供建议、提案或协助；强制协商权，即有关人员在作出决定之前必须先询问和听取参谋人员的意见；共同决定权，即有关人员不仅要在作出决定前认真地听取参谋人员的意见，而且在采取行动时还需要得到参谋人员的同意。

（3）职能职权。为提高管理效率，将部分直线职权授予参谋人员或某个部门主管，称之为职能职权。职能职权是指参谋人员或某部门的主管人员所拥有的原属直线主管的那部分权力。在纯粹参谋的情形下，参谋人员所具有的仅仅是辅助性职权，并无指挥权。但是，随着管理活动的日益复杂，主管人员仅依靠参谋的建议还很难作出最后的决定，为了改善和提高管理效率，主管人员就可能将职权关系作某些变动，把一部分原属自己的直线职权授予参谋人员或某个部门的主管人员，这便产生了职能职权。

（三）直线职权、职能职权与参谋职权之间的关系

直线职权、参谋职权和职能职权在组织结构运转的实际工作中，情况比较复杂。如果三种职权（人员）关系处理不当，就有可能导致混乱，管理效率低下。如前所述，随着组织规模的扩大，管理问题日益复杂化，主管人员的知识和能力不能适应需要，于是相继出现了参谋职权（人员）和职能职权（人员）。但在实际中，这三种人员的职权经常容易混淆。此外，参谋职权的无限扩大，容易削弱直线人员的职权乃至威信；职能职权的无限扩大，则容易导致“多头领导”，最终都是导致管理混乱，效率低下。因此，如何保证组织结构的正常运转，处理好三种职权（人员）的关系，是组织结构运行中的一个重要问题。

（四）处理各种职权关系时应注意的问题

1. 三种人员在管理工作中的相互关系本质上是一种职权关系

在任何一个现实的组织中，各级管理人员的职责都兼具直线、参谋或职能的因素。从前述的直线职权、参谋职权、职能职权的性质和特点可以看出，在现代组织中，这三种职权是使组织活动朝向组织目标的不可分割的整体。直线

职权意味着作出决策，发布命令并付诸实施，是协调组织的人、财、物，保证组织目标实现的基本权力。参谋职权则仅仅意味着协助和建议的权力，它的行使是保证直线主管人员作出的决策更加科学与合理的重要条件。职能职权由于是直线职权的一部分，因此也具有直线职权的特点，但职能职权的范围小于直线职权，它主要解决的是关于怎么做和何时做的问题，绝不能包揽直线职权的一切权力。同时，职能职权的行使者多是一些有一定专长的参谋人员，因此，它更能从某一专业的角度出发来保证一项决策的科学性、可行性和实用性，从而大大促进管理效率的提高。

2. 注意发挥参谋人员的作用

主要是要理顺直线人员和参谋人员的关系。一般来说，参谋人员只是为直线人员提供信息、出谋划策、配合直线人员工作。但是，在现实管理生活中，参谋人员和直线人员的关系要复杂得多，概括起来有六种基本的关系：

（1）咨询（顾问）。参谋人员仅向直线人员提供咨询帮助，直线人员可接受也可不接受这种帮助。参谋人员在充分了解情况的基础上，可主动地向直线人员提出建议。

（2）按照要求提供服务。其关系与上述的咨询相似，但服务项目超过咨询和建议。参谋人员与直线人员的关系与合同承包人员与发包人的关系相似，他们的上司是参谋部门的领导。

（3）根据既定的计划，作为完成单位任务的一部分，向某组织提供参谋服务。例如，参谋组织向某组织（企业、医院等）提供常规的技术服务。这些专家、技术人员听令于参谋组织，主管人员对他们的服务质量负责。而接受服务的组织无权指挥专家们的工作，但如果他对于服务质量及既定方案有疑问时，可直接与参谋组织的主管联系。同时，参谋组织的主管也无权决定服务项目的利用程度，因为，这些已在规划中作过规定。

（4）为直线人员提供必要的常规辅助性服务。一旦提供服务所必要的报告、申请或其他特别制度（例如财会制度等）被批准，提供单位就有权要求直线人员遵守。在发生违章时，服务单位的人员（在向直线人员提出正常要求后）有权要求在监督下进行纠正。只要提出的公文得到批准，使用单位的人员可直接与提供单位联系，要求给予有关的服务和信息。

（5）中心参谋单位和经营单位、附属的参谋单位、参谋人员之间的职权关系。例如质量控制中心，通过各分厂的质量控制处开展工作；卫生局人事部门，通过各医院人事处开展工作。这些中心参谋单位对经营组织的参谋进行业务指导，而不能下达指令。若中心参谋单位感到确有必要做或停做某事，可向经营组织的参谋单位提出有力的建议，甚至提到经营组织的更高一级。

（6）部门主管和来自参谋单位人员之间的关系。参谋单位常常培训一些较高质量的专业人员，然后分配给经营组织。这些人员虽较长时间在经营组织里工作，但总认为参谋单位才是他们的“家”。经营组织的主管对他们进行“行政管理”，参谋单位的主管对他们进行专业管理。后者是他们的顶头上司，因为参谋单位的主管一是可变更他们的工作位置；二是决定他们的成绩大小，在提升和报酬时提出建议；三是负责不断提高他们的业务水平。这里所指的“行政管理”是经营组织的主管给他们（参谋人员）布置工作，批准请假等，并指示他们遵守其工作人员守则。“专业管理”（professional command）的含义是指由参谋单位的主管为业务工作制定程序和建立有关标准。

3. 发挥参谋作用应注意的事项

（1）让参谋人员独立地提出建议。参谋人员多是某一方面的专家，应让他们根据客观情况，提出科学的建议，而不应左右他们的建议。德鲁克 1944 年受聘于美国通用汽车公司任管理政策顾问，第一天上班时，该公司总经理斯隆找他谈话：“我不知道我们要你研究什么，要你写什么，也不知道该得到什么成果。这些都是你的任务。我唯一的要求，只是希望把正确的东西写下来，你不必顾虑我们的反应，也不应怕我们不同意。尤其重要的是，你不必为了使你的建议易为我们接受而想到调和折中。在我们公司里，人人都会调和折中，不必劳你的驾。你当然也可以调和折中，但你必须先告诉我正确的是什么，我们才能作出正确的调和折中。”这段话说明参谋不仅要独立地提出建议，还要提出解决问题的方法。参谋人员不是问题的挑剔者，而是解决问题的倡导者。

（2）直线人员不为参谋人员所左右。参谋人员应“多谋”，而直线人员应“善断”，直线人员可广泛听取参谋人员意见，但永远要记住，直线人员是决策的主人。直线人员应像古人所云：“周咨博询，不耻下问，运用之妙，存乎一心”。

美国学者路易斯·艾伦（Louis Alan）提出六个有效发挥参谋作用的准则：①直线人员可作最后的决定，对基本目标负责，故有最后决定权；②参谋人员提供建议与服务；③参谋人员可主动地从旁协助，不必等待邀请，时刻注意业务方面的情况，予以迅速地协助；④直线人员应考虑参谋人员的建议，当最后决定时，应与参谋人员磋商，参谋人员应配合直线人员朝向目标进行；⑤直线人员对参谋人员的建议，如有适当理由，可予拒绝。此时，上级主管不能受理，因直线人员有选择之权；⑥直线人员与参谋人员均有向上申诉之权，当彼此不能自行解决问题时，可请求上级解决。

4. 适当限制职能职权的使用

限制职能职权的使用，就要求做到：

（1）限制使用的范围。职能职权的运用常限于解决“如何做”（How）、“何时做”（When）等方面的问题，若无限扩大到“在哪儿做”（Where）、“谁来做”（Who）、“做什么”（What）等方面的问题，就会取消直线人员的工作。

（2）限制使用的级别。职能职权不应越过上级下属的第一级。如人事科长或财务科长的职能职权不应越过生产经理这一级。换言之，职能职权应当集中在组织结构中关系最接近的那一级。

第四节　人员配备

组织设计仅为系统运行提供了可供依托的框架。框架要能发挥作用，还需由人来操作。因此，在设计了合理的组织机构的基础上，还需为这些机构的不同岗位选配合适的人员。人员配备是组织设计的逻辑延续，要通过分析人与事的特点，谋求人与事的最佳组合，实现人与事的不断发展。

一、人员配备的任务、程序和原则

（一）人员配备的任务

人员配备，就是利用合格的人力资源对组织结构中的职位进行不断填充的过程。它包括明确组织人才的需求，对人力资源进行摸底、招募、选拔、安置、提拔、考评、奖酬、训练和培养等一系列活动。近年来，人力资源管理受到了很大的重视。人员配备的直接任务是为组织结构中的各个职位配备合适的人员，它不仅要满足组织的需要，同时也必须关注组织成员个人的特点、爱好和需要，以便为每个人员安排适当的工作。因此，人员配备可以从组织和个人这两个不同的角度考察。

从组织的角度考察，人员配备必须保证组织机构的每个岗位都有合适的人选，注意组织后备干部队伍的建设，建立起员工对组织的忠诚感。

从个人的角度考察，组织成员是否真心实意、自觉积极地为组织努力工作，会受到许多因素的影响。在进行人员配备时，应力求通过人员配备，使每个人的知识和能力得到公正的评价、承认和运用，使每个人的知识和能力不断发展、素质不断提高。

组织中任何一项管理职能的实施，任何一项任务或工作的完成都是由人来进行的。可以说，人是组织目标实现的直接推动力。因此，组织结构中各个职位的人员配备是每一组织都应十分关心的问题，因为它直接关系到组织的活动是否有效、组织目标能否实现。

（二）人员配备的工作内容和程序

人员配备是一个系统的逻辑过程，这个过程受组织内外许多因素的影响。一般情况下，组织内部的影响因素主要有：组织目标、技术特点、组织结构、组织所雇用的人员种类、组织风气、组织内部对主管人员的供求状况、报酬制度以及各种人事政策等。外部影响因素则主要包括社会文化教育水平、经济条件、直接影响人员配备工作的一些法令或条例以及组织外部对主管人员的供求情况等。以上这些内外影响因素互相交织在一起，使人员配备显得格外复杂。尽管如此，仍可以按一定的系统逻辑内容和程序步骤描述这一活动过程。

1. 确定人员需要量

人员配备是在组织设计的基础上进行的。人员需要量的确定主要以设计出的职务数量和类型为依据，职务类型指出了需要什么样的人，职务数量则说明了每种类型职务所需要的人员数量。

一个组织中人员的需要量，基本上取决于组织结构的规模与复杂程度，以及组织的扩充发展计划和人员的流动率。组织结构设计完成后，其中所设计的各个职务，就是组织所需的人员数。然而这只是从静态方面来考察未来主管人员的需要量，在现实生活中，组织是随着所处环境的不断变化而不断调整的，组织环境的变化要求组织随时修正其目标和计划。与之相适应，所需的人员数也不是一成不变的，而是随着组织结构的变化而增减的。此外，人员的流动率，即由于退休、病休、死亡、降级、调离等原因造成的职位上人员的空缺，需要有新的人员来填充，这也是影响人员需要量的一个重要的动态因素。

2. 选配人员

对人员的需求分析除了数量以外，在质量上也有要求，即每一职位所要求的资格，二者结合起来，才能选出最合适的人员。为了保证担任职务的人员具备职务要求的知识和技能，必须通过面向组织外部的招募、选拔、安置及从组织内部调整和提拔，筛选出最适合的人选填充到各个主管位置上。

3. 考核及评价

对占据各个位置的管理者的职务履行情况进行考核和评价。

4. 制订和实施人员培养计划

要根据组织的成员、技术、活动、环境等特点，利用科学方法，有计划、有组织、有重点地进行培训，特别要加强对有发展潜力的未来管理人员的培训。

（三）人员配备的原则

为求得人与事的优化组合，人员配备过程必须遵循因事择人、因才施用、动态平衡的原则。因事择人的原则，就是根据岗位要求，选择具备相应知识与能力的人员到合适的岗位，以使工作卓有成效地完成。因才施用的原则，要求根据人的不同特点来安排工作，使人的潜能得到最充分地发挥。人事动态平衡的原则，要求以发展的眼光看待人与事的配合关系，不断根据变化的情况，进行适时调整，实现人与工作的动态平衡与最佳匹配。

二、管理人员的选聘

管理人员的选拔、培养和考评，是人员配备职能中最关键的核心，不仅直接影响人员配备，而且对整个管理过程的进行乃至整个组织的活动，都有着极其重要和深远的影响。管理人员的质量是任何一个组织不断取得成功的最重要的决定因素。“得人者昌，失人者亡”，这是古今中外公认的一个组织成功的要诀。因此，组织能否选拔和招聘到合适的管理人员，是关系组织活动成败的关键。

（一）管理人员需要量的确定

一个组织中未来主管人员的需要量，基本上取决于组织的现有规模、机构、岗位设置与复杂程度，以及组织的扩充发展计划和主管人员的流动率。

（二）管理人员的来源

选聘主管人员的途径有两种：一是从组织内部提升（内升制）；二是从组织外部选聘（外求制）。

从内部提升是指随着组织内部成员能力的增强，在得到充分证实后，对那些能够胜任的人员委以承担更大责任的更高职位。实行内升制一般要求在组织中建立起详尽的人员工作表现的调查登记材料，以此为基础绘制出主管人才储备图，以便在一些主管职位出现空缺时，能够据此进行分析研究，从而选出合适的未来主管人员。

内部提升的优点：有利于对选聘对象的全面了解，以保证选聘工作的正确性；被提升的组织内成员对组织的历史、现状、目标以及现存的问题比较了解，有利于被聘者迅速开展工作；有利于鼓舞士气，激励组织成员的上进心和工作热情，调动组织成员的积极性；可使组织对其成员的培训投资获得回报，获得比当初投资更多的培训投资效益。内部提升的缺点是：当组织内部人才储备的质量不能满足组织发展的需要时，如果仍然坚持从内部提升，将会使组织失去得到一流人才的机会，同时又使不称职的人占据主管职位；由于组织成员习惯了组织内的一些既定的做法，不易带来新观念，容易造成“近亲繁殖”；同时，因为提升的人员数量毕竟有限，若有些人条件大体相当，有的被提升，有的仍留在原来的岗位，没有被提升的人的积极性会受到一定程度的挫伤。

从外部招聘是指根据一定的标准和程序，从组织外部的众多候选人中选择符合空缺职位工作要求的管理人员。外部招聘的渠道很多，可以通过广告、就业服务机构、一些管理协会或学校、组织内成员推荐等途径来进行。外部招聘的优点是：有比较广泛的人才来源满足组织的需求，有可能招聘到一流的管理人才；可避免“近亲繁殖”，给组织带来新思想、新方法，防止组织的僵化和停滞；可避免组织内没有被提升的人的积极性受挫，避免造成因嫉妒心理而引起的情绪不良和组织成员之间的不团结；大多数应聘者都具有一定的理论知识和实践经验，因而可节省在培训方面所耗费的大量时间和费用。外部招聘的缺点是：组织内部员工的士气或积极性将会受到影响；应聘者对组织的历史和现状不了解，不能迅速开展工作；在招聘过程中不可避免地会过多地注重其学历、文凭、资历等。

主管人员的选聘无论是内升制还是外求制，都不是十全十美的，但在实际工作中，还是有些一般性规律。一般说来，当组织内有能够胜任空缺职位的人选时，应先从内部提升；当空缺的职位不很重要，并且组织已有既定的发展战略时，应当考虑从内部提升。然而，当组织急缺一个关键性的主管人员，而组织内又没有能胜任这一重要职位的人选时，就需从外部招聘，否则将会导致组织处于停顿甚至后退状态。在通常情况下，选拔主管人员往往是采用内部提升和外部招聘相结合的途径，成功的企业大都主张采取内部提升和培养的方法，但一个组织选聘主管人员究竟是采用内升制，还是采用外求制，要根据组织的具体情况而定，因地制宜地选择最佳的选聘途径。

（三）管理人员选聘的标准

选聘主管人员，首先必须明确选聘的依据是什么，也就是根据什么标准来选聘。总的来说标准应该是德才兼备。但是从具体担任的管理职位来说，选聘的依据可以概括为以下两个方面：职位本身的要求以及主管人员应具备的素质和能力。

（1）职位的要求。为了有效地选聘主管人员，首先必须对职位的性质和目的有清楚的了解。通常，组织结构设计的职位说明书，对各职位已有了总的规定。

（2）主管人员应具备的素质和能力，包括个人素质和管理技能。管理技能即完成管理活动的本领，它涉及的面非常广。主管人员应该具备的管理技能包括三类：技术技能、人际技能、概念技能。个人素质方面强调强烈的管理欲望、正直的品质、冒险的精神以及经验。

（四）管理人员选聘的程序和方法

在组织未来所需主管人员的数量和要求已经明确，并且制定了选聘政策之后，就要开始实施具体的选聘工作。选聘可在组织内由各级负责人员配备的主管人员和人事部门主持进行，也可委托组织外的机构或专家对候选人进行评价。选聘的具体程序应包括哪些步骤，随组织的规模、性质以及空缺主管职位的特殊性和要求而有所不同。不过在设计步骤时，应考虑时间、费用、实际意义以及难易程度等因素。通过竞争方式选聘管理人员的主要程序和方法如下：

1. 公开招聘

选聘工作机构通过适当的媒介，向组织内外公布待聘职务的数量、性质以及对候选人的要求等信息，鼓励符合条件的候选人踊跃报名。

2. 初选

根据报名者的背景情况进行初步筛选。

3. 对初选合格者进行知识与能力考核

对初选合格者，进行细致全面的考核和评价，可以采用的具体考核方式有：智力与知识测验、竞聘演讲与答辩、案例分析与实际能力考核。

4. 民意测验

在选配管理人员时，特别是选配组织中较高管理层次的管理人员时，可以进行民意测验以判断组织成员对其接受程度。

5. 选定管理人员

在上述各项工作的基础上，综合考虑每个候选人的知识、智力和能力情况，结合民意测验反映的组织成员的拥护程度，根据待聘职务的性质，最终选聘既有工作能力又被同事和部属广泛接受的管理人员。

【本章小结】

本章介绍了管理的基本职能：组织。怎样设计组织？组织职能的范围以及如何进行组织活动？这是本章主要回答的问题。管理人员的组织活动就是要使组织不断发展、完善，使之更加富有成效。本章从组织工作过程出发，介绍了组织设计的过程、常见的组织结构、组织内人员的配备方法。在本章的学习过程中，值得注意的问题有：

（1）在组织的概念中除了要明确定义外，还应该着重理解：①组织包含目标与宗旨、人员与职务、职责与职权。②组织工作具有动态性与静态性相结合的特点。组织本身是在一定空间和时间内向各成员分配工作、统一行为的过程，也是随着组织内外环境的变化而不断调整的过程，这是组织动态性的表现。组织也是一种结构形式，把动态的合作关系以静态的模式相对固定下来。

（2）在组织设计过程中，应该做到：①依据企业所处的环境、可以利用的技术手段以及自身战略和发展阶段来规划和建立组织结构，明确各部分的相互关系，并提供组织结构图和职务说明书等文档。②基于因事设职与因人设职、权责对等和目标统一等原则进行组织设计。③组织的结构依据企业的性质、不同的管理幅度和管理层次，以及部门化的发展要求，分为直线型结构、职能型结构、直线职能型结构、事业部制结构、矩阵型结构和多维立体结构等几种常见的组织类型。

（3）人员配备的任务是为组织结构中的各个职位配备合适的人员，其过程按照人员需要量考察、人员选配、考核以及人员培养计划的制订与实施等过程来进行。

【关键术语与概念】

组织结构　　授权　　事业部制结构　　矩阵型结构　　直线职能型结构
管理幅度　　管理层次

【拓展阅读】

1. ［美］哈罗德·孔茨．管理学．郝国华等译．北京：经济科学出版社，2004

2. 戴痪先．现代企业管理．北京：电子工业出版社，2003

3. ［美］迈克尔·A. 希特．战略管理．吕巍等译．北京：机械工业出版社，2002

4. 宋国防．运作管理．北京：机械工业出版社，2002

第七章　领　导

【本章学习要点】

- 掌握领导的概念及领导与管理的区别。
- 掌握领导者的权力基础。
- 掌握相关领导理论，包括领导行为理论、领导权变理论等。
- 了解提高领导效率的方法和途径。

第一节　领导概述

一、领导的内涵

（一）领导的概念

领导一词具有名词和动词两种属性。作为名词属性的领导，是指领导者，即组织中确定和实现组织目标的首领。一个组织的领导者犹如一个交响乐队的指挥。乐队指挥能够激发乐队成员充分地发挥才能，并且能够使整个乐队配合协调，演奏出和谐自然、优美动听的乐章。在组织中，领导者是这样一类群体：他们具有正式的组织职位和组织职权，承担较为重要的职责，能够影响组织中其他成员的心理和行为。从这个界定看，领导者的概念包括以下三个特征：

（1）领导者存在于两个或者两个以上的人所组成的组织之中，是组织的领导者。从这个意义上讲，家庭、非正式群体中具有影响力的人不属于领导学意义上的领导者。

（2）领导者在组织中拥有法定的组织职位，能够行使法定的组织职权，承担相应的法定职责。领导者要发挥其作用，必须依靠组织的合法授权。因此，领导者对领导活动的影响首先从他们的职位、职权与职责中表现出来。

（3）领导者具有影响他人心理及其行为的能力，与被领导者形成追随和被追随的关系，没有追随者，就不会有领导者。这意味着一方面领导者只有对被领导者具有影响力，才会使被领导者去追随他；另一方面，没有追随者的领导者是名存实亡、徒具形式的领导者。这是领导者最本质的规定性。

作为动词属性的领导，具有率领、引导的意思，是一种活动或行为。领导往往意味着影响力，是促使人们为了一个共同的目标或者理想走到一起来的影响力。它产生于人群，是影响的艺术或过程，使一群人心甘情愿地奋斗，并朝着某种组织目标前进。

（二）领导与管理的关系

管理是通过计划、组织、配备和控制组织资源，以有效的方法来实现组织既定目标的过程。管理侧重于为获得特定的结果而制订详细的计划和日程安排，继而分配资源以完成计划。领导则要求创立一个可以激发兴趣的愿景，并制定长期战略为实现该愿景进行相应的变革。具体来讲，领导与管理的区别主要体现为以下几点：

（1）管理侧重于处理复杂的问题，优秀的管理者通过制定详细的步骤或时间表及监督计划实施的结果而确保目标的达成。领导主要处理变化的问题，领导者开发未来前景，发展出达到前景的变化战略，并与员工进行有效的沟通，激励他们克服困难、实现目标。

（2）管理的计划与预算强调微观方面，覆盖的时间范围约为几个月到几年，希望降低甚至排除风险，追求合理性。领导注重宏观方面，着重于更长的时间范围，不排斥带有一定风险性的战略。领导重在决策，管理重在执行。工作重点的不同，使领导不需要处理具体、琐碎的事务，主要从根本上、宏观上把握组织活动。管理则必须投身于人、事、财、物、信息、时间等具体问题的调控与配置，通过事无巨细的工作实现管理目标。领导就是要做正确的事，即负责正确的决策。管理就是正确地做事，就是将所交代的任务顺利地完成。

（3）从事管理工作的人员强调专业化，从事领导工作的人员注重综合素质和整体能力。领导侧重于重大方针的决策和对人、事的安排，强调通过与下属的沟通和激励实现组织目标；管理则侧重于政策的执行，强调下属的服从和组织控制实现组织目标。领导追求组织乃至社会的整体效益；管理则着眼于某项具体效益。

（4）领导与管理的根本区别体现在功用上。管理行为通常具有很强的可预测性，以有效地维持秩序为目标；领导行为则具有较大的可变性，能带来有益的变革。

（三）领导活动的要素

领导活动包含三个基本要素：领导者、被领导者和追随者、领导环境。

（1）领导者。在领导活动中，领导者处于一个极为重要的地位，是领导活动的发动者和引导者。要使领导活动顺利开展并取得预期的领导效果，领导者不仅要有正确的领导理念和领导目标，而且还要具备发动、引导和激励被领导者和追随者的能力。

（2）被领导者和追随者。要达到领导活动的预期效果，实现组织目标，不仅仅是凭借领导者个人的作用和能力，更为重要的是领导者能够借助他人的力量来实现组织目标。因此，领导活动离不开被领导者和追随者。被领导者和追随者是领导活动得以展开乃至成功的重要因素。若被领导者和追随者的心理、行为和动机背离领导者的意图，就会使追求组织目标的领导活动中缺乏被领导者和追随者的参与，再好的组织目标和愿景也无法实现，只能是画饼充饥而已。

（3）领导环境。环境也是领导的重要因素，任何领导活动都是在一定的环境条件下进行的。领导活动的环境包括组织内部环境和外部环境。内部环境包括组织结构、组织规模、工作场所、工作流程、工作任务性质以及被领导者状况等因素；外部环境包括政治状况、经济条件、公众心理和社会习俗等。领导活动既要受到领导者所在组织或群体的内部环境的制约和影响，又要受到外部环境的制约和影响。

领导要素分析表明，领导者个体意志和个体行为虽然对领导活动的成效具有重要影响，但不是唯一的影响因素，而是与被领导者和领导环境两个因素相结合，共同影响领导活动的发展方向和最终效果。没有领导者的领导活动是不可想象的，而没有被领导者的领导活动也无法发生。同时，无论是领导者还是被领导者都是在特定的环境之中结合起来的。因此，对于领导活动来说，这三个要素缺一不可。

（四）领导的特点

（1）领导是一个社会组织系统。领导者就是在一定的组织体系当中，处在组织、决策、指挥、协调和控制地位的个人或集体。在领导活动中，领导者处于主导地位。被领导者就是按照领导者的决策和意图，为实现领导目标，从事具体实践活动的个人或群体。它是领导活动的主体，是实现预定目标的基本力量。环境是指独立于领导者之外的客观存在，是对领导活动产生影响的各种因素的总和。领导者只有正确认识环境，适应环境，利用和改造环境，才能实现自己的预定目标。

（2）权威性。权威是某种使人信服或令人震慑的具有支配力的力量、威望和影响。现代领导权威是一种理性权威，以理性为基础，以法律为依据。根据规章制度推举上来的领导者，被赋予职位和权力，形成一定的权威。但权力不等于权威，拥有权力的人不一定拥有权威。权力的重点在于“力”，权威的重点在于“威”，由“力”生“威”需要一个过程。被领导者服从领导，不仅是对领导者手中掌握的权力的恐惧，更重要的是对其权威的认同。领导活动的成功与否最终取决于被领导者对权威的认同，除了合法性等法理性权力外，还在于领导者的能力、学识、品德等个人魅力。

（3）全局性。领导是领导者通过影响、组织、决策、指挥、协调和控制行为，率领被领导者实现预定目标的过程。这一点说明领导活动具有管理性质。领导的最基本理念是整体发展和全局利益。领导活动应当讲究全局利益，注重谋求整体发展。只见树木，不见森林，最容易使领导工作陷入歧途。比较而言，领导侧重于大政方针的决策，面向全局，面向未来，而管理则偏重于执行政策，侧重追求当前某项工作的落实。可见，领导具有管理的一般属性，但又高于管理，较管理活动更有全局性、战略性和整体性。

（五）领导者的类型

历史上不同的学者从不同的角度分析领导者的类型。比较典型的当属马克斯·韦伯和伯恩斯等人对领导者类型的划分。

马克斯·韦伯从权力类型的角度出发，把领导者分为三种类型：第一种类型是超凡魅力型领导者。这种类型的领导者通过自己的奇迹之举和英雄行为，把一些人吸引在自己的周围成为追随者和信徒。其特点是对领导者个人的服从。第二种类型是世袭型领导者。这种类型的领导者获取权力的方式是根据世代沿袭下来的惯例，领导者基于历代相传的神圣规则来向被领导者发布命令。被领导者对领导者的服从是对领导者个人所拥有的不可侵犯的正统地位的服从。欧洲中世纪和中国封建社会中的皇帝即属于这种类型。第三种类型是法理型领导者。这种类型领导者的权力是由理性和法律赋予的。在领导者和被领导者的关系中，规章制度具有至高无上的地位。无论是领导者还是普通的被领导者，在规章制度面前人人平等，都要受到规章制度的约束。

美国学者伯恩斯在1978年出版的《领袖论》一书中，从领导者与被领导者之间的关系角度出发，提出了三种领导者类型：交易型领导者、变革型领导者和道德型领导者。伯恩斯认为大多数领导者和公众的关系是交易型的，领导者接近公众是着眼于物物交换，或以其他形式的补偿来报答竞选中的资助。这类行为构成了领导者和公众关系的主干，其在各团体、立法机构和政党中尤为突出。而变革型领导者也看到并利用每个潜在的追随者的需要和要求，但又不止于此。变革型领导者还进一步发掘追随者潜在的动机，试图满足更高的需求，追求将每个公众全身心地占有。变革型领袖领导的结果是确立一种相互激发和提升的关系，这种关系可以使群众变成领导者，也可能把领导者转化成充满道德感的人。伯恩斯认为道德型领导者和被领导者之间存在的并非仅仅是权力关系，还有相互需求、相互渴望和相互评价的关系。

我国学者朱立言在其著作《行政领导学》中，从领导特征和效能的角度，将领导者分为仁人型领导和能人型领导。仁人型领导者的基础在于高尚的人格，以德服人。能人型领导者强调个人的能力以及正式组织的威严。一般来讲，越是组织高层的领导者，越趋向于仁人型领导，这有助于为整个组织注入一种精神，塑造组织文化。反之，越是组织低层的领导者，越趋向于能人型领导者，这有助于组织政策的执行。在无章可循的情况下，仁人型领导者往往会“仁有余而力不足”；而能人型领导者则由于过分重视“力服”，往往会“威有余而仁不足”。在现实中，一个成功的领导者往往会将仁和能结合，根据不同的环境状况，交替使用仁和能这两种手段，以求得理想的领导效果。

本书从不同角度对领导者类型进行划分：

（1）根据领导活动所在组织的不同性质，可把领导区分为企业领导、行政领导、政治领导、社团领导和军事领导等。

（2）根据领导活动在组织中的不同等级，可把领导区分为高层领导、中层领导和基层领导。

（3）根据领导权力控制的不同程度，可把领导区分为集权型领导、分权型领导和均权型领导。

（4）根据领导活动的重心不同，可把领导区分为以事为中心的领导、以人为中心的领导和人事并重的领导。

（5）根据领导主体的数量不同，可把领导区分为个体领导和集体领导。

（6）根据领导主体的态度不同，可把领导区分为仁慈型领导、严厉型领导和商议型领导 。

（7）根据领导方法的不同，可把领导区分为强制型领导和凝聚型领导。

二、领导者的权力

（一）领导者的权力与影响

权力是组织中一种无形的影响力。它是看不见的，但是它的效果却可以感觉得到。权力是指一个人或一群人按照他所愿意的方式去改变其他人或群体的行为以防止他自己的行为按照一种他不愿意的方式被改变的能力，是特定主体因某种优势而拥有的对社会或他人的强制力量和支配力量，是影响或控制他人行为的力量。权力的概念包含了以下几个内容：首先，权力是潜在的，无须通过实际来指明它的有效性；其次，权力关系的双方往往表现为依赖关系，有实施权力的一方，就有接受权力实施的一方；第三，权力行使的对象对自己的行为具有一定的自主权，权力往往就表现为对权力对象行为自主权的控制，能够在组织内部影响其他人并达到权力持有者所希望的结果。名词权力同影响力具有相同的含义，但是二者之间也有区别。简单地说，影响力是一个人的行动对于态度、价值观或者其他人行动的效果，权力是能够引起一个人改变的能力，影响力反映的则是实际改变的程度。

领导者影响力构成因素可以划分为权力影响力和非权力影响力。权力影响力即领导权力，是由社会组织赋予个人的职位、地位等权力性因素构成的。这种形式的权力对他人产生影响的基础是奖励、惩罚和法定，下属的心理和行为往往表现出被动和服从的特征。非权力影响力即领导权威，指的就是领导的品质、作风、知识、能力、业绩以及行为榜样等非权力因素对其他人造成影响的能力。这种影响力更多的属于非强制性的，其产生的基础可能是领导者个体的人格特征、知识技能、品格修养、教育背景等。

（二）领导者的权力构成

领导者的权力表现为五种形式：法定权、奖赏权、强制权、专家权和参照权。前三个权力的基础是职位，是由组织的政策和程序决定的。后两个权力往往来源于领导者的人格特征等因素。有效的领导者并不仅仅依靠正式的职位去影响其他人来达到目标。

（1）法定权。它是由组织中的职位所授予的权力形式。例如，一旦某个员工被任命为领导者，其他员工就会明白他们应该在工作活动中遵守他的工作指令。追随者服从指令，是因为他们认为这种权力是合法的。特定的权力和责任以及一些特权随着这个人拥有一个正式的领导职位而获得，追随者接受正式的领导者设定目标、制定决策和指导工作的合法权利。

（2）奖赏权。这种权力是指领导者提供奖金、提薪、晋级、表扬、理想的工作安排和其他任何会令人愉悦的东西的权利，它是从决定其他人报酬的权力中派生出来的。例如，指定的领导者可以决定正式的报酬，如加薪或者晋升。此外，在组织中，越是高层的领导者，所掌握的自由控制的资源往往就越多。领导者可以根据自己的评价和主观意愿将所掌握的资源分配给下属员工，导致下属员工对领导者在财务上和物质上产生依赖，从而必须完成工作。具有报酬权力的领导者可以用报酬来影响追随者的行为。

（3）强制权。它通常是指那些惩罚或是建议惩罚的权力。当领导者具有解雇、降级、评价或是撤销加薪的权力时，他就具有了强制权，具备了要求他人服从自己意愿的能力。强制权是合法权力和报酬权力的负面表现。

（4）专家权。一个领导者具有其追随者所从事的工作的专业知识或者技能，从而带来的权力被称为专家权。领导者凭借其所拥有的丰富经验、灵通信息、技术或准确的分析判断力而令下属信服，下属接受其提议或工作指引是因为对上司的能力具有信心。当领导者是真正的专家时，追随者会由于他出众的知识而赞同他的建议。

（5）参照权。这种权力来自于领导者个人特征，而不是基于领导者的正式头衔和职位。领导者因为个体的人格特征博得下级员工的认可、尊重和羡慕，使其产生效仿的心理意愿和行为。

（三）领导者权责关系的处理

社会组织化生活中的合法领导者，不是自我宣称而成的，必须有法定的权力来源与渠道。这种权威保障，是直接与他的领导职位的合法授予联系在一起的。领导活动开展，领导与被领导关系的构成，领导概念的确立，都离不开“权力”这一基础因素。权力是“在社会交往中一个行为者把自己的意志强加在其他行为者之上的可能性”。领导权力形成的基础是人们对利益的追求。在实际生活中，人们的利益各有不同。但是，利益的实现并不是自发和自动地去完成的，而是利益主体自觉的、能动的活动过程。利益主体自觉地、尽可能地调动其有效资源，并且把这些资源有机地凝聚成特定的实际力量，从而构成权力主体。

责任来源于对权力担当者的要求。领导责任分两个层面：一个是政治的、社会的层面，属于深层次的、广义的道义和伦理责任；另一个层面是组织机制运作过程中对领导者的要求，每一个领导者都担当着具体的、现实的职位责任。这种责任体现在组织行政关系和制度建设中。

职位和岗位对责任的要求通常被称为职责，这是在具体组织中为组织利益而承担的责任。职责有三方面的含义：一是职位对职位拥有者的责任要求。在什么职位工作，有什么职务，就承担相应的职责，职位愈高，责任愈大。二是制度体系中的责任要求。组织目标的实现是靠一系列的制度建设和机制运作来完成的，组织中的每一个运作程序和每一个制度的确立，都是以责任为核心的，而制度又表现着行政层级关系。从某种角度来看，制度体系实际上是一种责任体系。三是组织运转中的责任要求。组织活动的每个环节都有其具体的任务，每项任务都有其责任的含义，尤其体现在对领导活动的评估和对领导绩效的评价方面，是对领导活动的监控和对领导者的责任追究。

领导者的职务是由组织按其任务与职能所处的法定地位来授予的；权力则是组织为了保证其履行领导职能所赋予的强制性支配力量；责任是为了制约领导者在从事领导工作时，按照法定职务和职权性质，对其领导行为所产生的后果进行承担。职务、权力和责任三者之间是密切相关、相互依存、相互制约的关系。职、权、责三者协调起来是实现有效领导，发挥最佳领导效能的必要条件。只有把三者统一起来，领导者才能真正做到在其位、谋其政、行其权、尽其责。

三、领导效能

（一）领导效能的内涵

领导效能是领导者在实施领导过程中的行为能力、工作状态和工作结果，即实现领导目标的领导能力和所获得的领导效率与领导效益的系统综合。它包括领导能力、领导效率和领导效益三个要素。领导效率是指已经实现的领导任务（或目标）与时间之比，即完成一定数量和质量的领导任务（或目标）的速度。而领导效益是指领导活动的最终结果，即领导活动投入与领导活动结果之比。它包括经济效益、政治效益、文化效益、人才效益以及社会效益等，是一个综合性的指标，包括许多不同具体的内容。从一般的意义考察，领导效能主要包括以下几方面：

1. 决策效能

决策是领导的首要职能，决策的正确与否，决定领导活动和组织中全体人员活动的目标方向是否正确。所谓决策效能，是指决策对组织的领导效率、直接效果以及社会环境所产生的作用或影响。一项高效率的决策，不仅能带来领导活动和组织各项工作的高效率，更重要的是还会对社会产生积极的影响。

2. 用人效能

它是指领导活动中对人的选配和使用所产生的效能。领导活动是需要依靠各级人员的活动实现的。能否选择适当的人员从事适当的工作，并使各类人员合理配置、组合，调动各类人员的积极性和创造性，不仅关系组织目标的实现速度和效果，而且直接影响该组织的社会存在价值，关系领导活动的成败。如果某个组织用人是低效能的，那么这个组织的领导活动及全部活动必然也是低效能的。

3. 办事效能

它是领导者处理各种事务所获得的效率。领导者的职能活动，主要表现为进行组织指挥、协调激励等具体处理和解决问题的工作，即办理各种领导事务。如果领导者作风拖拉懒散，办事效率低、失误率高，这个组织的运转必然是低效率的。因此，办事效能是领导效能中重要的内容。

4. 时间效能

时间效能是衡量领导者管理、利用时间的能力的尺度。领导者必须把时间效能置于一个重要的地位，科学地运筹时间取得较高的时间效能。领导者必须有科学的时间观，善于抓住时机，要重视讲求实效，要尽可能排除琐碎事务，集中精力抓大事。

5. 组织的整体贡献效能

领导者的整体贡献效能是指同一领导组织整体目标的实现程度。领导效能不仅反映在个人所主持、负责的部门工作和单项领域之中，更重要的是反映在全局工作和整体贡献上。整个组织的总体目标实现程度如何，是衡量领导效能高低的最重要的尺度。

（二）领导效能的考评

1. 目标考评法

任何领导活动都要追求并达到一定的目标。目标作为领导活动中一个基本要素，既是领导活动的起点又是领导活动的归宿。目标考评法就是按照领导活动中预定目标的项目指标，检查其完成情况，从而评定被考评者的工作成效。由于目标具有可分性、层次性、阶段性和综合性的特点，所以目标考评可以从内容上、层次上和时间上分项、分层、分段进行，也可以综合进行。

使用目标考评法的前提条件是各个组织不仅要为本单位制定规范、综合和全面的目标，还应为领导者制定分项、分层项目指标；不仅要制定总体目标，还要把总体目标分解为相互联系、相互制约、多层次和多样性的具体目标项目，以形成领导组织的目标体系。如在某领导活动开始前或初期，侧重评定领导者的知识素质和能力素质（预先评定）；在工作过程中，侧重评定领导者的工作态度和工作作风（过程评定）；工作结束后，又侧重评定其工作效率、成绩和社会效益（终点评定）。最后将各段评定的结果进行全面的综合分析整理，形成最终的考核结论。

在目标考评法中，一定要严防“目标替换”现象的发生。对于执行决策的部门和下属来说，在对他们的工作绩效进行考评时，也要注意其子目标与总目标之间的关系。所以，在对其工作绩效进行考评时，不能因为他们已经实现了分目标，而断言他们有着较高的绩效，即不能以他们实现的分目标替代整个组织的总目标。

2. 员工评议法

员工评议法是通过员工测评、民意测验等方式对被考评者进行评议，以获得被考评者的总体情况的方法。它是以标准化的等级量表如“很称职”、“称职”等进行投票评价，包括对话法、问卷法等。对话法是指由考评者找个别人谈话或召开小型座谈会，直接了解对被考评者的评价。问卷法则是将考评指标项目分级分类列表后发放，要求被调查者填好后送回，然后由考评者进行数据处理和综合分析。这一方法的有效性依赖于问卷设计的科学性和被调查者的配合程度。

3. 定量分析法

任何领导活动的效能都反映在质和量两个方面，既可以在质上定性，也可以从量中分析。对领导效能进行定量分析，具体可以围绕用人、办事、整体贡献和时间节约进行，从中找出有效量与总量之间的比率。比率高，说明领导效能高；反之，则说明领导效能低。定量分析可以选取时间效能和用人效能两个方面进行考核。时间效能可以从领导者自己的时间有效利用率、部属的时间有效利用率和组织整体的时间有效利用率三个方面进行分析。时间的有效利用率是指有效工作时间与法定工作时间之间的比例。领导者不仅要求自己有较高的时间利用率，还应使部属有较高的时间利用率，更重要的是组织整体也要有较高的时间利用率。用人效能指领导者对部属的培养、选拔、配备、使用等方面的成效。领导者用人效能的考评，一是看使用恰当的人数与总数之间的比例关系。在用人总数中，使用恰当的人数越多，比率越高；反之，就低。二是看部属能力的发挥情况与潜在能力之间的比例关系，部属中蕴藏的潜力发挥得越充分，比率越高；反之，部属的潜力发挥不出来，比率就低。这两种比率都可以说明领导者用人效能的高低。

4. 比较考评法

就是通过选择一定的参照系来对比评价领导者效能的方法。比较的方式很多，可以进行纵向的比较，如现在同过去比较、新班子与老班子比较、年度间的比较、现在与未来之间的比较、完成任务进度与目标的比较等。也可以进行横向的比较，如同一领导组织中领导者之间的比较，不同领导组织的同类领导者、同类领导班子的比较，同类地区、部门、单位的比较。还可以进行多视角、多层次、全方位的比较。既可以比量，也可以比质；既可以比速度、进度，也可以比效果、效益；既可以比综合指标，也可以比几项或单项指标。主客观条件较类似的，可比综合指标；差异较大的，则选择单项或几项可比的指标进行比较。

5. 模拟考评法

模拟考评法是让被考评者进入一个模拟的工作环境，要求他按照给定的条件进行模拟操作，用多种方法观察他的行为方式、心理素质、反应能力，并根据这些观察来测评他的各种能力。这种方法目前已成为欧美发达国家流行的挑选和训练管理人员的重要方式。

（三）领导效能的考评原则

1. 统一规范的原则

建立健全各级各类领导者的岗位责任制和任期目标制，在此基础上，确定考核标准。考核要素、考核标准必须统一规范、清晰明确，并形成一套既能反映客观实际又便于操作的、科学合理的考核评估指标体系。建立健全严格的考评制度，形成相应的考核规程或考核准则。诸如规定考核的目的、期限、范围、对象、步骤和程度等。考核方法既要尽可能做到科学化、规范化、程序化，又要切合实际，有一定灵活性，做到确定性与非确定性、规范化与非规范化的统一。

2. 贡献为主的原则

领导效能考评包括领导能力、工作态度、领导环境和工作实绩等几个方面，但要坚持以贡献为主的原则，即要以实际贡献和工作成绩作为重要标准来评价领导者履行职责的状况和德才水平。坚持以贡献为主的原则可以使考评具有客观性，可以把各级领导机关和领导者的注意力引导到正确的发展方向上来，从而使领导者可以脚踏实地地去从事各种领导活动，能够使领导者改变那种“不求有功，但求无过”的观念，树立“无功即是过”的新观念，充分发挥自己的潜力和特长。

3. 客观公正的原则

领导效能考评必须由具体的组织和人主持进行，即要有考核主体。必须坚持客观公正的原则。所谓客观，就是实事求是；所谓公正，就是不抱有偏见。考评的指标、方法不太切合实际是造成人们对考评反感的两个主要原因。考评结果不全面，会使被考评者感到考评结果没有反映出自己工作的全部状况。由于考评主体或其他的原因，考评结果与被考评者的实际效能出入较大，将使被考评者难以接受得出的结论。

坚持客观公正的原则，应做到三点：一是要求考评者为人正直、作风正派，清正廉洁，克己奉公，尊重事实，实事求是，不主观臆造，更不抱成见，不徇私情。二是要求考评的标准要统一，过程要公平。同一级组织内部不同领导者的工作内容有特殊性，但可以统一的标准应统一。三是要求考评的结果应当来自准确、完整的资料和数据以及对事实的调查分析，任何一个结论都必须以事实为依据。

4. 民主公开的原则

用不同方式让下属和一般员工参与及监督领导效能考评。领导效能考评要在员工参与的基础上进行，采取上级考评、同级考评、下级考评和自我考评相结合的方法，多渠道、多层次和多角度地对领导效能进行考评。领导效能考评工作还要接受群众监督。群众对考评工作的监督是群众对领导者及领导活动进行监督的一个重要方面。它包括对考评主体、考评过程和考评结果的监督。对考评主体的监督，就是要看考评主体是否正直、正派，是否具备考评能力和考评条件；对考评过程的监督，就是看考评是否严肃认真地进行，考评标准、考评程度和考评方式是否一视同仁，是否有营私舞弊的情况；对考评结果的监督，就是看考评结果是否受非正常因素的干扰影响，是否客观公正，是否符合被考评者的实际。只有实行全方位的群众监督，才能克服封闭式、神秘化考评方式所产生的种种弊端，才能避免考评过程中的主观随意性和主观片面性，保证考评结果的全面性、客观性。

要用适当的方式向被考评者和群众公开领导效能考评结果。向被考评者反馈其考评结果有多种方式，如面谈式、图表式、报告式等。面谈式，即用谈话方式把考评结果反馈给被考评者，这是反馈考评结果的一种基本形式。面谈式，主谈者应开诚布公，以肯定成绩长处为主，对问题和缺点，既要说透，又要注意方式，恰到好处，并注意倾听被考评者的反应和要求。图表式，就是将考评结果用曲线图形式反馈给被考评者。所谓曲线图，就是用曲线表示数据资料的统计图，用“时间数列”绘成的动态曲线图，可以反映出现象在时间上的变动情况。报告式，就是用总结报告将考评结果反馈给考评者。在评价弱点和缺点时，不宜点名。

总之，向被考评者和群众公布考评结果，只要使用恰当，不仅有助于减少考评中可能出现的主观偏见和种种误差，有助于领导者总结经验教训，提高领导水平，还有助于群众掌握情况，便于对领导活动和领导者实施监督，并激发其主人翁精神和工作积极性。

第二节　领导理论

一、领导人格特征理论

早期研究表明领导者的成功因素集中在领导者的个人特征方面，认为成功的领导者与一般领导者在智力、外表、性格、气质、价值观等人格特征上存在显著的差别。20 世纪早期主要将研究对象集中在那些可以称为伟人的领导者身上，以寻求甄别出成功领导者应该具备哪些人格特征。因此，这个时期的研究也被人们称为伟人理论研究时期。这种理论认为某些人具备与生俱来的能够使其称为领导者的特性，因而期望在研究中寻找出领导者所具有的使之与其他人区分开来的特性。但是后来却发现，个人特征和领导的成功与否之间的联系并不是很紧密。

随着 20 世纪四五十年代心理学的发展，人格特征理论的研究者们开始利用天赋和心理测验来研究更大范围的人格特征。起初，研究者们致力于找出那些领导人具备而普通人不具备的人格特征，希望研究出成功的领导者所具备的人格特征和成功的领导者之间的关系，但是研究的效果也不理想，很难通过领导者的个人特征来筛选出成功的领导者。之后，研究者们开始将研究的重点转向领导者个体特征，试图通过领导者的个人特征（如自信心和创造力）、生理特征（如年龄、性别和健康状况）、能力特征（如知识技能、言语表达能力）、社交特征（如人际关系）、工作特征（如成功的欲望、追求目标的毅力）等方面来解释领导者的成功。这些研究，虽然能够找出成功领导者所普遍具有的共同特征，但是领导者所处环境状况，往往能够改变领导者人格特征对成功的影响能力。例如，一种特征在某一种环境下，可以造就一个成功的领导者，但是在另一种环境下，具备这个特征的领导者反而会适得其反。

人格特征方面的研究一直是20世纪至21世纪领导理论研究的重要组成内容。许多研究者仍然坚持人格特征是成功的领导者的基础，同时也认为，这些基础作用仅仅在这些特征和其他因素一起发挥作用时才有效。下表中，列举了多年的研究中确认的对成功领导有重要影响的人格特征及其分类。其中，自信、诚实和动力是成功领导的最基本特征。

成功领导的人格特征表

■ 生理特征 精力充沛 有持久力	■ 与工作相关的特性 成就驱动 有责任心 在困难面前坚持不懈，坚韧
■ 社会特性 善于交际，有良好的人际关系 易于合作 获取支持的能力 机智、灵活的交际手段	■ 个人特性 自信 诚实、正直 热情、积极 上进心 独立
■ 智慧和能力 聪慧、良好的认知能力 知识渊博 具有判断和决策能力	■ 社会背景 教育 灵活性

资料来源：理查德·L. 达夫特. 领导学原理与实践. 杨斌译. 北京：机械工业出版社，2005. 24

二、领导行为理论

领导行为理论集中研究领导的工作作风和其所采用的行为对领导有效性的影响。主要研究成果包括：勒温（K. Lewin）的三种领导方式理论、利克特（R. Likert）的四种管理方式理论、领导四分图理论、管理方格理论、领导连续统一体理论等。这类理论认为，任何人只要采用了适当的方式，都可以称为成功的领导者。领导行为理论主要是从对人的关心和对生产的关心两个维度，以及上级的控制和下属参与的角度对领导行为进行分类。

（一）专制和民主领导

美国管理学家怀特（Ralph K. White）和李皮特（Ronald Lippett）从领导者对权力运用方式的角度，将领导行为分为专制式、民主式及放任式三种。

1. 专制式领导

领导者倾向于把所有的权力集于一身，领导者个人决定一切，布置下属执行。这种领导者要求下属绝对服从，并认为决策是自己一个人的事情，所有政策均由领导者决定；所有工作进行的步骤和技术也由领导者发号施令行事；工作分配及组合多由他单独决定；领导者对下属较少接触，如有奖惩，往往对人不对事。

2. 民主式领导

领导者发动下属进行讨论，共同商量，集思广益，然后决策，要求上下融洽、合作一致地工作。主要政策由组织成员集体讨论决定，领导者采取鼓励协助的态度；通过讨论，使其他人员对工作全貌有所认识，在所设计的完成工作的途径和范围内，下属人员对于进行工作的步骤和所采用的技术，有一定的选择机会。

3. 放任式领导

组织成员或群体有完全的决策权，领导者放任自流，给组织成员提供工作所需的资料条件和咨询，而尽量不参与也不主动干涉，只偶尔表示意见。工作进行几乎全依赖组织成员，各人自行负责。

早期研究认为，领导者或者独裁，或者民主，二者必居其一。但坦南鲍姆（R. Tannenbaum）和施密特（W. H. Schmidt）进一步的研究发现，领导者集权和分权的程度与他们所处的环境有很大关系。领导者们应当调整他们的行为，使之能够与环境相适应。领导行为可以存在于一个反映不同的雇员参与水平的连续的集合中，他们提出了领导连续流理论。这种连续流也称作主管者—非主管者的行为连续流。他们描述了从主要以领导人为中心到主要以下属为中心的一系列领导方式。这些方式依领导者把权力授予下属的大小程度不同而不同。如图 7－1 所示：

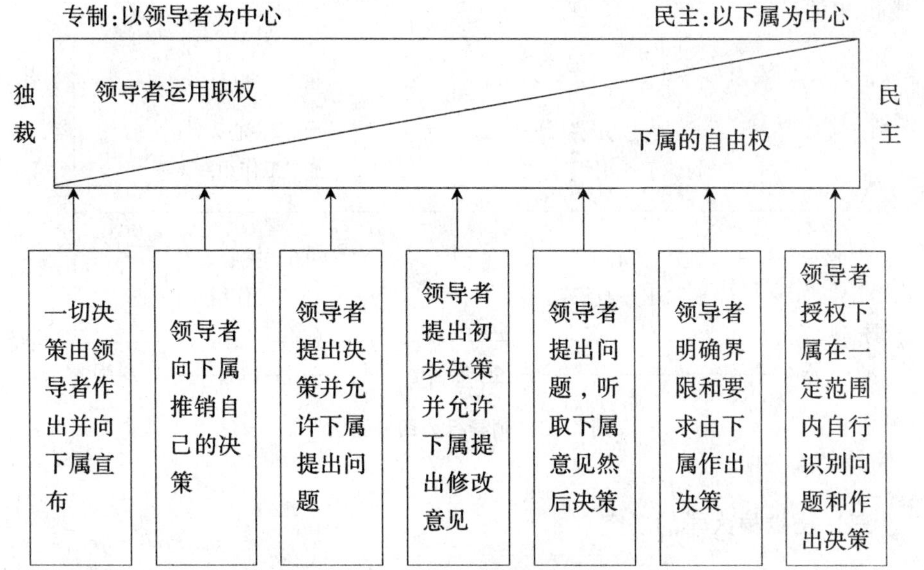

图 7-1　领导行为连续流示意图

（二）俄亥俄州立大学的领导行为四分图理论

美国俄亥俄州立大学的研究者们建立了一个领导者行为尺度的研究模式，把领导者的行为模式分为两个维度：领导方式的关怀（consideration）维度和定规（initiation）维度。关怀维度是指领导者对员工之间以及领导者与追随者之间的关系，例如相互信任、尊重和出于友谊的关心，即领导者信任和尊重下属的观念程度。定规维度是指领导者构建任务、明察群体之间的关系和明晰沟通渠道的倾向，或者说，是为了达到组织目标，领导者界定和构造自己与下属的角色的倾向程度。

该项研究说明，一个领导者的行为在每一种维度中都可以出现很大的变化。领导者在每种维度中的位置，通过对两种维度的问卷调查测度来确定。根据这样的分类，领导者可以分为四种基本类型，即高关怀—高定规、高关怀—低定规、低关怀—高定规、低关怀—低定规。

该研究发现，在两个维度方面皆高的领导者，一般更能使下属达到高绩效和高满意度。不过“高—高”型风格并不总是产生积极效果；而其他三种维度组合类型的领导者行为，普遍与较多的缺勤、事故、抱怨以及离职有关系。另外还发现，领导者的直接上级给领导者的绩效评估等级，与高关怀性成负相关。

强 ↑ 关怀维度 ↓ 弱

强“关心人” 弱“工作组织”	弱“关心人” 强“工作组织”
强“关心人” 弱“工作组织”	弱“关心人” 强“工作组织”

弱←——定规维度——→强

图 7－2　领导行为四分图

（三）密歇根大学的研究

密歇根大学的研究者们通过追随者的工作能力来判断领导者的领导是否有效，并以此来鉴别有效领导者和无效领导者。通过比较研究，他们确立了两种领导行为类型，每一种领导行为类型都是由两种因素组成。首先，以雇员为中心的领导者把注意力集中在他们追随者的需要上，领导者的支持和相互的促进是这种领导行为的两个要素。换言之，领导者除了对他的追随者表示支持外，还会同追随者之间相互联系，使得双方的冲突最小化。相对于以雇员为中心的领导者，以工作为中心的领导者却是以高效率、低成本、按照时序安排来指导自己的行动。强调目标和促进工作是这种领导行为的两个要素。

密歇根大学的研究者们认为，以雇员为中心和以工作为中心的两种领导模式是完全对立的，一个领导者只可能是两者之一，不可能同时具有两者的特性。但该派学者在后来的研究中承认，强调目标、促进工作、相互支持和促进可以由追随者来完成，而非领导者的专利，组织中的其他人也可以通过完成这些任务来提高整个组织的工作能力。

（四）领导方格理论

管理方格理论（Management Grid Theory）是由美国得克萨斯大学的行为科学家罗伯特·布莱克（Robert R. Blake）和简·莫顿（Jane S. Mouton）在 1964 年出版的《管理方格》（1978 年修订再版，改名为《新管理方格》）一书中提出的。他们认为，在企业管理的领导工作中往往出现一些极端的方式，或者以生产为中心，或者以人为中心，或者以 X 理论为依据而强调靠监督，或者以 Y 理论为依据而强调相信人。为避免趋于极端，克服以往各种领导方式理论中的“非此即彼”的绝对化观点，他们指出，在对生产关心的领导方式和对人关心的领导方式之间，可以有使二者在不同程度上互相结合的多种领导方式。为此，他们就企业中的领导方式问题用管理方格图表示。该图是一张纵轴和横轴各 9 等分的方格图，纵轴表示企业领导者对人的关心程度（包含了员工对自尊的维护、基于信任而非基于服从来授予职责、提供良好的工作条件和保持良好的人际关系等），横轴表示企业领导者对业绩的关心程度（包括政策决议的质量、程序与过程、研究工作的创造性、职能人员的服务质量、工作效率和产量）。其中，第 1 格表示关心程度最小，第 9 格表示关心程度最大，由此可以组合成 81 种领导模式。

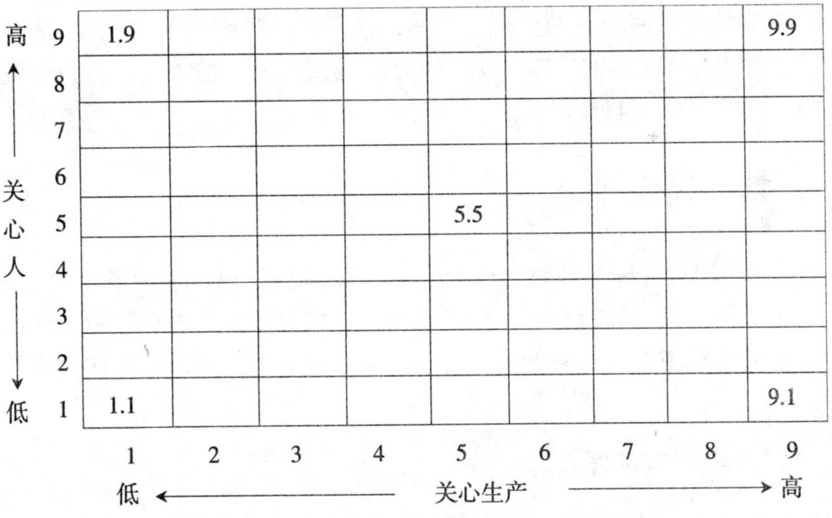

图 7－3　管理方格图

其中有五种典型的领导模式，分别是：

（1）1.1 型。称为虚弱型，对“人”和对“工作”几乎都是漠不关心。这是得过且过的领导者或一无所长的领导者。这种管理方式称为恶劣的管理，其结果必然是生产上不去，群众有怨气。

（2）9.1 型。称为任务型，这种领导者抓工作（生产）浑身是劲，对人却漠不关心。这种领导者的注意力集中在任务的完成上，但是很少注意下级的发展和士气。日子一长，使被领导者和领导者之间关系紧张，群众怨声载道，失去进取心，领导者感到工作无成效，最后可能转向1.1型管理。

（3）1.9型。称为乡村俱乐部型，亦称“老好人”领导。这种领导者只关心人，不关心工作（生产），他集中注意对下级的支持和体谅，想方设法满足下级提出的各种要求；但不关心、不计较任务完成的好坏，亦被称为逍遥型领导。

（4）5.5型。称为中间型，这种类型的领导者是争先进没信心，当后进难为情，居中游最定心。关心人和关心工作一视同仁，一碗水端平，目的是取得正常的任务效率和保持被领导者的士气在满意的水平。遇到问题不敏感，安于现状。从长期观点看，这种领导者管理企业最后必然落后。

（5）9.9型。称为协调型，即领导者通过协调和综合与工作有关的活动，促进工作、提高士气。领导者既关心下级，又关心工作，管理工作发扬了集体精神，关系和谐，职工有进取心，企业生气勃勃。这种类型的领导者有干劲，有事业心，在群众中有较高的威信。这是一种最好的领导类型。当然，为各种工作确定一位9.9协调型的领导者是困难的。但是，9.9型领导行为为造就一位成功的领导者树立了榜样。

三、领导权变理论

“权变”一词有“随具体情境而变”或“依具体情况而定的意思”。领导权变理论主要研究与领导行为有关的情境因素对领导效力的潜在影响。该理论认为，在不同的情境中，不同的领导行为有不同的效果，所以又被称为领导情境理论。

（一）菲德勒权变领导理论

美国伊利诺大学的菲德勒从1951年开始，首先从组织绩效和领导态度之间的关系着手进行研究，经过长达15年的调查试验，提出了“有效领导的权变模式”，即菲德勒模型。他认为领导成功的关键因素之一是个体基础领导风格，为此他开发出“最难共事者问卷”（LPC），用以测量领导者的领导风格类型。问卷由16组对应形容词构成，接受调查者在填表前，先回想一下与自己共事过的所有同事，并找出一个最不喜欢的同事（这个同事的姓名不必告诉调查人），然后在16组形容词中，每个词汇都要按从1（最消极）到8（最积极）的等级，对这个最不喜欢的同事进行评估，给出1~8分的分值。如果偏向于积极评价，被调查人显然乐于与同事形成良好的人际关系，属于关系取向型的领导风格；相反，如果偏向于消极评价，则被调查人可能更关注生产，属于任务取向型的领导风格。

在确定领导者领导风格类型之后，再对领导者所处的情境进行评估，用以测量个体是任务取向还是关系取向。菲德勒认为任何领导形态均可能有效，其有效性完全取决于是否与所处的环境相适应。菲德勒把影响领导者领导风格的环境因素归纳为三个方面：职位权力、任务结构和上下级关系。

（1）职位权力（position power）。职位权力指的是与领导者职位相关联的正式职权和从上级及整个组织各个方面所得到的支持程度。这一职位权力由领导者对下属所拥有的实有权力所决定。领导者拥有这种明确的职位权力时，则组织成员将会更顺从他的领导，有利于提高工作效率。

（2）任务结构（task structure）。任务结构是指工作任务明确程度和有关人员对工作任务的职责明确程度。当工作任务本身十分明确，组织成员对工作任务的职责明确时，领导者对工作过程易于控制，整个组织完成工作任务的方向就更加明确。

（3）上下级关系（leader-member relations）。上下级关系是指下属对一位领导者的信任爱戴和拥护程度，以及领导者对下属的关心、爱护程度。这一点对履行领导职能是很重要的。因为职位权力和任务结构可以由组织控制，而上下级关系是组织无法控制的。

了解了个体的 LPC 分数并评估三项权变因素之后，菲德勒模型指出，二者相互匹配时，会达到最佳的领导效果。菲德勒研究了 1 200 个工作群体，对八种情境类型的每一种，均对比了关系取向和任务取向两种领导风格。他得出结论：任务取向的领导者在非常有利和非常不利的情境下工作更有利，而关系取向的领导者则在中等有利的情境下会取得更佳的效果。

在菲德勒看来，个体的领导风格是不变的，因此提高领导者的有效性有两条途径：一是替换领导者以适应情境，二是改变情境以适应领导者的领导风格。

上下级关系	好				差			
任务结构	明确		不明确		明确		不明确	
职位权力	强	弱	强	弱	强	弱	强	弱
情境类别	1	2	3	4	5	6	7	8
情境特征	有利			中间状态				不利
有效的领导方式	任务型			关系型		不明确		任务型

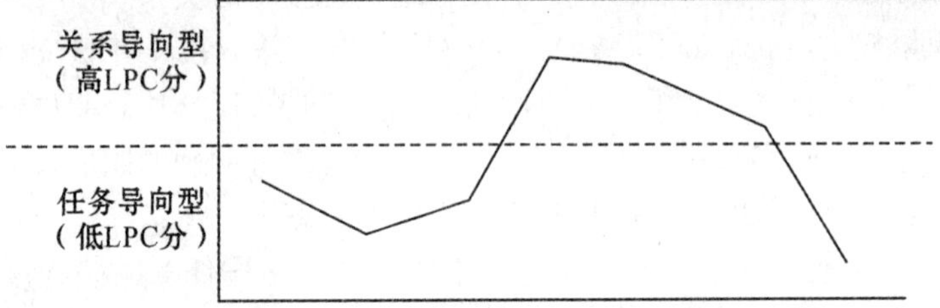

图7－4　菲德勒权变领导理论模型

（二）情境领导理论

该理论由赫塞（Paul Hersey）和布兰查德（Ken Blanchard）提出，他们认为下属的“成熟度”对领导者的领导方式起重要作用。所以，对不同“成熟度”的员工采取的领导方式有所不同。

所谓“成熟度”是指人们对自己的行为承担责任的能力和愿望的大小。它取决于两个要素：工作成熟度和心理成熟度。工作成熟度包括一个人的知识和技能。工作成熟度高的人拥有足够的知识、能力和经验去完成他们的工作任务而不需要他人的指导。心理成熟度指的是一个人做某事的意愿和动机。心理成熟度高的个体不需要太多的外部激励，主要靠内部动机激励。在管理方格图的基础上，根据员工的成熟度不同，将领导方式分为命令式、说服式、参与式和授权式四种。

（1）命令式（telling）。表现为高工作低关系型领导方式，领导者对下属进行分工并具体指点下属应当干什么、如何干、何时干，它强调直接指挥。因为在这一阶段，下属缺乏接受和承担任务的能力和愿望，既不能胜任又缺乏自觉性。

（2）说服式（selling）。表现为高工作高关系型领导方式。领导者既给下属以一定的指导，又注意保护和鼓励下属的积极性。因为在这一阶段，下属愿意承担任务，但缺乏足够的能力，有积极性但没有完成任务所需的技能。

（3）参与式（participating）。表现为低工作高关系型领导方式。领导者与下属共同参与决策，领导者着重给下属以支持及其内部的协调沟通。因为在这一阶段，下属具有完成领导者所交给任务的能力，但没有足够的积极性。

（4）授权式（delegating）。表现为低工作低关系型领导方式。领导者几乎不加指点，由下属自己独立地开展工作，完成任务。因为在这一阶段，下属能够而且愿意去做领导者要他们做的事。

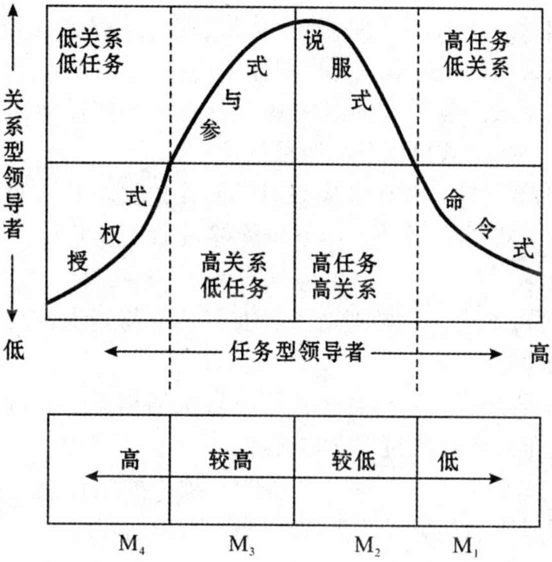

图7－5　情境领导理论模型

赫塞和布兰查德将下属的成熟度分为四个阶段：

第一阶段（M_1）：下属对于执行工作任务既无能力也无意愿，既不胜任工作，也不被信任。

第二阶段（M_2）：下属缺乏能力，但具有很强的从事工作任务的愿望，具有工作积极性，但是缺乏工作技能。

第三阶段（M_3）：下属有能力完成工作任务，但是却没有从事领导者分配的工作任务的意愿。

第四阶段（M_4）：下属既有能力也有愿望完成领导者分配的工作任务。

根据下属成熟度和组织所面临的环境，情境领导理论认为随着下属从不成熟走向成熟，领导者不仅要减少对活动的控制，而且也要减少对下属的帮助。

当下属成熟度不高时，领导者要给予明确的指导和严格的控制；当下属成熟度较高时，领导者只要给出明确的目标和工作要求，由下属自我控制和完成。

（三）路径—目标理论

路径—目标理论是权变理论的一种，由多伦多大学的组织行为学教授罗伯特·豪斯（Robert House）最先提出，后来华盛顿大学的管理学教授特伦斯·米切尔（Terence R. Mitchell）也参与了这一理论的完善和补充工作，使其成为最受人们关注的领导理论之一。该理论认为领导者的工作是帮助下属达到他们的目标，并提供必要的指导和支持以确保他们各自的目标与群体或组织的总体目标保持一致。有效的领导者通过明确指明实现工作目标的途径来帮助下属。根据该理论，领导方式可以分为四种：

（1）指示型领导方式。领导者应该对下属提出要求，指明方向，给下属提供他们应该得到的指导和帮助，使下属能够按照工作程序去完成自己的任务，实现自己的目标。

（2）支持型领导方式。领导者对下属友好，平易近人，平等待人，关系融洽，关心下属的生活福利。

（3）参与型领导方式。领导者经常与下属沟通信息，商量工作，虚心听取下属的意见，让下属参与决策，参与管理。

（4）成就指向型领导方式。领导者做的一项重要工作就是树立具有挑战性的组织目标，激励下属想方设法去实现目标，迎接挑战。

路径—目标理论告诉我们，领导者可以而且应该根据不同的环境特点来调整其领导方式和方法。当领导者面临一个新的工作环境时，他可以采用指示型领导方式，指导下属建立明确的任务结构和明确每个人的工作任务，接着可以采用支持型领导方式，与下属形成一种协调和谐的工作气氛。当领导者对组织的情况进一步熟悉后，可以采用参与者式领导方式，积极主动地与下属沟通信息，商量工作，让下属参与决策和管理。在此基础上，就可以采用成就指向式领导方式，使领导者与下属一起制定具有挑战性的组织目标，然后为实现组织目标而努力工作，并且运用各种有效的方法激励下属实现目标。

（四）领导者—成员交换理论

领导者—成员交换理论（leader-member exchange，简称 LMX 理论）是由乔治·格里奥（George Graeo）和 Uhl - Bien 在 1976 年首先提出的。他们在 VDL 模型（Vertical Dyad Link Model）的研究过程中，通过纯理论的推导，得

到了这样一个结论：由于时间压力，领导者与下属中的少部分人建立了特殊关系。这些个体成为圈内人士，他们受到信任，得到领导更多的关照，也更可能享有特权。因而，领导者对待下属的方式是有差别的。组织成员关系的集合中往往会包括一小部分高质量的交换关系（圈内成员之间），而其他下属则成为圈外人士，他们占用领导的时间较少，获得满意的奖励机会也较少。

该理论指出，当领导者与某一下属进行相互作用的初期，领导者就暗自将其划入圈内或圈外，并且这种关系是相对稳固不变的。领导者到底如何将某人划入圈内或圈外尚不清楚，但有证据表明领导者倾向于将具有下面这些特点的人员选入圈内：个人特点（如年龄、性别、态度）与领导者相似，有能力，具有外向的个性特点。LMX 理论预测，圈内地位的下属得到的绩效评估等级更高，离职率更低，对主管更满意。

（五）领导者—参与模型

维克多·弗洛姆（Victor Vroom）和菲利普·伊顿（Philip Yetton）提出了领导者—参与模型理论。该模型将领导行为与参与决策联系在一起。由于常规活动和非常规活动对任务结构的要求各不相同，因此领导者的行为必须加以调整以适应这些任务结构的变化。他们发现解决问题的环境不同，所以他们为领导者开发出一个结构化方法，用来考察这些差异并且作出适当的反应。他们提出了五种可供选择的领导决策风格。

（1）独裁 1：领导者在自己可获得的信息基础上独立解决问题或作出决策。

（2）独裁 2：领导者从下属那里获得必要的信息，然后独自作出决策。在从下属那里获取信息时，领导者可以告诉或不告诉被领导者所面临的问题。在决策中下属的任务是向领导者提供必要信息而不是提出或评价可行性解决方案。

（3）磋商 1：领导者与有关的下属进行个别问题的讨论，获得他们的意见和建议。领导者作出的决策可能受到下属的影响。

（4）磋商 2：领导者与下属们集体讨论有关问题，收集他们的意见和建议，然后领导者作出的决策可能受到或不受到下属的影响。

（5）群体决策：领导者与下属们集体讨论问题，一起提出和评估可行性方案，并试图获得一致的解决办法。

该理论认为，决策的有效性取决于决策的质量、可接受性和时间性。决策的质量是指决策从实际出发，是大家希望得到的。决策的可接受性是指职员为实现它而努力的程度。如果决策与职员的利益和价值偏好一致，就很容易得到职员的接受。决策的时间性是指决策要讲时间效益，如适时而定，且有时限的规定。显然，决策的质量和职员的接受度越高，由于违背时间限定而遭受的惩罚越小，则决策的有效性就越高。然而，决策的有效性标准只适用于领导者决策时间充足、决策对团体成员的发展影响不大时。如果决策时间不充足，且对团体成员的发展影响很大，那么，就必须用整体有效性标准来评价决策。因为时间是有价值的，决策时间意味着一种机会成本的耗费，但在必要时，这是需要的。因为让成员参与决策可以使他们对工作更加清晰和负责，并形成更强的集体感和忠诚度。

领导者—参与理论进一步证实了领导研究应指向情境而非个体。领导者应首先评估情境的可行性，然后再调整自己的风格。到底是领导者应该调整情境以适应个体，还是应该调整个体以适应情境呢？答案取决于领导者本身，尤其是领导者在自我监控方面的程度。一般来说，高自我监控者可以调整自己的领导风格以适应变化的情境。

四、领导理论的新发展

最新的领导理论表现出截然相反的两种倾向：一个倾向是对领导者个体特质的强调，詹姆斯·伯特（James F. Bolt）提出了一个包括个人特质、领导艺术以及专业知识技能三个方面的“三维领导”模型，以凸显领导者个体的重要性。另一个是超越个人领导、魅力领导的倾向，即在信息化、知识化时代，领导不再是某个人的专利，人人都可以成为领导者，自我领导和超级领导便是突破传统领导理论的典型。这一相互矛盾的两种倾向，证明人们对领导这一社会现象的认识还没有走到终点。

（一）领导的归因理论

归因理论主要用于了解原因和结果之间的关系。运用归因理论的框架，研究者发现人们倾向于把领导者描述为具有这样一些特质，如智慧、随和的个性、很强的言语表达能力、进取心、理解力和勤奋。并且，人们发现“高—高”领导者（即在结构和关怀方面均高）与人们对好领导具有哪些因素的归因相一致。不管情境如何，人们都倾向于将“高—高”领导者视为最佳。在组织层面上，归因理论的框架说明了为什么人们在某些条件下使用领导来解释组织结果。当组织中的绩效极端低或极端高时，人们倾向于把它们归因于领导。

（二）魅力领导理论

魅力领导理论是归因理论的扩展。它指的是当下属观察到某些行为时，会把它们归因于伟人式的或杰出的领导能力。豪斯提出魅力型领导者的三项因素：极高的自信、支配力以及对自己信仰的坚定。瓦伦·本尼斯（Warren Bennis）研究了多位美国最杰出和最成功的领导者，发现他们有四种共同的能力：有令人折服的远见和目标意识；能清晰地表达这一目标；使下属明确理解，对这一目标的追求表现出一致性和全身心的投入；了解自己的实力并以此作为资本。在此方面最新最全面的分析是康格和凯南格进行的。他们的结论是，魅力型领导人具有如下特点：他们有一个希望达到的理想目标；为此目标能够全身心地投入和奉献；反传统；非常固执而自信；是激进变革的代言人而不是传统现状的卫道士。

一般来说，魅力型领导者与下属的高绩效和高满意度有着明显的相关性，其中高满意度占有更加突出的地位。但是，有一点需要明确的是，魅力型领导者对于员工的高绩效水平来说，并不总是必需的。

（三）交易型领导与变革型领导

交易型领导与变革型领导是领导理论在最新发展过程中提出的两个极为重要的概念。俄亥俄州立大学的研究、菲德勒的模型、路径—目标理论和领导者参与模型讲的都是交易型领导者。这些领导者通过明确角色和任务要求来指导或激励下属向着既定的目标活动。而变革型领导则是一种不同于交易型领导的领导类型。变革型领导这一概念是由丹顿首先提出来的，在20世纪80年代经过巴斯、伯恩斯和豪斯等人的阐发而成为一种重要的理论范式。变革型领导者勾勒出一幅组织愿景并热情洋溢地进行宣传。他们帮助员工开阔眼界，从只关注自己的工作或部门的狭隘中解放出来，即鼓励下属为了组织的利益而超越个人利益，并能对下属产生深远而不同寻常的影响。他们试图造就学习型的人才与组织，以便能更好地为前面未知的挑战作准备。因此，变革型领导通常能激发人们超乎当前的能力和想象力。交易型领导带有更多的理性色彩，它是在交换中谋求一种平衡，而变革型领导则试图为组织提供一种希望和发展动力。

变革型领导是在交易型领导的基础上形成的，这类领导使下属努力水平和绩效水平比单纯的交易观点好得多。此外，变革型领导也更具领袖魅力。单纯领袖魅力的领导仅仅是想让下属适应领袖魅力的世界就足够了，而变革型领导者则试图逐步培养下属的能力，使他们不但能解决那些由观念产生的问题，而且完全能解决那些由领导者提出的问题。

（四）自我领导和超级领导

查理·曼茨（Charles Manz）和亨利·西姆（Henry Sim）提出了自我领导力理论。该理论特色是：自我领导执行自我激励的任务，以及自我管理必要的工作。自我领导要求员工应用自我观察的行为技巧、自我设定目标、暗示管理、自我回报、绩效来表现以前的活动预演以及自我批评。它还包括在任务中建立自然报酬、关注自然报酬和建立有效的思考模式（例如设想和自言自语）等心理活动。能够自我影响的员工可以利用自我激励和自我导向，圆满地完成工作。

从上述各抒己见的领导理论来看，尽管不胜枚举的研究成果并没有最终在领导问题上达成一致，但就是在难以取得一致性的观念中，领导的真相逐渐显露出来了。“伟人论”或“特质论”显然带有很强的传统主义和神秘主义色彩。斯道格迪尔等人的研究已经清楚地证实探究领导特质是不可能有什么结果的。大量的经验研究发现没有什么事实可以证明优秀的领导寓于个人特质之中。“行为论”提出的“关怀型”行为是一个人巩固其领导地位和权威的决定性因素，但是柯曼的研究表明“关怀型”行为与群体的内聚力和成员的满意感有关，但与工作绩效无关。也就是说行为论的观点并不能完全证明行为是一个人成为领导者的决定性因素。菲德勒的领导权变理论和认知资源理论虽然可以克服以上缺陷，但是它在强调环境因素的同时，忽视了领导者本人所具有的某些素质。可见，以上类型都是片面地将某一要素置于首要地位，实际上对于领导活动来说，并不存在一种永恒的、永远处于决定性地位的要素。这就说明，领导既是一门科学，又是一门艺术，领导活动的成败取决于诸多重要因素在特定状态下的有机组合。

第三节　领导艺术

领导者的用人、用权和灵活有效的领导方法体现了领导活动的艺术化过程。所谓艺术化过程，就是指行政领导活动仅仅依靠科学的原则和程序并不能最终达成组织的目标，而必须辅之以各种有效的激励机制，才能将组织的目标转化为个体的目标，使其为整个组织主动贡献自己的才智。这种以激励为核心的领导过程就具有明显的艺术化特征。

一、领导者要善于用人

管理学大师杜拉克认为企业必须有能力生产出比构成企业的全部资源更多或更好的东西，它的产出必须大于所有的投入。同时他也认为除人之外的其他资源都是受机械的法则支配的，人们可以把这些资源利用得好些，或利用得差些，但绝不可能使产出大于投入。因此，有可能扩大的资源只能是人的资源。在所有资源中，人是唯一能增长和发展的资源，这是一种独一无二的资源。人之所以是能增长或发展的资源，根源于人的创造力。因此，怎样使用创造型人才，怎样激发人的创造力，使平凡的人也能干出不平凡的事情就成为领导艺术的关键。

（一）用人不疑，疑人不用

古人讲："论大功者，不录小过；举大美者，不疵细瑕。"也就是说，领导者在用人过程中，应该给予下属充分的信任，而对其小的过错不予过多追究。俗话说，人无完人，每个人都是有缺陷的，每个人都有其不能克服的弱点，但是领导者用人却不能将理想化的标准强加给活生生的人。一般说来，一个人总是集长处与短处于一身的，而且，长处越突出，其短处也就越明显，即所谓"有高世之才，必有遗俗之累"。因此，"君子之于人也，乐成其美而不求其备"。清代的魏源说："君子以细行律身，不以细行取人。"也就是说，君子在小事小节上可以严格要求自己，但在选取人才上，则不应以小事小节作为根据。在求贤和用人时，应当把目光集中在人才的优点上，而不是缺点上，只有这样才能造就领导者宽阔的胸怀。注重别人的优点，就会发现"十步之内必有香草，十室之邑必有忠士"。如果在求贤和用人时集中于别人的缺点，那么就会导致领导者出现心胸狭隘、奉行自我中心主义的弊端，最终使领导者孤立无援，失败则是不可避免的结果。

（二）用人任人以能力为主要标准，适当考虑资历因素

"毋以日月为功，实试贤能为上"，就是说在选拔人才时，不应以其资历作为资本，而应以其在实践中显示出来的能力作为标准。

（1）远使之而观其忠。有的人，在领导者身边工作时，表现还是可以的，但是，若委托他们远离领导者独立地完成一件工作时，其骄横跋扈、为所欲为的本性便暴露无遗。一个人对组织是否忠心耿耿，对事业是否赤胆忠心，往往

是在远离领导者、独立工作、掌握一定权力时才能看得出来。因此，一个领导者不能仅凭借一个人在自己身边的表现、对自己的甜言蜜语来肯定他，而是在较长的行政距离和较宽的行政范围内，充分考察他对同事、对自己的工作以及对权力的看法和行使的方式。所谓远使之而观其忠，就是提醒领导者不能为一个人在他身边的言语和行为所迷惑，否则就难以识断一个人是否是真正的人才。

（2）近用之而观其敬。有的人，刚调到领导者身边工作时，是兢兢业业的。但时间一长，工作就随便起来，显示出对工作的不敬，甚至是对领导者本人的不敬。事实上，一个领导者对在其身边工作的人的敬业程度有着非常真切的了解。一个人是否把所有的心力和精力放在工作上，只有在身边才能看得清楚。

（3）繁使之而观其能。“繁”在这里就是加大工作量的意思。繁杂、繁复的工作往往能检验出一个人的才能，有着特殊才能的人总是能够在相同的时限内完成一般人所不能完成的工作量。

（4）猝问之而观其智。与一个人进行交谈，是了解一个人能力和智慧的重要方法。领导者有时需要了解情况时，临时找某个人来谈话。在这种情况下，往往最能反映出被“猝问”者的智慧和能力。让下级把东西准备好了再来汇报，听到的情况虽然全面，但对下级能力的了解可能就比“猝问之”要稍逊一筹了。

（5）急期之而观其信。领导者让下属在较短的时间内完成一件工作，这是考察下属是否言必信、行必果，办事是否具有高效率的好机会。领导者可以采取“开放式”和“封闭式”两种方式来“急期之而观其信”。领导者对下属提出任务，并要求他尽快完成，但不规定具体期限。在这种情况下，特别能看出一个人的负责精神和办事效率。工作责任心强的人，会把领导交给的每一项任务都看成是领导者对自己的一种考验，他们会尽快地甚至是利用业余时间去完成任务。而工作责任心不强的人，则可能出现拖拉现象。这样就可以发现一个人的办事效率和责任心。对于一些拖一天就要带来较大损失的事情，领导者应当在委派任务时，就要规定下属完成任务的最后期限。由于时间要求是封闭式的，故任务接受者必须及时完成任务。如果他不能在自己承诺的时限内完成任务，就是言而无信。如果这样的事情在一个人身上连续发生，就可断定此人不可大用。

（三）善用人者不恃人

领导者在用人时不能造成对下属的依赖，以致出现“将能而君难御”的局面。领导者要做到既能够运用下属的聪明才智，又不为下属所左右，降低对下属的依赖，在选人和用人准则上，要注意以下几点：

（1）用人视环境而异。领导者在用人时要审时度势，使人才与环境实现最佳结合。“治平尚德行，有事尚功能。”社会安定时要崇尚德行，重用有德之人，但多事之秋则应该赏识能建功立业之人。在政治清明时期，首先强调的是遵纪守法。这时起用的人才不仅要遵纪守法，而且还要有良好的德行；在社会急剧变革的时代，首要任务是要能在复杂环境中打开局面，这时起用的人才自然应当是建功立业之能者。

（2）树立人人可用的观念。人人可用是一种很高的领导境界，它要求领导者不要凭借主观臆断而将若干人排除在用人体系之外。智者取其谋；愚者取其力；勇者取其威；怯者取其慎。意思是对聪明的人，用其计谋；对愚钝的人，用其力气；对勇猛的人，用其威势；对胆小的人，用其谨慎。如何将这一原理贯穿于领导实践活动之中呢？首先要着眼于他人的长处。对一个人，是着眼长处，还是挑剔短处，效果大不一样；其次是用人要短中取长。领导者在用人时，不仅对一般人要着眼长处，而且对短处明显的人也要努力短中取长；第三，用人要做到避短用长。任何人都有长处和短处，就是对一个人们所说的一无是处的人来说，也有其长处可用。因此，领导者应该对所用之人的长处和短处有着清楚的认知。扬长避短，把人才放到能充分发挥其长处的位置上。

（四）将能而君不御

当下属能力很强，能独立完成任务时，领导者最好不要轻易加以干预。“将能而君不御”，从理论上说是容易的，但实际上做起来，往往会出现两种情况：一是上级领导者对下属不放心，明明知道下级有能力，还是经常加以干预；二是下级借口“将能而君不御”、“将在外，君命有所不受”，而不主动向上级领导者作必要的汇报，导致上级领导者的不快甚至猜忌。因此，上级应对下级尽量放手，而下级则应对上级主动、及时地汇报情况。

二、领导者要善于用权

领导过程在许多情况下并不是基于权力的强制性而展开的，而是基于相互信任和相互合作而展开的，良好的领导关系和开放性的沟通有时比权力更为重要。所以，不要轻易动用职位权力就成为领导者应该牢记的一条规则。

（一）规范化用权

所谓规范化用权就是要遵守法定权限，不对上越权和向下侵权。由于现代领导活动一般都采取分层领导的原则，故在领导体制中，对于每一层级的权力限度和权力容量都有明确的规定。所以，领导者一定不能违反体制的规定，把自己视为穿透一切规定性的独断力量。领导者首先应该做到规范化用权。

（二）谨慎性用权

所谓谨慎性用权，就是指领导者不轻易动用法定权力，但在必要时敢于果断用权。法定权力一般是引发下属畏惧的重要力量，但领导活动却不是依靠这种威慑力量进行的。因此，当一个领导者处理任何事情都要依赖职权作为后盾时，他已经濒临失败的边缘了。故有“职权是领导活动得以推行的底线”之说。如果命令、指令过多，反而会引发这一强制性领导的失效甚至无效。《孙子兵法》中就说“数赏者，窘也；数罚者，困也”，揭示的就是这个道理。但这并不是要领导者不动用法定权力，如果那样领导者的职位以及有关职权的规定就失去了意义。在必要的危急关头，领导者可以果断用权，以起到其他领导所难以达到的效果。

（三）实效化用权

所谓实效化用权，就是要保持权力的诱导和控制功能，使下属不能逾越和冲垮权力底线。也就是说要推动整个组织的有序发展，领导者就必须保持职权的权威性，不能被偶然性的力量冲破了领导者的权力底线。唯有如此，才能保证领导者在用权时使其引导、控制、指挥、监督和协调的功能得以充分发挥。因为领导活动是在一种特别权力关系的架构中进行的，即在下级服从上级的规则这一前提下，使整个组织能够维持一种秩序化的局面。正是领导活动的这一特点，才使领导者注意实效化用权，防止权力失效。

（四）善于授权

领导者能否有效地授权是领导的授权意识和领导能力的综合体现。其中包含了两个层面：

首先，就是领导的授权意识。有的领导者对下属不信任，以为自己可以做得比别人好，这样的领导者能力一般都比较强，权力集中于领导者本人，群体的力量很难发挥出来。有的领导者害怕失去对任务的控制，过于强调自己在组织中的重要性。这些都是不善于授权或者不愿意授权的症结所在。好的领导是知道如何运用别人的才能为自己做事的，他不会担心下属的能力比自己强。

其次，有的领导者具有授权意识，也具有授权的愿望，但是授权之后，却很难取得预期的效果。那么如何授权比较有效呢？有效的授权应该注意以下几点：

1. 授权的工作范围要恰当，而且还要明确

授权的程度是授权的一个重要因素。授权过少，往往会造成领导者的工作太多，下属的积极性受挫；把该保留的权力也授了出去，就是过度授权，会造成工作杂乱无章，管理者放弃职守，会使管理失去控制。授权要明确，让下属知道自己该做什么，该怎么去做。授权不明确往往会使下属工作没有章法，不能达到预期的效果。

2. 根据下属能力和个性来授权

应根据下属的能力强弱和其他个性特征等区别授权。对于能力相对较强的人，宜授予重权，这样既可将事办好，又能锻炼人；但对于能力相对较弱的人，不宜授予重权，否则就可能出现失误。同时，授权时应考虑被授权者的其他个性特征。对于性格外向性明显者，授权让他解决人事关系及部门之间沟通协调的事容易成功；对于性格内向性明显者，授权他分析和研究某些问题则容易成功；对于要求作出迅速和灵活反应的工作，授权让多血质和胆汁质的人处理就能成功；对于要求持久、细致、严谨的工作，授权让黏液质和抑郁质的人处理就可能效果良好。

3. 要做到权责相应，维持授权的相对稳定性

下属履行其职责，必须要有相应的权力。责大于权，不利于激发下属的工作热情，即使处理职责范围内的问题也需不断请示领导者，这势必造成下属的压抑；权大于责，又可能会使下属不恰当地滥用权力，这最终会增加领导和控制的难度。如果授权大小和范围频繁变更，容易导致三个不利后果：一是等于向其他人宣布了自己在授权上有失误；二是权力收回后，自己负责处理此事的效果如果更差，将产生副作用；三是容易使下级产生上级放权却又不放心的感觉，觉得自己并不受上级信任，有一种被欺骗感。因此，在授权后一段时间，即使被授权者表现欠佳，也应通过适当指导或创造一些有利条件让人以功补过，不必马上收回权力。

4. 授权不是放任

为保证下属能及时完成任务，了解下属工作进展情况，领导者必须对被授权者的工作不断进行检查，掌握工作进展信息，或要求被授权者及时反馈工作进展情况，领导对偏离目标的行为要及时进行引导和纠正。诸葛亮派关云长守荆州，最后关云长大意失荆州，这与诸葛亮对荆州的信息了解不够有关。同时领导者必须及时进行调控。当被授权者由于主观不努力，没有很好地完成工作任务，必须给予纠正，并承担相应的责任；对不能胜任工作的下属要及时更换；对滥用职权，严重违法乱纪者，要及时收回权力，并予以严厉惩处；对由于客观原因造成工作无法按时开展的，必须进行适当协助。

5. 授权不等于放弃领导的责任

领导者授权以后，如果在工作中出了问题，下级要承担责任，同时领导者也负有责任，不能推卸责任只处罚下级。“士卒犯罪，过及主帅”就是这个道理。授权不是卸责，更不是撒手不管。领导权力下授，但也须负主要责任。因此要进行随时指导、考核以及监督，发现偏差，应及时引导和纠正。

现代社会，领导者的工作千头万绪，即使有三头六臂，如果事必躬亲，也会应接不暇，甚至有的时候还会事与愿违，所以领导必须学会正确授权。但并非所有的授权都能够获得成功。有的授权在中途就失败了，有的授权结果不尽如人意。其实授权不仅是管理的一项职责，更是一门艺术。

三、领导者要善于选取合适的领导方法

领导方法是领导者为达到一定领导目标，按照领导活动的规律采取的领导手段。领导方法得当有效，会极大地提高领导绩效。领导学专家斯道戈迪尔认为最有效的领导应该是表现出一定程度的多才多艺和灵活性，从而使自己的行为适应不断变化、充满矛盾的需求。领导活动不是一种程序化的运作，而是一种创造力的体现。正是与领导活动的创造性特征相适应，领导方法便成为展现领导智慧的最生动、最具活力的领域。

（一）软硬兼施法

软硬兼施法的本质就是“胡萝卜加大棒”式的领导方法。它要求领导者在权变思维的过程中，通过对下属成熟度、任务性质等变量进行清醒的判断，然后作出灵活多变的调整，使其既能在软化过程中培植人格的感染力，又能在硬性的规定中展示自身不可侵犯的权威。这里问题的关键是什么事情应该采用

"胡萝卜"式的领导方法，什么事情采用"大棒"式的领导方法，需要领导者具有科学而又清晰的判断。

（二）会议领导法

会议是传统领导工具的重要组成部分，并且直至今日也很少有人对这一传统提出质疑，尽管人们不断地表达着对会议的厌倦情绪。可见，会议有其不可替代的作用。它为人们面对面的接触提供了一种特殊的机制。从领导学的观念来看，会议至少具有以下几点作用：第一，会议为领导者阐明立场、宣讲决策方案提供了难得的空间；第二，会议为领导者与被领导者的沟通提供了一种有效的渠道；第三，会议为统一人们的认识，激发人们积极工作的信心具有不可替代的作用；第四，通过召开会议，可以形成对与会者有约束力的法规、决议，以推动各项工作；第五，会议为人们施展才华、为领导者发现人才提供了难得的机会。

采用会议领导法，应该注意以下几个方面：一要明确会议的主旨，精心策划会议流程。领导者只有分清会议的类型，确定会议的主旨，才能有效利用每一种会议对领导者的作用，然后有的放矢地施展会议领导法。会议领导法要行之有效，还必须要有周全的会前准备工作：包括遴选最恰当的讨论方式、使与会者对讨论有清晰的方向可循、明确地告知与会者应有何种行为表现、节省时间与减少冲突等。二要掌握召开会议的程序和要领。三要重视会议经济成本的核算，制定必要的守则，提高会议效率。

（三）危机领导法

危机领导是领导者为应对各种危机情境所进行的规划决策、动态调整、化解处理及员工培训等活动过程，其目的在于消除或降低危机所带来的威胁和损失。通常可将危机领导分为两大部分：危机爆发前的预计、预防管理和危机爆发后的应急善后管理。

危机管理是专门的管理科学，它是为了应对突发的危机事件，抗拒突发的灾难事变，尽量使损害降至最低点而事先建立的防范、处理体系和制定对应的措施。根据美国《危机管理》一书的作者菲克普对《财富》杂志排名前500强的大企业董事长和CEO所作的专项调查表明，80%的被调查者认为，现代企业面对危机，就如同人们面对死亡一样，已成为不可避免的事情。其中有14%的人承认曾经受到严重危机的挑战。普林斯顿大学的诺曼·R. 奥古斯丁教授认为，每一次危机本身既包含导致失败的根源，也孕育着成功的种子。发现、培育，以便收获这个潜在的成功机会，就是危机管理的精髓。而习惯于错误地估计形势，并使事态进一步恶化，则是不良的危机管理的典型。简言之，如果处理得当，危机完全可以演变为“契机”。从领导者的心态上来说，绝对不能逃避危机事件。领导者应该勇于面对突发事件，把突如其来的危机视为创造、展现形象的契机。这将使领导者在处理突发事件、实施危机领导时，培养充足的自信心。

（四）运筹领导法

组织动员下属去实施决策绝非易事，并非一声令下就能奏效的，更非领导者亲临现场、冲锋陷阵就能奏效的。领导者需要全面、系统的运筹，对涉及实现决策的种种复杂因素，如内在因素、外在因素、现实因素、潜在因素、物质因素、精神因素等，即人、财、物、时间、信息等要素进行科学运筹。一切组织系统中的领导者不仅要对自己领导范围中的要素做到心中有数，而且还要通过对这些要素的全面分析、综合权衡，使之能够组成一个牵一发而动全身的整体，使每种要素和要素之间能够相互作用，成为推动高效实现决策目标的不可或缺的资源。

（五）目标领导法

目标是领导活动的一个基本要素。确定目标是实施引导功能、推动组织发展的先决条件。能否确定正确的发展目标，实现组织发展的恰当定位，是考察领导者预测能力和分析能力高低的一个重要指标。可见，确定目标是领导活动的起点，它为决策的制定和实施提供了重要的依据。目标制定后的工作就是落实目标，进行目标分解，将过于笼统的、抽象的总目标分解为具体的、便于执行的、可操作的和可检验的分目标。不能分解的目标，很可能形同虚设。那些形同虚设的总目标，在刚刚提出的时候，可以对被领导者产生很大的激励效应。但是如果这一总目标仅仅停留在抽象的层面，而不能通过分解转化为现实的行动，那么这一总目标非但不能转化为强化领导者权威的积极力量，反而会成为侵蚀、瓦解领导者权威的消极力量。因为领导者仅仅满足于停留在总目标的抽象论证方面，使被领导者看到他仅仅是一个喜欢空谈的领导者，此为领导一大忌。目标是一种激励力量，这是习以为常的看法。但是，并非所有的目标都可产生良好的激励作用。只有那些形式简明、内容集中并能为下属接受的目标才能起到真正的激励作用。

领导者运用目标领导法，必须注意以下两个方面：首先，目标的实现对被领导者来说一定是有益的，即被领导者在目标达成之后能够从中受益；其次，目标的实现对整个组织来说一定是有益的，即目标的实现必须有利于组织的发展。

【本章小结】

领导作为一种人际相互交往和作用的过程，通过运用权力或影响力的形式，激励和带领下属有效率地实现组织目标。有效率地实现组织目标是领导效能的体现。不同的领导者在不同的情境下，采取不同的领导风格和领导方式，所体现出来的领导效能也有所不同。在领导风格方面，从权力运用角度可以分为专制型、民主型和放任型三种，也可以从领导关注点角度分为关注员工和关注工作任务两种领导风格类型。领导特质理论、领导行为理论和领导权变理论分别从不同角度探索了影响领导效能的因素。本章还简要介绍了领导理论研究的新进展和新趋势。本章还从领导艺术的角度，提出了提升领导效能的具体方法和举措。

【关键术语与概念】

领导　领导风格　领导特质理论　领导行为理论　领导权变理论

【拓展阅读】

1. 奚洁人．中国领导学研究20年．上海：华东师范大学出版社，2007

2. ［美］理查德·达夫特．领导学：原理与实践（第二版）．杨斌译．北京：机械工业出版社，2005

3. ［美］惠特利．新领导主义．吴丹苹，胡亦丹译．北京：中国人民大学出版社，2007

4. ［美］芭芭拉·凯勒曼．领导学：多学科的视角．林颖，周颖等译．北京：格致出版社，2008

第八章　控　制

【本章学习要点】

■ 掌握控制的定义及控制目标。

■ 掌握控制过程。

■ 了解控制的重要性及控制的特点。

■ 掌握控制的类型，特别是区分三种不同类型的控制。

■ 了解控制的重要方法。

第一节　控制概述

管理的控制职能，是对组织内部的管理活动及其效果进行衡量和校正，以确保组织的目标以及为此而拟订的计划得以实现。控制职能是每一位负责执行计划的主管人员的主要职责，尤其是直线主管人员的主要职责。与管理的其他主要职能一样，控制职能也有其原理和方法。正确地和因地制宜地运用这些原理和方法，是使控制工作更加有效的重要保证。

自从诺伯特·维纳（Nobert Wiener）创立控制论以来，控制论的概念、理论和方法被许多学科广泛运用，用来丰富自己的理论和方法体系。管理学就是其中之一。从某种意义上说，“控制论”之于管理恰似青出于蓝。用控制论的概念和方法分析管理控制过程，更便于揭示和描述其内在的机理。这也就是为什么我们要从控制论的角度引入管理控制职能的基本概念和管理控制过程基本模式的原因。

一、控制工作职能与计划工作职能的联系

要理解控制工作职能的含义，必须把它放在与计划工作职能的联系中加以说明。控制工作职能意指按计划标准来衡量所取得的成果并纠正所发生的偏差，以保证计划目标的实现。如果说管理的计划工作是谋求一致、完整而又彼

此衔接的方案，那么管理控制工作则是务必使一切管理活动都按计划进行。

计划和控制是一个问题的两个方面。主管人员首先制订计划，然后计划又成为用以评定行动及其效果是否符合需要的标准。计划越明确、全面和完整，控制的效果也就越好。这个基本观点在实际工作中有几重意义：

（1）一切有效的控制方法首先就是计划方法，例如预算、政策、程序和规则等。这些控制方法同时也是计划方法或计划本身。

（2）如果不首先考虑计划以及计划的完善程度就试图去设计控制系统的话，是不会有效果的。换句话说，之所以需要控制，就是因为要实现目标和计划。控制到什么程度、怎么控制都取决于计划的要求。

（3）控制职能使管理工作成为一个闭路系统，成为一种连续的过程。在多数情况下，控制工作既是一个管理过程的终结，又是一个新的管理过程的开始。控制职能绝不仅限于衡量计划执行中出现的偏差。控制的目的在于通过采取纠正措施，把那些不符合要求的管理活动引回到正常的轨道上，使管理系统稳步地实现预定目标。纠正的措施可能很简单，例如批评某位负有责任的主管人员。但是更多的情况下，纠正措施可能涉及需要重新拟定目标、修订计划、改变组织机构、调整人员配备、并对指导或领导方式作出重大的改变等。这实际等于开始了一个新的管理过程。从这个意义上说，控制工作不仅是实现计划的保证，而且可以积极地影响计划工作。

必须明确的是，控制职能是每一位主管人员的职责，尤其是直线主管人员的职责。制定标准的工作可以由计划人员来做；收集信息、分析偏差和造成偏差的原因的工作可以由财务人员、统计人员、销售人员来完成；在有计算机装备的管理信息系统的组织内，这些工作甚至可以完全由机器来完成；但是采取纠正措施的职责，必须主要由直线主管人员来履行。因为他们掌握着直线职权，承担着实现组织目标和计划的重要责任。

要进一步说明管理控制工作职能的原理，就必须更深入地了解控制过程的作用机理。这就需要将管理系统作为一种控制论系统来看待，并借助控制论的概念和方法对其进行分析。

二、控制论

自从1948年诺伯特·维纳出版了著名的《控制论：或关于在动物和机器中控制和通信的科学》一书以来，控制论的思想和方法已经渗透到几乎所有的自然科学和社会科学领域。维纳把控制论看作一门研究机器、生命和社会中控制和通信的一般规律的科学。更具体地说，是研究动态系统在变化的环境条件下如何保持平衡状态或稳定状态的科学。他特意创造了“cybernetics”这个英语新词来命名这门科学。“控制论”一词最初来源于希腊文，原意为“操舵术”，就是掌舵的方法和技术的意思。在柏拉图（古希腊哲学家）的著作中，经常用它来表示管理人的艺术。1834 年，著名的法国物理学家安培写了一篇论述科学哲理的文章。他在进行科学分类时，把管理国家的科学称为“控制论”，他把希腊文译成法文“cybernetigue”。在这个意义下，“控制论”一词被编入 19 世纪的许多著名词典中。维纳发明“控制论”这个词正是受了安培等人的启发。

（一）控制论的三个基本部分

（1）信息论。主要是关于各种通路（包括机器、生物机体）中信息的加工、传递和贮存的统计理论。

（2）自动控制系统的理论。主要是反馈论，包括从功能的观点对机器和生物体（神经系统、内分泌及其他系统）的调节和控制的一般规律的研究。

（3）自动快速电子计算机的理论。指与人类思维过程相似的自动组织逻辑过程的理论。

（二）控制的定义

在控制论中，“控制”的定义是：为了“改善”某个或某些受控对象的功能或发展，需要获得并使用信息，以这种信息为基础而选出的、加于该对象上的作用，就叫作控制。由此可见，控制的基础是信息，一切信息传递都是为了控制，而任何控制又都有赖于信息反馈来实现。信息反馈是控制论一个极其重要的概念。通俗地说，信息反馈就是指由控制系统把信息输送出去，又把其作用结果返送回来，并对信息的再输出发生影响，起到控制的作用，以达到预定目的的过程。

三、反馈

控制论的基本原理，同时也是管理控制职能最基本的原理——反馈的机理。所谓反馈，是指系统的输出信息返送到输入端，与输入信息进行比较，并利用二者的偏差进行控制的过程。如果输出信息的作用是抵消输入信息，称为负反馈；若其作用是增强输入信息，则称为正反馈。反馈不仅是管理系统，也是自然界和人类社会中普遍存在的一种现象。例如，驾驶汽车就是一个不断反馈的过程。开车时，司机的眼睛紧盯着前方的道路，手握方向盘，一旦前方道路上出现障碍，就随时调整行车方向或速度；家庭用的电烤箱，其中的温度控制就是按负反馈原理设计的；农贸市场上的蔬菜价格，供过于求时，价格就下跌，求大于供时，价格就上涨，这其中既有负反馈作用也有正反馈作用。

一般的反馈控制系统都是由以下三种基本要素组成的：

（1）标准。标准是系统的输入信息，是控制要达到的目的。

（2）传感器。测量系统的输出信息，将其作必要的转换后返送到输入端的装置。

（3）控制器。将输出信息与输入信息进行比较，求其偏差，并利用偏差信息对系统进行调节，使之成为期望输出的装置。

四、时滞

时滞或时间延迟，是控制系统普遍存在的一种现象。从测量信息、传递信息、找出偏差、采取纠正措施到使系统恢复到预定状态，这一过程中的每个环节都需要时间，这些时间加在一起就构成了系统的时滞。时滞对一个系统的控制影响是很大的，它可能造成系统输出的剧烈波动，由于不能及时采取纠正措施或由于纠正措施实际生效需要一定的时间，使得在这段时间内，系统的状况可能继续恶化。时滞的存在给实现理想中的实时控制造成了困难。

电子数据采集和计算机化的管理信息系统的应用使得收集实时信息在技术上成为可能。例如，超级市场和百货公司所采用的电子收款机能够立即将一笔销售数据输入到一个信息贮存装置中心，从而能够立即获得有关销售量、库存量、销售款、毛利额和其他方面的数据；一个工厂经理也可能利用这样的系统随时报告生产进度、耗用工时总数、某项产品是否能够准时生产出来等有关生产计划的执行情况。但是，仍然不可能做到实时控制。因为对偏差原因的分析、纠偏方案的制订以及方案的执行等，都是需要时间的事。

管理控制系统的时滞说明，仅仅用系统输出信息的反馈，并通过衡量这一输出与预定目标之间的偏差作为控制手段是不够的。要使控制有效，就必须采取一种面向未来的控制方法。换句话说，只有当主管人员能够对于即将出现的偏差有所觉察并及早采取某些措施时，他们才能进行更有效的控制。

五、控制工作的目的、作用及其重要性

在现代管理系统中，人、财、物等要素的组合关系是多种多样的，因为时空变化和环境影响很大，内部运行和结构有时变化也很大，加上组织关系错综复杂，随机因素很多。处在这样一个十分复杂的系统中，要想实现既定的目标，执行为此而拟订的计划，求得组织在竞争中的生存和发展，不进行控制工作是不可想象的。

在早期的管理活动中，往往是通过财务审计来进行控制工作的。那时的组织规模不大，涉及的范围较小，业务活动种类也比较简单，所以进行财务审计的目的是防止有限的资金在使用过程中出现浪费或流失，并保障能获得最大的收益。随着社会和科学技术的进步，组织的活动规模越来越大，活动内容也增加并日益复杂，因而控制工作的内容也越来越多，已不仅仅是财务审计所能概括得了的。尽管如此，财务审计仍不失为一种重要的控制方法。

在现代的管理活动中，无论采用哪种方法来进行控制工作，要达到的第一个目的（也就是控制工作的基本目的）是要“维持现状”。在变化着的内外环境中，通过控制工作，随时将计划的执行结果与标准进行比较，若发现有超过计划容许范围的偏差时，须及时采取必要的纠正措施，以使系统的活动趋于相对稳定，实现组织的既定目标。

控制工作要达到的第二个目的是要“打破现状”。在某些情况下，变化的内、外部环境会对组织提出新的要求。主管人员对现状不满，要改革，要创新，要开拓新局面。这时，就势必要打破现状，修改已定的计划，确定新的现实目标和管理控制标准，使之更先进、更合理。

为了实现上述目的，控制工作在管理活动中的重要性是显而易见的，可以从以下两方面来理解：

（一）任何组织、任何活动都需要进行控制

这是因为即便是在制订计划时进行了全面、细致的预测，考虑了各种实现目标的有利条件和影响实现的因素，但由于环境条件是变化的，主管人员受到其本身的素质、知识、经验、技巧的限制，预测不可能完全准确，制订出的计划在执行过程中可能会出现偏差，还会发生未曾预料到的情况。这时，控制工作就起了执行和完成计划的保障作用以及在管理控制中产生新的计划、新的目标和新的控制标准的作用。通过控制工作，能够为主管人员提供有用的信息，

使之了解计划的执行进度和执行中出现的偏差及偏差的大小，并据此分析偏差产生的原因。对于那些可以控制的偏差，通过组织机构，查究责任，予以纠正；而对于那些不可控制的偏差，应立即修正计划，使之符合实际。

（二）控制工作存在于管理活动的全过程中

控制工作通过纠正偏差的行动与其他四个职能紧密地结合在一起，使管理过程形成了一个相对封闭的系统。在这个系统中，计划职能选择和确定了组织的目标、战略、政策和方案以及实现它们的程序。然后，通过组织工作、人员配备、指导与领导工作等职能去实现这些计划。为了保证计划的目标能够实现，就必须在计划实施的不同阶段，根据由计划产生的控制标准检查计划的执行情况。这就是说，虽然计划工作必须先于控制活动，但其目标是不会自动实现的。一旦计划付诸实施，控制工作就必须穿插其中进行。它对于衡量计划的执行进度、揭示计划执行中的偏差以及指明纠正措施等都是非常必要的。同时，要进行有效的控制，还必须制订计划，必须要有组织保证，必须要配备合适的人员，必须给予正确的指导和领导。所以说，控制工作存在于管理活动的全过程中，它不仅可以维持其他职能的正常活动，而且在必要时，还可以通过采取纠正偏差的行动来改变其他管理职能的活动。虽然有时这种改变可能是很简单的，例如在指导中稍作些变动。但在许多情况下，正确的控制工作可以确立新的目标、提出新的计划、改变组织机构、改变人员配备以及在指导和领导方法上作出重大的改革。

第二节　控制的类型和过程

一、控制的类型

按不同标准进行分类，控制可以划分为不同的类型，其中最主要的是根据侧重点不同，控制可划分为前馈控制、现场控制和反馈控制三种类型。

（一）前馈控制

前馈控制又称预先控制或事前控制，它是在实际工作开始之前就进行控制。前馈控制是最渴望采取的控制类型，因为它能避免预期出现的问题。前馈控制以未来为导向，在工作之前对工作中可能产生的偏差进行预测和估计，采取防患措施，以便在实际偏差产生之前，管理者就能运用各种手段对可能产生的偏差进行纠正，将其消除于产生之前。如在企业中，制定一系列规章制度让员工遵守，进而保证工作的顺利进行；为了生产出高质量的产品而对原材料质量进行控制等，都属于前馈控制。

1. 前馈控制的显著优点

（1）前馈控制是在工作开始之前进行的控制，因而可以防患于未然，消除事后控制无能为力的弊端。

（2）前馈控制是针对某项计划行动所依赖的条件进行的控制，不针对具体人员，不会造成心理冲突，易于被员工接受并付诸实施。

2. 实施前馈控制的前提条件

（1）要对计划和控制系统作认真彻底的分析。

（2）为这个系统制定员工模型。

（3）注意保持该模型的更新，即应经常检查模型，以便了解已确定的投入变量及其相互关系是否仍能反映现实情况。

（4）经常收集投入变量数据并把它们输入系统中。

（5）经常评定实际投入数据与计划投入数据的差异，评估这些差异对预期最终结果的影响。

（二）现场控制

在工作正在进行时进行的控制，叫做现场控制。在活动进行之中予以控制，管理者可以在重大损失发生之前及时纠正问题。现场控制主要有监督和指导两项职能。监督是按照预定的标准检查正在进行的工作，以保证目标的实现；指导是管理者针对工作出现的问题，根据自己的经验指导下属改进工作，或与下属共同商讨纠正偏差的措施，使工作人员能正确地完成所规定的任务。管理者亲临现场观察就是一种最常见的现场控制活动。当管理者直接视察下属的行动时，管理者可以同时监督员工的实际工作，并在发生问题时马上进行纠正。

现场控制具有指导职能，有助于提高工作人员的工作能力和自我控制能力。但是，现场控制也有很多弊端。首先，运用这种控制方法容易受管理者时间、精力、业务水平的制约。管理者不能时时对事事都进行现场控制，只能偶尔使用或在关键项目上使用。其次，现场控制的应用范围较窄。对生产工作容易进行现场控制，而对那些问题难以辨别、成果难以衡量的工作，如科研、管理工作等，几乎无法进行现场控制。最后，现场控制容易在控制者与被控制者之间形成心理上的对立，容易损害被控制者的工作积极性和主动性。

（三）反馈控制

反馈控制又称事后控制，是在工作结束之后进行的控制。反馈控制把注意力集中于工作结果上，通过对工作结果进行测量、比较和分析，采取措施，进而矫正今后的行动。如企业发现产品销路不畅而减产、转产或加强促销努力；学校对违纪学生进行处理等，都属反馈控制。在组织中应用最广泛的反馈控制方法有：财务报告分析、标准成本分析、质量控制分析和工作人员成绩评定等。反馈控制类似于成语所说的“亡羊补牢”。它的最大弊端是在实施纠正措施之前，偏差就已经产生。但是在实践中，有些情况下，反馈控制又是唯一可选择的控制类型。反馈控制能为管理者评价今后的计划制订与执行情况提供有用的信息。同时人们可以借助反馈控制，认识组织活动的特点。

二、控制的过程

由资金、办事规程、产品质量、员工情绪或其他控制对象所构成的控制系统和所运用的控制技术在本质上都是一样的。如前所述，作为一种反馈控制系统，基本的控制过程都包括三个步骤：①拟定标准；②根据标准评定活动成效；③采取纠正措施，消除偏离标准。

（一）拟定标准

管理控制过程的第一步就是拟定一些具体标准。这里所说的标准（norm），是指评定成效的尺度，它是从整个计划方案中选出的对工作成效进行评价的关键指标。标准的设立应当具有权威性。标准的类型有多种。最理想的标准是以可考核的目标直接作为标准。但更多的情况则往往是需要将某个计划目标分解为一系列的标准。例如，将利润率目标分解为产量、销售额、制造成本、销售费用等。此外，工作程序以及各种定额也是一种标准。

常用的拟定标准的方法有三种：

（1）统计方法。相应的标准称为统计标准。它是根据企业的历史数据记录或是对比同类企业的水平，运用统计学方法确定的。最常用的有统计平均值、极大（或极小）值和指数等方法。统计方法常用于拟定与企业的经营活动和经济效益有关的标准。

（2）经验估计法。它是由有经验的管理人员凭经验确定的，一般是作为统计方法和下面将要提到的工程方法的补充。

(3) 工程方法，相应的标准称为工程标准。它是以准确的技术参数和实测的数据为基础的。例如，机器的产出标准，就是根据设计的生产能力确定的。工程方法的重要应用是用来测量生产者个人或群体的产出定额标准。这种测量又称为时间研究或动作研究，它是由泰勒首创的。经过几十年乃至上百年的实践和完善，形成今天所谓的“标准时间数据系统”(Standard Data System，缩写为SDS)。这是一种计算机化的工时分析软件。使用者只要把一项作业所规定的加工方法分解成相应的动作元素输入计算机，就可以立刻得出完成该项作业所需要的工时。SDS的特殊之处在于，它可以在待定工时的作业进行之前，就将整个作业的工时预先确定下来。SDS的这一特点，决定了它可以用于成本预算、决定一个特定零部件是自制还是外购以及决定一项业务是否应当承揽等工作。

(二) 评定活动成效

如果有了合理的标准，又有能确切评定下属人员实际工作情况的手段，那么对实际的或预期的执行情况进行评价就会容易得多。事实上，如何评定管理活动成效的问题，在拟定标准时就已经部分得到了解决。也就是说，通过制定可考核的标准，同时也就将计量的单位、计算的方法、统计的口径等确定下来。因此，对于评定成效而言，剩下的主要问题是如何及时地收集适用的和可靠的信息，并将其传递到对某项工作负责而且有权采取纠正措施的主管人员手中。

在这里，从管理控制工作职能的角度看，除了要求信息的准确性以外，还对信息的及时性、可靠性和适用性提出了更高的要求。

1. 信息的及时性

所谓及时，有两层含义：

(1) 对那些时过境迁后不能追忆和不能再现的重要信息要及时记录。例如工序质量的检验信息、班产量信息、生产调度信息、重要会议上的发言和最后决议等。

(2) 信息的加工、检索和传递要快。如果信息不能及时提供给各级主管人员及相关人员，就会失去它的使用价值，而且可能给组织带来巨大损失。例如，产品订货会议上用户的需求信息，尤其是大用户对产品的价格、数量、设计改动和交货期的特殊要求必须以最快的速度传递给企业销售部门的主管人员及相关部门和人员甚至企业的最高领导人，以便他们不失时机地进行决策。

2. 信息的可靠性

信息的可靠性除了与信息的精确程度有关外，还与信息的完整性有一种正比关系。例如，仅从市场上家用吸尘器一时的紧俏，还不能完全说明市场对这种耐用消费品的长期大量需求。因而，对于拟从国外进口主机和生产线、急于扩大生产规模的企业来说，这种单一的信息通常是不可靠的。企业还必须收集有关消费者平均收入水平、消费结构、竞争企业的生产能力甚至宏观经济政策等多方面的现状信息和变化信息，进行综合分析后，才能作出正确判断。信息的可靠性与完整性的关系证明，要提高信息的可靠性，最简单的办法和大多数情况下唯一的办法就是尽量多地收集有关的信息。但是这往往与信息的及时性要求相矛盾。因此，信息的可靠性是个程度问题。上层主管人员的重大决策大都是以不完全的信息为基础的，贻误了时机，再可靠的信息也没有用。因此，在可靠性与及时性之间几乎经常要作出折中选择。这是一种管理艺术。

3. 信息的适用性

管理控制工作需要的是适用的信息。也就是说，不同的管理部门对信息的种类、范围、内容、详细程度、精确性和需用频率等方面的要求是各不相同的。如果像这些管理部门一样不加区分地提供信息，不仅会造成信息的大量冗余，从而增加信息处理工作的负担和费用，而且还会给这些部门的主管人员查找所需要的信息带来困难，造成时间浪费甚至经济上的损失。

信息适用性的另一个要求是，信息必须经过有效的加工。例如，反映实现利润情况的信息，可以把利润表示为销售收入的百分比、投资回收的百分比、总资金的百分比和与去年同期相比的增减比率等，这就便于反映实现利润与企业经营的全面情况，从而发现经营中的问题，以便及时采取纠正措施。仅仅一个利润额的数字是说明不了多少问题的。

（三）采取纠正措施

尽管有了明确的标准，尽管可以依据明确的标准和及时而准确适用的信息来评定工作成效并找出偏差，但采取纠正措施通常并不那么简单，甚至是困难得多。

一方面，偏差可能是由复杂的原因引起的。必须花大力气找出造成偏差的真正原因，而不能仅仅是头痛医头、脚痛医脚。例如，销售收入的明显下降，无论是用同期比较的方法，还是用年度计划目标来衡量都很容易发现问题。但引起销售收入下降的原因，却不那么容易一下就找准：到底是销售部门营销工作中的问题或是对销售部门授权不够；还是制造部门制造质量下降和不能按期交货；还是技术部门新产品开发进度太慢致使产品老化，竞争力下降；或是由于宏观经济调整造成的，等等。每一种可能的原因与假设都不可能通过简单的判断确定下来。而对造成偏差的原因判断得不准确，纠正措施就会是无的放矢，不可能奏效。

另一方面，在查明原因后，纠正偏差的工作可能涉及一些主要的管理职能。针对偏差产生的原因，主管人员可能采用重新制订计划或修改目标的方法来纠正偏差，也可能利用组织手段来进一步明确职责、补充授权或是对组织机构进行调整，还可能用撤换责任部门的主管或是增配人员的办法来纠正偏差。此外，他们还可能通过改善领导方式、增加物质鼓励等办法来纠正偏差。

总之，对计划执行过程中出现的偏差进行纠正，说明管理是一个连续的过程。控制工作职能与其他管理职能的交错重叠，则说明了主管人员的职能（亦即管理的职能）是一个统一的完整的系统。

第三节　控制的方法

控制职能可以通过预算、会计技术、质量控制、生产控制和销售控制等方法得到应用。下面介绍几种基本的控制方法。

一、预算控制

预算主要是一种计划方法，但是它也履行着控制职能。预算是用财务数字或非财务数字来表明预期的结果，以此为标准来控制执行工作中的偏差的一种计划和控制手段。预算有许多种，包括销售预算、生产预算、费用预算、投资预算、现金预算、资产负债预算、资本成本预算等内容。

预算控制的好处是，它能把整个组织内所有部门的活动用可考核的数量化方式表现出来，以便查明其偏离标准的程度并采取纠正措施。预算控制的缺点是过度预算，即详细的费用支出预算剥夺了管理者为管理其部门所需的自由；过多地根据预算数字来苛求项目计划无疑会导致控制的不灵活，预算的作用将会被削弱或无效，尤其是长期预算。

为了使预算控制良好运行，管理者应牢记：首先，预算仅仅是所设计的工具而不能用于代替管理，它有局限性。其次，预算的制定和管理必须得到高层管理者的全力支持。再次，确保所有与预算有关的管理者都能参与预算的准备和制定，而不仅仅是被迫接受已定的预算。最后，要想使预算控制有效，管理者要关注他的部门在预算内的实际业绩和预测业绩方面的信息。这些信息必须能及时得到，否则，要避免预算偏差就为时已晚。

二、会计技术控制

会计技术控制包括责任会计、成本会计、标准成本会计、直接费用和比率分析等。例如，在责任会计中每一位管理者的责任都明确，会计记录的设置对于这些责任是合适的；在成本会计中，成本会计的方法主要是对成本进行详细分析，并显示为提供某一产品和运营某一部门所耗费的成本。成本会计使用标准成本为衡量工具，每个产品的标准成本在生产之前已有预先估计，并在生产后与实际成本相比较，这样标准成本成为控制工具；财务比率的设定是在计划阶段，将这些设定的财务比率与本行业中其他企业的比率或本行业的平均比率进行比较，就可以衡量本企业的业绩状况和进展情况。

三、质量控制

质量是由产品使用目的所提出的各项适用特性的总称。对产品质量特性按一定的尺度、技术参数或技术经济指标规定必须达到的水平就形成了质量标准。它是检验产品是否合格的技术依据。质量控制就是以这些技术依据为衡量标准来检验产品质量的。为保证产品质量符合规定的标准和满足用户使用的目的，企业需在产品设计试制、生产制造直至使用的全过程中，进行全员参加的、事后检验和预先控制有机结合的、从最终产品的质量到产品赖以形成的工作质量的全方位的质量管理活动，即符合 ISO 9000 标准的控制。

四、生产控制

生产控制是生产系统的主要组成部分。生产控制的目标是以最低成本及时生产出数量和质量都符合要求的产品。生产控制中一个最基本的活动就是在生产过程中监督和指导工人。生产控制包括根据订单计划生产的批量、安排产品的生产顺序、进行生产监控直到产品生产完成以及协助管理控制的执行。

生产控制与计划越来越被连成一个系统。生产计划包括生产路径设计、作业计划和生产指令。在生产路径设计中，需要确定生产作业的具体顺序，即从接受原材料一直到产品生产的完成这一生产过程的路径。作业计划指的是在生产过程中作业的时间安排，即什么时候开始生产、完成日期，以及在开始和完成之间的各种作业的开始时间和完成时间。生产指令并不只是简单发布开始生产的命令，它还包括从销售部门得到顾客订单到对生产部门的要求之间的一系列转换过程。控制包括按要求进行生产活动。这些生产活动包括生产订单的实际发放（又称调度）、跟踪生产进度（监控）和采取纠偏措施。调度是将实际工作任务单派发给工人，准许他们开始工作。监控活动是与调度紧密相连的，包括跟踪观察生产作业的准备（如原材料和零件的供应、工具分派等）、生产过程（开始和完成时间、数量、工作流程等）、进度报告、向高层管理者汇报任何相对于标准和计划的显著偏差等。在出现偏差时，遵照高层管理者的建议，采取相应的纠偏措施。

一些生产控制工具，例如甘特图、关键路径法（CPM）、计划评审技术（PERT）及其他方式都已广泛应用于生产控制中。通过甘特图，我们可以很容易地看出哪个部门或机器是按照作业计划工作的，哪些是落后于作业计划的。近年来，EDP（电子数字处理）系统或计算机信息系统都已运用于生产作业计划和控制中。

五、存货控制

存货控制是企业运作中一个必不可少的环节。存货过量会积压大量的资金，带来大量的利息支出。但是若不保持充足的存货，生产过程就可能会拖延，从而造成产品不能及时进入市场，导致销售损失。为了使生产系统的运行有效并保持高效，必须在这两种情况之间保持一种平衡。存货控制技术就是用来达到这种平衡的。

通过对比存货成本和销售成本，可以计算出存货周转率。将此比率与行业标准或本企业以前年度的存货周转率相比较，就可对存货控制的有效程度进行衡量。

$$\text{存货周转率}=\frac{\text{销售成本}}{\text{平均存货成本}}=\frac{\text{销售成本}}{(\text{初期存货成本}+\text{期末存货成本})/2}$$

在存货是标准件的情况下，所采用的最低存货数量可以是安全存货或最小存储量。这个存货水平的一个重要原则是存货数量不允许为零。而当存货下降到安全存货限度时就需要考虑再订货了。

六、内部和外部审计

审计是对组织中的经营活动和财务记录的准确性和有效性进行检查、监测和审核的一种控制工具。审计的内容有很多，财务审计是其中最重要的部分。按开展的方式，审计可分为外部审计和内部审计两种。前者是指由非本单位的专门审计人员和机构（如注册会计师和国家审计部门）对某一单位的财务程序和财务经济往来进行有目的的综合检查审核，以监督其行为的合法性、真实性等；后者则不只考虑合法性的要求，而是更加关注企业的生产经营活动的有效性。执行内部审计的人员主要是本企业的高层经理人员和财务人员，有些企业还配备有专门的审计人员，以便定期开展审计工作，确保组织活动的正常和顺利进行。

七、人事管理控制

人事管理控制主要集中在对组织内人力资源的管理上。具体包括两大方面：一是主要人事比率的控制，即分析组织内各种人员的比率，如分析管理人员与职工的比率、后勤服务人员与生产工人的比率、正式职工与临时工的比率以及人员流动率和旷工缺勤率等是否维持在合理的水平上，以便采取调整和控制措施。如果反映调离和调进本单位的职工占职工总数比例的人员流动率太高，会影响职工队伍的稳定和增加培训费用。但如果人员长期不调动，也会使组织缺少新的活力，因此人员流动率需要控制在一定的限度内。二是人事管理控制要对管理人员和一般员工在工作中的成绩、能力和态度进行系统的、周期性的、客观公正的考核、评价和分析鉴定，即进行业绩评估。这既有利于激励原来表现好的员工继续保持和发扬下去，也有利于原来表现差的员工向着好的方向转化和发展。总之，业绩评估能保持员工的士气和组织的有效性。但是，并不存在一个最好的评估员工业绩的方法。一个在某个组织中使用有效的体系可能并不适用于另一个组织。一个运用于组织中某一等级员工的评估体系可能并不适应于组织中的另一个等级。

【本章小结】

控制是管理工作的职能，是管理过程循环的最后一环。通常认为，管理工作始于计划的制订，然后是组织和领导计划的实施。但计划实施的结果如何?

计划所确定的目标是否能顺利得以实现？甚至计划目标本身是否制定得科学合理？要掌握这些情况并处理所出现的问题，就需要开展有效的控制工作。在本章的学习过程中，值得注意的问题如下：

（1）控制职能作为管理的一项职能，其重要性表现在：如果没有有效的控制手段的支持，管理者就无法保证计划、组织和领导的运行不偏离既定的方向、目标。

（2）理解控制的定义要把握以下几点：①控制工作与计划工作密切相关；②控制工作是从总经理到班组长在内的每一位管理人员的职能；③控制系统越是完善，管理者实现组织的目标就越是容易；④控制是联结管理过程循环的支点，没有这个支点，管理过程就不能实现循环。

【关键术语与概念】

控制　预算控制　存货控制　人事管理控制　质量控制
生产控制　反馈

【拓展阅读】

1. ［美］哈罗德·孔茨．管理学．郝国华等译．北京：经济科学出版社，2004

2. 戴痪先．现代企业管理．北京：电子工业出版社，2003

3. ［美］迈克尔·A. 希特．战略管理．吕巍等译．北京：机械工业出版社，2002

4. 宋国防．运作管理．北京：机械工业出版社，2002

第九章　激　励

【本章学习要点】

■ 理解激励的基本原理。

■ 掌握内容型激励理论、过程型激励理论及改造型激励理论内容，并能够区分其异同。

■ 了解目前管理实践中的激励模式及方法。

激励是管理过程中进行有效领导、激发组织成员工作积极性的重要管理方式，是领导工作的重要方面，其主要目的在于将心理学中所揭示的个体、群体的心理行为规律运用于管理过程中，持续地激发员工的行为动机，调动员工的工作积极性，以提高个体和组织绩效。

第一节　激励原理

一、激励的定义

根据大多数管理学家的研究成果，激励是指管理者通过运用各种管理手段，刺激被管理者的内在需要，激发其行为动机，从而使其行为趋向组织目标的过程和活动。从其定义可以看出，构成激励的要素包括：

（一）需要

需要是激励的起点与基础。人的需要是人们积极性的源泉和实质，其种类是多样的。需要可以是物质的，如人类生存需要食物、水等；需要也可以是精神的，如人需要爱情、友谊、工作的成就感等。

（二）动机

动机是激励的核心要素。当人们的某项需要没有被满足时，就会产生通过某种活动来获得这种需要的欲望，这就是动机。它是诱发、推动和指导行为指向一定目标的心理状态，是推动人从事某种行为的直接原因和心理动力。

（三）刺激

这是激励的条件。它是指在激励的过程中，人们所处的外部环境中诸种影响需要的条件与因素。主要指各种管理手段及相应形成的管理环境。

（四）行为

这是激励的目的。当被管理者有了某种行为的动机时，就会将其付诸行动，即采取有利于组织目标实现的行为。

二、激励的形式

根据实践中激励措施的特点，激励的形式主要表现为：

（一）外部激励和内部激励

（1）外部激励就是通过改变外部影响因素来激发职工的工作动机。

（2）内部激励是通过改变个体内在心理和适应水平或倾向来激发职工的工作动机。

外部激励在短期内能显著提高工效，但不持久，处理不当时，易挫伤职工的工作情绪；内部激励需要一个较长的时间才能提高工效，但一经发挥作用，则具有较好的持续性。

（二）物质激励和精神激励

（1）物质激励是指管理者运用金钱、物质财富作为刺激手段，影响和改变人的行为，激发职工工作的热情和积极性。

（2）精神激励是指管理者运用精神性的奖励或惩罚，影响和改变职工的工作行为，激发其工作动机。

（三）正激励和负激励

（1）正激励就是一种正面强化，即运用物质或精神奖励，使职工有利于组织的态度和行为得以不断巩固和加深。

（2）负激励就是一种负面强化，即运用物质或精神上的惩罚（如批评、教育、降低物质收益等)，使职工的那些不利于组织的态度和行为得以不断的削弱、减少，直至消除。

三、激励原理

现代心理学研究成果表明，人之所以会产生一些特定的、有意识的行为，是由其动机决定的。一个人是否愿意从事某项工作和工作积极性的高低主要取决于他从事这项工作的动机及动机的强弱。人之所以愿意做某件事情，是因为他所做的这件事情本身能满足其个人的某种需要，或者完成这件事能给他带来某种需要的满足。行为动机形成过程产生于个体存在的未被满足的需要。当需要未被满足时就会产生紧张，进而激发人体的内驱力，这种驱动力将导致寻求特定目标的行为。例如，口渴会使人去寻找水，孤独会使人去寻求他人的关心。美国管理学家罗宾斯认为，处于紧张状态之中的个体为了缓和这种紧张状态而努力，紧张程度越高，努力程度越高。如果最终目标需要得到满足，紧张就得以解除，但接着又会产生新的需要，并引发新的动机和行为，如此不停地反复进行。但是如果行为没有实现目的，引起了挫折感，这时可能产生两种行为：一是采取建设性行为，以继续实现目的；二是采取防御性行为，弱化或者放弃原有的目的。人的行为模式如图 9－1 所示。

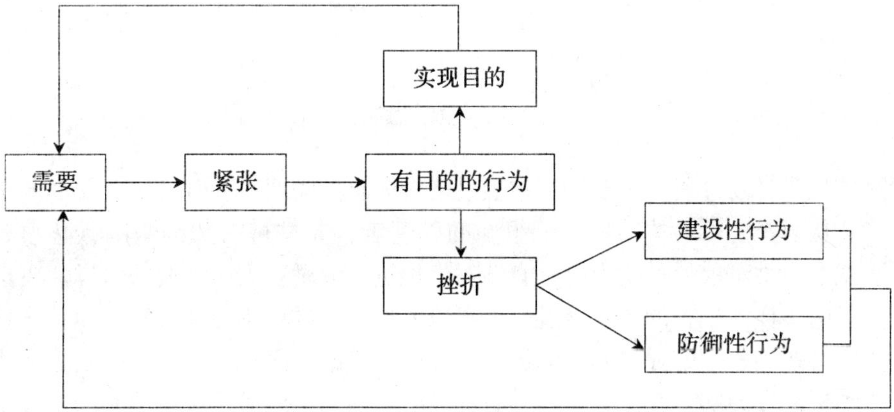

图 9－1　人的行为模式

心理学上所揭示的这种人的行为模式的规律表明，在组织的管理过程中，如果管理者能够满足被管理者的需要，并使他们看到满足需要的可能性，那么就可以激励人的行为。实际上，激励就是一种使人产生行为动机的过程，即通过刺激变量（各种管理手段与环境因素）的作用，使内在变量（需要、动机）产生持续不断的兴奋，从而引起被管理者积极的行为反应（实现目标的努力）。因而，一个组织中员工的工作绩效如何，常常不是能力的问题，而是其积极性是否被调动，其动机是否被激发①。

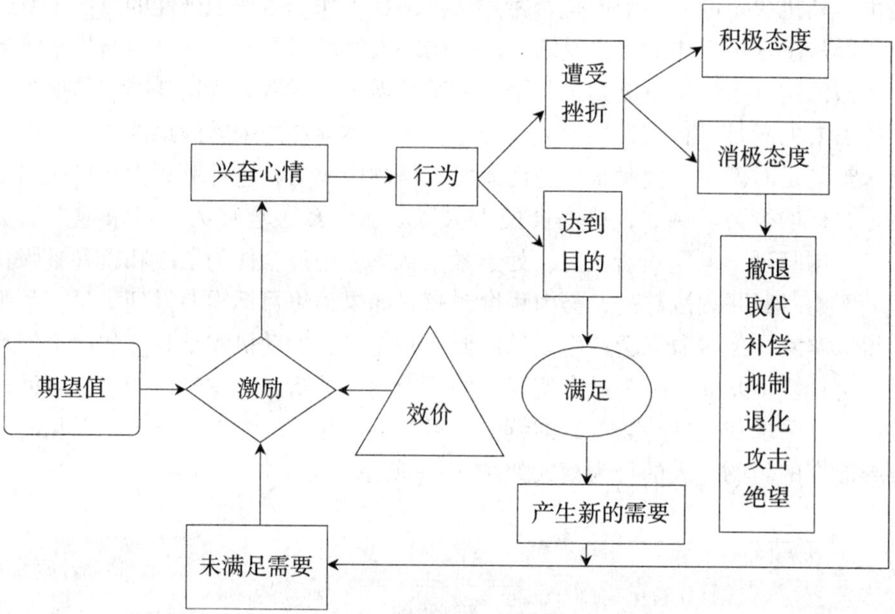

图9-2　激励原理图

首先，激励过程就是要诱发被激励者未满足的需要，使其处于紧张的状态之中，从而产生行为的动力。组织中的管理者，要进行有效的激励，必须识别、找准激励对象的需要内容，有针对性地进行激励。人的需要的多样性决定了动机的多样性。有的动机经过努力可以实现，有的则不可能实现。而且，只有当需要达到一定的强度时，动机才会产生。同时，这里需要强调的是，个体行为动机产生的前提在于存在未满足的需要。因为已经满足或者得到相当程度满足的需要已无法转化成行为动机，所以激励的手段必须针对被激励者没有得到满足的需要，而且要随着被激励者需要的变化而变化，使被激励者“愿意

① 陈传明，周小虎．管理学原理．北京：机械工业出版社，2007

做"。当组织诱发和刺激员工的紧张程度越大，则其工作的积极性就会越高，其潜能就越能得到充分发挥。

其次，管理者要通过明确工作目标、合理分配任务、培训和授权等手段，创造条件使被激励者能够采取相应的行为，并通过明确目标要求和规章以规范其行为。人的需要的多样性决定了人的动机也是多样性的，有的动机经过努力是可以实现，而有的则不容易或根本不可能实现。如果管理者制定的目标过于宏大、含糊，分工不科学，或者不能为被管理者提供相应的工作条件，那么激励措施就无法产生驱动力，即使产生了，强度也不够。因此，激励手段所产生的驱动力的大小，取决于某一行为达成某种预期后果可以为行为者带来的满足需要的程度（即效价因素）和个体对该行为实现预期后果的可能性的估计（即期望值因素）两者间相互作用的结果。所以，管理者在激励被管理者的过程中应该充分考虑到对效价和期望值相关影响因素的准确而合理的设计与控制，创造环境使被激励者"能够做且做得好"。

最后，管理者还需要根据被激励者的行为结果有助于实现组织目标的程度给予其公平的奖惩，而且奖惩的内容必须能够影响被激励者个人目标的实现程度，目的在于使被激励者"继续做正确的事"。

四、激励的人性假设

激励是针对人而言的，管理者要有效地进行激励，就必须对人的本质有所认识，对人为什么要工作，以及应该如何去激励和管理持有一定的观点和看法。这些管理人员的人性观即为"人性假设"。目前，管理学者和组织行为研究者对人性假设模式提出了多种见解，主要的理论代表有：麦格雷戈的"X 理论—Y 理论"；摩尔斯（J. J. Morse）和洛斯奇（J. W. Lorsch）的超 Y 理论；雪恩（E. H. Schein）的经济人、社会人、自我实现人、复杂人假设。

（一）麦格雷戈的"X 理论—Y 理论"

1. X 理论

在本书第二章中已对麦格雷戈的"X 理论—Y 理论"作了介绍，本章着重从人性出发谈管理实践中的激励问题。

X 理论对于人性的假设是消极的，认为人天生不喜欢工作并逃避责任，基于这样的假设，其激励措施表现在：①人必须在强迫与控制之下才肯工作，因而在管理上要求集权化管理；②组织管理的基本原则是通过权威的运作以执行督导与控制；③从X理论出发，强调“组织要求”重于“个人需要”，激励手段上主要依靠金钱等物质刺激来收买下属的效力和服从。

2. Y理论

Y理论对人性的假设是积极的，认为人有工作的热情并愿意承担责任，基于这样的假设，其激励措施表现在：①人是依靠自己的主动性、天资禀赋与自我督导去工作的，因而在管理上要求由集权化管理转化到参与管理；②组织管理的基本原则是“融合原则”，即创设一种环境，以使组织中的成员在该环境下既能达到各成员本身的个人目标，又要努力促成组织的成功；③从Y理论出发，强调组织管理必须同时兼顾组织需要与个人需要，激励手段上主要依靠给予下属更多自主权等精神刺激，让其承担更多的责任，促使其作出成绩，在满足其自我实现需要的过程中达成组织的目标。

（二）摩尔斯和洛斯奇的超Y理论

该理论的提出实际上是受了权变理论的影响。

超Y理论的提出者主张：X理论并非一无是处，Y理论也不一定是普遍适用的。正确的态度是应该针对不同的情况，将任务、组织、人员作最佳的配合，以激励工作人员取得最好的工作业绩。超Y理论认为，并不存在某种放之四海而皆准的组织模式。适当的组织模式应该根据工作性质和工作人员的特定需要而定。该理论关于人性的假设主要有：

（1）人们工作的动机是各种各样的，需要亦各不相同，但其主要需要是获得胜任感。

（2）尽管人人都有取得胜任感的动机，但不同的人可以用不同的方式来实现。这取决于这种需要同一个人的其他需要，诸如权力、独立、自由、成就和交往等的力量相互作用。

（3）如果任务与组织形式相适合，胜任感的动机极有可能得到实现。

（4）即使胜任感达到了目的，它仍然起激励作用；达到一个目标后，一个新的、更高的目标就树立起来了。

（三）雪恩对人性观的四种分类

美国当代著名的组织行为学家雪恩对人性的假设提出了另一种分类，他概括并总结出管理活动中存在四种不同的人性观，即经济人、社会人、自我实现人与复杂人假设。

1. 经济人假设

（1）基本观点。经济人假设认为，人是唯利是图的，人的行为动因源于经济诱因，在于追求自身的最大利益。因此，管理就是要通过金钱与权威的双重手段，控制职工行为以维持良好的生产效率。雪恩将该人性观的特点作了如下概括：①职工基本上都是受经济刺激物激励的，不管是什么事，只要能向他们提供最大的经济收益，他们就会去干；②因为经济性刺激又是在组织的控制之下，所以职工的本质是一种被动的因素，受组织的左右、驱使和控制；③感情是非理性的，因此必须加以防范，以免干扰了人们对自己利害的理性权衡；④组织能够而且必须按照能中和并控制住人们感情的方式来设计，因此要控制住人们的那些无法预计的品质。

（2）相应的管理策略：①主要采用任务管理的措施，是一种"胡萝卜加大棒"式的管理方式；②管理工作是少数人的事，与广大职工无关。

2. 社会人假设

（1）基本观点：①社交需要是人类行为的基本激励因素，而人际关系是形成人们身份感的基本因素；②从工业革命中延续过来的机械化，其结果是使工作失去了许多内在的意义，这些丧失的意义必须从工作中的社交关系里寻找回来；③与管理部门所采用的奖酬和控制的反应比起来，职工们会更易于对同级同事们所组成的群体的社交因素作出反应；④职工们对管理部门的反应能达到什么程度，要视主管者对下级的归属需要、被人接纳的需要以及身份感的需要满足到什么程度而定。

（2）相应的管理策略：①管理者不应把自己的注意力局限于完成任务上，而应更多地注意为完成任务而工作的职工的需要上；②管理者不应只注意指挥、计划、组织的控制，而应关心职工的心理健康，注意他们的归属需要与尊重需要的满足；③管理者在奖励方式上应注重集体奖励，而不仅是个人奖酬；④管理者的职能不仅是抓计划、组织与控制，更要充当下级职工与更上层领导者之间的联络人。

3. 自我实现人假设

（1）基本观点：①人具有寻求最大限度地利用自己的才能与资源的需要，即自我实现的需要；②厌恶工作并非是普通人的天性，相反，个人总是追求在工作中变得成熟起来；③人主要还是由自己来激励和控制自己，外部施加的刺激物与控制很可能对人变成一种威胁，并把人降低到较不成熟的状态去；④自我实现和使组织的绩效更富成果，这两方面并没有与生俱来的矛盾。

（2）相应的管理策略：①管理的重点在于要较多地考虑怎样才能使工作

本身变得具有内在意义和更高的挑战性；②管理者的主要职能应该是生产环境与条件的设计和调节；③奖励方式强调内部奖励；④管理制度与方式应能保证职工充分展示自己的才能，以达到自己所期望的成就。

4. 复杂人假设

(1) 基本观点：①人类的需要是分成许多类的，并且会随着个体的发展和环境的变化而变化；②由于需要与动机彼此作用并组合成复杂的动机模式，所以满足需要、达成激励目的的方式是复杂多变的；③人们可以在生活和工作情境中寻得新的动机；④每个人在不同组织中或是同一组织中的不同下属部门中可能表现出不同的需要来；⑤人们可以在许多不同类型的动机基础上，成为组织中生产率很高的一员，全心全意地参与到组织中去；⑥职工们能够对多种互不相同的管理策略做出反应，这主要取决于他们自己的动机和能力，也取决于工作任务的性质。

(2) 相应的管理策略：①管理者应注意采用不同的组织形式，以提高管理效率；②管理者应根据企业的实际情况，采用弹性、应变的领导方法，而不能过于简单化、一般化；③管理者应善于发现职工在需要、动机、能力和个性上的差异性，因人、因时、因事、因地制宜地采取灵活多变的管理方式和奖励模式。

综上所述，各种人性假设理论的提出既反映了管理者对于被管理者人性认识的发展性，同时也反映出了人性本身的发展性。现实世界中的人千差万别，而且时代在变，环境也在变。上述理论并不能将人性类型全部概括，但它们所揭示的人性观对于管理者在管理方式、激励策略的有效实践等方面无疑具有十分重要的启示作用。

第二节　激励理论

目前，激励理论主要包括内容型激励、过程型激励和改造型激励三类理论。内容型激励理论关注对构成激励过程起点的人们的需要的研究，即着重讨论管理者通过提供何种诱导和刺激才能产生现实的动机，导致行为的产生等问题；过程型激励理论着重研究需要导致行为的过程本身，即管理者如何将动机转化成实现目标的特定的行为，以及此次行为对个人需要的满足状况又将如何影响后续行为的激励过程等问题；改造型激励理论主要考察的是激励过程的终点，即经过激励过程后人的行为的修正或改变的特点。

一、内容型激励理论

（一）马斯洛的需要层次理论

1. 需要层次理论的基本内容

马斯洛在需要层次理论中强调了人类需要的层次性和发展性。需要的层次性是指强调需要存在低层和高层之分。生理需要、安全需要是低层次的需要，而社交需要、尊重需要和自我实现需要则是高层次的需要。需要的发展性是指人的需要总是由低层向高层发展的。马斯洛认为，在同一时期内，人们可能同时存在几种需要，共同影响和支配个体的行为。但是在特定时期，总有一种需要是优势需要，对个体具有支配作用。

2. 需要层次理论在管理实践中的运用

马斯洛的需要层次理论在一定程度上反映了人类行为和心理活动的共同规律。他从人的需要出发探索人的激励和研究人的行为，揭示出人的需要是多种多样的。要想激发人的积极性，就必须因人而异，有针对性地采取相应的措施；而且人的需要是在不断发展的，物质的需要固然重要，但随着社会的发展，人们生活水平的提高，物质刺激的作用将变得越来越有限，而较高层次的需要将更具有强大的激励作用。

表 9－1　需要层次与相关的激励措施

需要层次	诱因（追求的目标）	激励措施
生理需要	薪水、健康的工作环境、各种福利	身体保健（医疗设备）、工作时间（休息）、住宅设施、福利设备
安全需要	职位的保障、意外的防止	雇佣保证、退休金制度、健康保险制度、意外保险制度
社交需要	友谊（良好的人群关系）、团体的接纳、与组织的一致	协谈制度、利润分配制度、团体活动制度、互助金制度、娱乐制度、教育训练制度
尊重需要	地位、名分、权力、责任	人事考核制度、晋升制度、表彰制度、选拔进修制度、委员会参与制度
自我实现需要	能发展个人特长的组织环节，具有挑战性的工作	决策参与制度、提案制度、研究发展计划、劳资会议

（二）阿尔得夫的 ERG 理论

美国耶鲁大学组织行为学教授阿尔得夫提出的 ERG 理论的全称是“生存（Exsistence）、关系（Relatedness）、成长（Growth）理论”，因生存、关系、成长三个词英文的字头分别是 E、R、G，故简称为“ERG 理论”。

1. ERG 理论的基本内容

阿尔得夫根据对工人进行的大量调查研究的结果，认为一个人的基本需要不是五种，而是三种，即生存、关系、成长需要。

（1）生存需要。生存需要是人的最基本需要。这种需要类似于需要层次理论中的生理、安全需要。这类需要只有通过金钱的方式才能满足。

（2）关系需要。关系需要相当于层次理论中的社交需要和一部分尊重需要。

（3）成长需要。成长需要是个体对于自尊和自我实现等方面的追求和需要，包括个人在事业、前途等方面的创造、发展与成长的努力。

同马斯洛的理论不同的是，ERG 理论主张人的需要并不一定严格地按照由低到高，逐级发展的顺序，在一些特定的情况下，是可能越级发展的。与需要层次理论另一个明显的区别是，ERG 理论认为人的三种需要既是由低到高发展的，也存在一旦遇到挫折就下降的可能性。概而言之，三类需要的关系包括如下三点：①某种需要受到的满足越少，则其越为人所渴求，对人的激励作用越大；②较低需要越能获得较多的满足，个体就对较高需要越渴求；③较高需要一旦反复受挫，人们就会转而寻求较低需要的满足。

2. ERG 理论在管理实践中的应用

管理者要控制下属的工作行为或工作表现，首先要了解他们的真实需要。同时，通过控制工作结果（使之成为能满足下属需要的东西和报酬）来控制他们的工作行为。

（三）麦克莱兰的成就需要理论

成就需要理论是美国哈佛大学心理学家麦克莱兰于 20 世纪 50 年代提出的一种激励理论。

1. 成就需要理论的基本内容

麦克莱兰认为在人的基本需要得到满足之后，其行为取决于另外三种需要的满足与否。这三种需要是权力需要、友谊需要、成就需要。

（1）权力需要：影响他人、支配他人并不受他人控制的需要。

（2）友谊需要：建立友好亲密的人际关系的需要。

（3）成就需要：希望把事情做得更好并取得成就的需要。

高成就需要的人做事情的时候总是希望做得比原来更好、比他人更有效，而不是为了追求成功后的奖酬。在大量研究的基础上，麦克莱兰指出了具有不同需要的员工与工作绩效的关系。他特别强调成就需要对个体行为的作用和影响，认为具有高成就需要的人对于组织、国家的进步和发展意义重大。他认为，一个企业和国家是否拥有这种高成就需要的人才，是企业能否快速发展、国家能否兴旺发达的主要因素之一。

2. 成就需要理论在管理实践中的应用

麦克莱兰的需要理论对管理实践有一定的指导意义。一方面，它说明了使员工与其工作相匹配的重要性。管理者在人员的选择和分工上，应通过对其需要类型进行评价和划分，把他们分派到合适的岗位中去，做到人尽其才。另一方面，麦克莱兰的研究也表明，管理者的成就需要比较强烈，而成就的需要是可以通过培养来提高的。一个组织的成败与组织中具有高成就需要的人数有关。所以，组织在管理实践中应重视对员工的高成就需要的培养与激励。

（四）赫茨伯格的双因素理论

1. 双因素理论的基本内容

本书第二章中已对双因素理论作了介绍，即赫茨伯格将影响职工积极性的因素划分为两类，即激励因素和保健因素。如表 9－2 所示。

表 9－2　激励因素和保健因素

激励因素	保健因素
成就	政策和行政管理
承认	技术监督系统
工作本身	与主管的关系
责任	工作条件
晋升	工资
成长	与同事的关系
	个人生活
	与下属的关系
	地位
	工作安全性

赫茨伯格认为，与传统观念不同的是，满意的对立面不是不满足，而是没

有满意；不满意的对立面也不是满意，而是没有不满意。按照赫茨伯格的观点，改善保健因素只能起到安抚员工的作用，带来的是“没有不满意”，而不一定能起到激励的作用。因此，要想真正激励员工努力工作，就必须去改善那些激励因素，这样才会增加员工的工作满意感。

2. 双因素理论在实践中的运用

双因素理论对于组织管理行为具有十分重要的启示。在实际运用中，以下几个方面是必须得到重视的：

（1）应创造良好的外部工作环境条件，改善保健因素，消除职工不满情绪。

（2）有效的管理应在不断改善保健因素的基础上，从工作本身入手，创造条件，满足职工对激励因素的需求，从而激发和提高其工作的积极性。

（3）激励因素和保健因素的区分是相对的，其作用可以相互转化。

二、过程型激励理论

（一）弗鲁姆的期望理论

美国心理学家弗鲁姆（Y. H. Froom）在《工作与激励》（1964）一书中，提出了期望理论。

1. 期望理论的基本内容

期望理论认为，人之所以愿意从事某项工作并达到组织要求，是因为通过这些工作，组织可以满足个人的需要，达到个人的目标。如图 9－3 所示。而人们对某项工作积极性的高低，取决于他对这种工作能满足其需要的程度及实现可能性大小的评价。也就是说，人们从事某一工作的动机强度或被激发出的积极性（激励力量）大小，取决于目标价值（效价）的大小和预计能够达到该目标的可能性（期望值）的高低，即：

$$激励力量（M）=\sum 效价（V）\times 期望（E）$$

其中，M 即 Motivation（激励力量）的缩写，V 和 E 分别是 Valence（效价）和 Expectancy（期望值）的缩写。

激励力量是指动机的强度，即特定活动或目标对个体积极性的激发程度；效价是指个体对其所从事的工作或所要达到的目标的价值估计；期望值是指个体对某项目标的能够实现的可能性大小的估计。

期望理论认为，工作或目标对个体激励力量的大小，不是取决于效价或期望值单方面因素的大小，而是取决于二者合力的大小。效价和期望值的不同结合，会产生不同的激励力量，主要表现为以下几种情况：

（1）E高 × V高 = M高

（2）E中 × V中 = M中

（3）E低 × V低 = M低

（4）E高 × V低 = M低

（5）E低 × V高 = M低

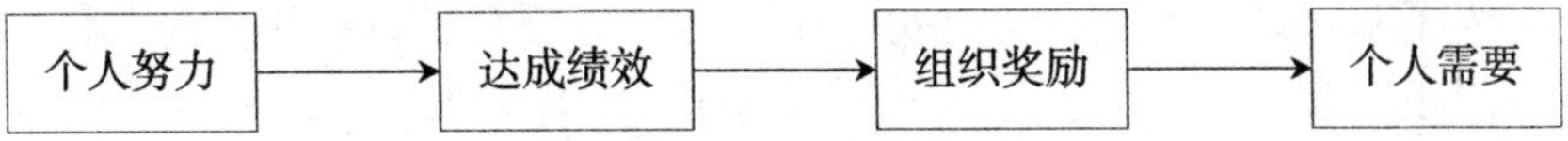

图 9－3　期望理论模型

弗鲁姆认为，依据期望模式，为了有效激发职工的工作动机，需要处理好三种关系：

（1）要处理好个人努力与工作成绩的关系。必须使人相信，如果他付出努力，是可以完成任务或者工作的。

（2）要处理好工作成绩与报酬之间的关系。必须使人相信，当他完成该项任务后，肯定可以得到组织的某种奖励。

（3）要处理好奖励与满足个人需要的关系。组织的报酬对个人而言是可以满足其需要的，并且具有足够的吸引力。

2. 期望理论在管理实践中的运用

根据期望理论，管理人员在激励的过程中，应当注重选择确定效价最大的激励措施，并且适当控制期望概率和实际概率。具体而言，就是管理者一方面需要设法了解某项报酬对员工吸引力的大小，并尽可能加大这种吸引力；另一方面要根据员工的能力合理地指派工作和设定目标，使其形成通过个人努力能达到预定结果的高期望值，同时使个人的努力程度和工作绩效与其所取得的报酬奖励的大小挂钩。

（二）亚当斯的公平理论

美国心理学家亚当斯（J. S. Adams）提出的公平理论着重研究个体在社会比较过程中对个人所作的贡献与其所获得的回报之间如何平衡的问题。它强调公平、公正对于职工积极性的激励作用。

1. 公平理论的基本内容

亚当斯认为，职工不是在真空环境中工作，他们总是在进行比较。职工的工作动机，不仅受自己所得的绝对报酬（即实际收入）的影响，而且还受相对报酬（即通过社会比较后的相对收入）的影响。相对报酬是一种社会比较的过程。这种比较过程具体表现为职工在自觉不自觉中首先思考自己收入与付出的比率，然后将自己的收入付出比与相关他人的收入付出比进行比较。如果职工感觉到自己的比率与他人相同，则为公平状态；如果觉得二者不相同，则产生不公平感。也就是说，他会认为自己的收入过高或过低。比如，一个人可能对自己每月 1 000 元的薪金感到满意。可一旦他发现与他做相似工作的同事比他多得了 200 元的报酬，情况就会发生变化。当不公平感出现后，职工就会试图去纠正。

亚当斯认为，当职工感到不公平时，他们可能会采取以下几种做法以期实现其公平：

（1）通过自我解释，达到自我安慰，如曲解自己或他人的付出或所得。

（2）采取某种行为谋求改变他人的付出或所得。

（3）选择另一个参照对象进行比较。

（4）辞去现在的工作。

公平理论主张每个人不仅关心由于自己的工作而得到的绝对报酬，而且还关心自己的报酬与他人的报酬之间的关系。他们会对自己与他人付出与所得之间的关系作出判断。比较的结果如果是均衡的，就会产生公平感，有助于维持或进一步激发其工作热情；反之，则会出现不公平感（被剥夺感或内疚感），从而影响其绩效的稳定或提高。

2. 公平理论在管理实践中的运用

公平理论表明，由于人们借以作比较的标准是由个人选定的，所以公平与否的感觉实际上只是一种主观判断。而在现实中，人们在做公平比较时，通常出现的情况是，个人会过高地估计自己所付出的投入，而过低地估计他人所付出的投入，这样个人就很容易感到不公平和不满足。所以，在管理实践中，管理者应注意制定一套公正而又透明的绩效考核办法、体系，应统筹考虑兼顾各方面的利益，防止“暗箱操作”引发人们的种种猜测；应制定相应公正、透明的奖惩办法，按照规章制度根据考核结果论功行赏。在上述基础上，管理者要注意对员工进行正确引导、民主管理、加强沟通，避免大家相互攀比和猜测。

三、改造型激励理论

（一）斯金纳的强化理论

强化理论源于美国的行为学家 B. F. 斯金纳（B. F. Skinner）所做的一个实验。在实验中，斯金纳将一只小老鼠置于一个特殊的阴暗的隔音箱，箱子里有一个开关，老鼠偶然地按下一个开关（杠杆），食物就掉进盘内，老鼠就会反复地按压杠杆获取食物。由此，斯金纳得出推论，认为任何个体都具有获取对自己有益的东西而回避某种危害的本能，为此他会通过某种行为作出反应以达到“趋利避害”的目的。

1. 强化理论的基本内容

强化理论指出，当某种行为的结果对个人是有利时，这种行为就会重复发生；不利时，则行为就会减少甚至不再发生。强化就是指通过不断改变环境的刺激因素以达到增强，或减弱、消除某种行为的过程。根据改变个体行为目的不同，强化方式可以分为正强化、负强化、惩罚和自然消退四种类型。

（1）正强化就是利用特定的刺激因素，使人的某种行为获得巩固和加强，使之再发生的可能性增大。

（2）负强化是指预先告之某种不符合要求的行为或不良绩效可能引起的后果，从而使之通过按所要求的方式来修正或调整工作行为，避免某种可以预期的令人不快的情境发生。

（3）惩罚是指用带有强制性或威胁性的手段来修正人的行为。

（4）自然消退是指对已发生的行为不给予任何形式的强化，从而使该行为逐步降低出现频率，直至最终消失。

可以看出，强化无论是正还是负，都是使其原有的行为得到加强；而惩罚和自然消退都是使其原有的行为得以弱化。

表 9-3　强化类型与目的

<table>
<tr><th>强化类型</th><th>强化目的</th></tr>
<tr><td>正强化：使人得到合意的结果</td><td rowspan="2">使原有行为得以加强，让希望的行为更多地发生</td></tr>
<tr><td>负强化：使人力图避免得到不合意的结果</td></tr>
</table>

（续上表）

强化类型	强化目的
惩罚：使人得到不合意的结果	使原有行为得以弱化，让希望的行为更少地发生
自然消退：不采取任何措施	

管理者可以根据被管理者的行为情况不同而采用连续或间歇两种不同的强化方式。连续强化指对每次行为都进行强化；间歇强化可根据强化时段的固定与否，可分为定距强化和变距强化。而根据任务完成情况，即按任务完成的百分比给予间歇强化，又可分为定比强化和变比强化。

2. 强化理论在管理实践中的应用

根据强化理论，当人们采取了某种理想的行为而受到奖励时，他们最有可能重复这种行为。如果某种行为没有受到奖励或是受到惩罚、冷处理时，则这种行为再次重复的可能性就会大大降低，而且行为改变的速度和持久性取决于强化的方式和力度。所以，管理者在运用强化手段进行激励时要注意以下几方面：

（1）要设立一个目标体系，遵循目标强化的原则。

（2）及时反馈，及时强化。

（3）实行奖惩结合，以奖为主的原则。

（4）因人而异进行强化。

（5）多种强化方式相结合。

（二）维纳的归因理论

所谓归因，就是根据他人或自己的言行或其他外部特征，推测其内在心理状态或原因的过程。归因既包括对他人言行的归因，也包括对自己言行的归因。

1. 归因理论的基本内容

一般说来，人们对行为的归因包括三种倾向：①把某种行为或结果归之于个人的自身原因；②归因于自身之外的环境原因；③归因于主客观两方面的交互作用，既看到自身因素的作用，又重视外部环境的客观影响。

美国心理学家维纳认为，人们把自己的成功和失败主要归结为四个方面的要素：即努力程度、能力、任务难度和机遇。这四个方面的因素可以按内外性、稳定性、可控性三个维度进行划分，如表 9－4 所示。

表 9－4　维纳的归因理论模型

	稳定	不稳定	
内因	能力	努力	可控
外因	任务难度	机遇	不可控

归因理论认为，人们把成功和失败归因于何种因素，对以后的工作态度、积极性以及人的行为和工作绩效都有很大的影响。

如果一个人习惯于把失败归因于那些稳定的内因，则不会增强今后的努力程度和坚持性行为，对未来行为不具有激励作用；如果一个人把失败归因于那些不稳定的内因，则会表现出一定的努力或坚持性行为；如果一个人习惯于把失败归因于那些人力可以控制的因素，则在未来行动中可能会增强努力程度和积极性；反之，如果习惯归因于那些人力不可控的因素，则对未来行为不容易产生激励作用。表 9－5 汇总了人们对自己行为的归因模式和相应的心理与行为反应。

表 9－5　人们对成功/失败的归因模式和相应的心理、行为反应

行为结果 归因模式	成功	失败
能力、努力	满意、自豪	挫折、无助
任务难度、机遇	幸运、感激	不满、敌意
能力、任务难度	工作努力	降低努力
努力、机遇	积极性提高/降低	积极性可能提高

2. 归因理论在管理实践中的应用

归因理论的研究结果表明，在管理实践中，管理者应根据不同职工对于成败归因的取向不同，因人而异地做好职工的思想工作，帮助职工正确归因。这对于调动职工工作的积极性、开创性和坚持性具有十分重要的作用。而且，管理者还应有目的、有系统地对职工的工作行为进行归因，这对于量才录用、合理分工、人尽其才、才尽其用，提高管理绩效具有重要的帮助作用。

第三节　激励实务

在组织的管理实践活动过程中，管理者运用激励理论创造出一系列激励技术和实施方法，既丰富了激励理论，又给管理学的激励问题带来了新的发展动力。本节在总结中外成功的激励实践基础上，归纳几类行之有效的激励模式与具体方法，这些模式与方法实现了从理论到激励实践的转化，并在国内外的管理实务中取得了良好的效果。

一、面向组织基层员工的激励模式与方法

基层员工指在组织计划范围内，负责具体操作业务环节的所有员工。在具体组织经营过程中，实际上就是指除经营管理层以外的所有人员。据学者的研究和管理实践发现，处于组织基层的员工，物质需要在他们的众多需要中比重较大，物质需要的满足在短期内对激发他们的积极性有更大作用，这和基层员工所处的生存环境有着密切的联系；但物质需要的满足并不是基层员工的唯一追求，作为社会的个体他们也同时存在多种的需求，这是人的本性。因此面向基层员工的激励模式除了从物质层面满足其需要外，还应为基层员工满足其他层面的需要提供条件与途径。这是使激励机制的激励作用具有持久性的根本所在。

（一）物质激励

物质激励即通过物质刺激的手段，鼓励员工工作，提高他们的积极性。它的主要表现形式有：①正激励，具体方法如发放工资、奖金、津贴、福利等；②负激励，如罚款等。组织可以设立富有吸引力的薪金制度、福利制度、薪金晋级制度、工龄工资制以及社会保障金制度等来满足基层员工的物质需要，达到提高他们积极性的目的。根据需要层次理论、成就需要理论等内容型激励理论的研究成果，物质激励的激励作用是短暂的。而且物质需要并不是基层员工的唯一需要，金钱也不是万能的。物质激励在实行中也存在缺陷与不足。美国管理学家皮特曾指出重赏会带来副作用，它会使大家彼此封锁消息，影响工作的正常开展。因此，在实施物质激励时应注意把物质激励和精神激励结合起来才能真正地调动广大员工的积极性。

（二）精神激励

精神激励是在较高层次上调动员工的工作积极性，其激励深度大，维持时间也较长。精神激励的方法有许多，这里着重论述以下两种：

1. 目标管理

管理学家德鲁克的目标管理理论（MBO）和心理学家洛克的目标设定理论都有一个共同的基础：一个为员工所接受的清楚的目标，可以使员工受到激励。因为组织目标是组织凝聚力的核心，它体现了员工工作的意义，能够在理想和信念的层次上激励全体员工。实施目标激励，首先应使员工更加了解企业，了解企业的长远目标、中期目标和近期目标，了解自己在目标实现过程中应起到的作用。其次，应注意把组织目标和个人目标结合起来，使两者具有一致性，使大家了解只有在完成企业目标的过程中，才能实现个人的目标。个人事业的发展、待遇的改善与企业事业的发展、效益的提高息息相关。这样，员工就会对企业产生强烈的感情和责任心，就能自觉地关心企业的利益和发展前途，自觉提高工作的积极性。目标的设定是需要相当的管理技术的。实践表明，更具体的、有挑战性的、可实现的目标总是在一定具体条件下才会更有效。而且绩效目标应根据群体的需要来设定，这样可避免因为个体追求个人绩效目标而降低合作。

2. 参与管理

现代人力资源管理的实践经验和研究表明，现代的员工都有参与管理的要求和愿望，创造和提供一切机会让员工参与管理是调动他们积极性的有效方法。通过参与，形成员工对组织的归属感、认同感，进一步满足自尊和自我实现的需要。目前，在企业的管理实践中，员工参与计划已经成为企业的普遍形式。其目的在于增强员工的自主性、提高其责任感、加强员工之间和员工与管理者之间的联系，使其成就需要、归属感需要和权利的需要得到满足。这样一来，员工积极性会更高，对工作更满意，对组织更忠诚。目前常见的员工参与形式有员工持股计划（ESOP）、员工投资基金制度、员工董事会制度、工作委员会、质量管理圈等。

（三）内在激励

传统管理主要依靠的是外在激励手段，而现代组织管理实践同时注重了内在激励的力量，也就是来自工作本身的驱动力。内在激励是创造性激励的基础。这种模式主要表现在为员工提供有挑战性的问题、创造新东西的机会，还包括让员工自由地去做最感兴趣的工作等。这种模式可激励组织成员的创造性、挑战性，使工作内容更加丰富并具有创新性，从而使组织成员从工作中获得乐趣、感受生活，并获得自尊和社会交往经验，实现自我价值。内在激励的方法是依靠工作本身来激励组织成员的。20 世纪 80 年代，海克曼（Hackman）和欧海姆（Oldham）提出了“工作再设计”的理论和方法，使内在激励模式的具体应用得到了普及与推广，具体方法有：

1. 工作丰富化

这种方法的目的是使员工所从事的工作具有挑战性且富有意义。这一激励方法和赫茨伯格的激励理论有密切的关系。在这一理论中，诸如挑战性、成就、赏识和责任等都被视为真正的激励因素。雪恩在提出了经济人假设的同时，也提出了自我实现人假设。它是指人们力求最大限度地将自己的潜能发挥出来，只有在工作中充分表现自己的才能，才会感到最大的满足。依据这种假设，为了更好地发挥员工的工作积极性，管理者应较多地考虑如何使工作本身更具有内在意义和更高的挑战性，给员工一种自我实现感，会使激励富有成效。具体方法有：在工作方法、程序和工作速度的选择等方面给员工以更大的自由空间；鼓励员工参与管理、相互交往、增强其工作责任感；采取措施以确保员工能够看到自己为工作和组织所作的贡献。

2. 岗位轮换

如果员工从事过于单调且程式化的工作，天长日久就会对工作失去激情。此时不妨定期将其从一个岗位轮换到另一个岗位。一般地，在同一层级的岗位中，岗位对员工的要求差距不大，这也为岗位轮换提供了可能。同时，也克服了分工过细产生的枯燥感，拓宽了员工的工作领域。

3. 弹性工作制

在岗位设计之外，还可以对工作的时间和地点实施弹性管理，从而在更多的方面改变单调且程式化的管理。具体有：实行弹性工作制、压缩工作周、远程办公等。

二、面向管理层员工的激励模式

由于组织中管理层的员工在公司企业具有较高的地位，他们对组织的生存与发展起到至关重要的作用，因此面向管理层员工的激励模式必须能有效地将他们的前途与组织的发展捆绑在一起，体现出一种依存关系，形成利益的共同体，一荣俱荣、共同进退。当前，针对管理层员工的激励模式主要有年薪制、期股制、股票期权制（ESO）三种激励模式。这三种模式既有利于组织的发展，实现组织的预期目标，同时也是管理层员工价值体现的最好形式。

（一）年薪制

年薪制是以年度为计算单位决定经营者工资薪金的制度，一般包括基本薪金收入和风险收入两部分。基本薪金按组织规模、经济效益和本地区、本组织内员工平均工资的一定倍数来确定。风险收入则依组织资产的保值增值率、利润率、职工平均工资增长率、产品市场占有率等一系列主要及辅助经济指标的完成情况来确定。作为一项新的收入考核管理制度，它比传统的工资奖金制度有很大的进步。年薪制结构中含有一定比例的风险收入，有利于在责任、风险和收入对等的基础上加大激励力度。但年薪制在实施过程中也存在不足，最主要的就是它只把年薪收入与组织当期经济效益挂钩，容易诱发经营者的短期行为，为追求眼前的经济利益而不考虑组织长期发展的目标，出现弄虚作假现象，损害组织的持续发展和资产所有者的长期利益。

（二）期股制

期股激励是指经营者在一定期限内，购得、奖励适当比例的企业股份，并需一定期限或任期届满后逐步兑现的一种激励方式。经营者期股的获取方式主要包括三个方面：一是在一定期限内，经营者用现金或用分期付款、贴息贷款等方式以约定价格购买股份；二是通过设置经营者岗位股份（干股），由经营者获得；三是经营者获取特别奖励的股份。期股激励作为一种重要的产权激励手段，将组织经营者的收入与组织经营业绩直接联系。经营者拥有期股，将以企业所有者的身份致力于组织的发展，会努力减少组织的非生产性消费，尽量降低组织内部的运作成本，有利于激发组织管理层员工的积极性，有利于吸引和留住高级管理人才。而且期股制能较好地克服年薪制在长期激励方面的缺陷，是一种既有利于组织发展又能提高管理层人员积极性的良好激励方式。

（三）股票期权制（ESO）

经营者股票期权（Excute Stock Option，简称ESO），指的是公司资产的所有者以合同方式赋予获得人按照约定的价格在未来一定期限内购买一定数量公司股票的权力。这种权力必须经过一定时期才能行使。如果该期间内公司经营有方，使公司的股价升值，经营者就可以通过股票差价获得收益；反之，如果经营不善，导致公司股票的市价低于当初的授予价，则经营者将无法获利。由于公司经济效益的好坏直接关系到其经营者能否通过行使 ESO 获得个人利益，因此，经营者会力争提高公司的长期竞争能力、效益能力，追求公司长期经济效益最大化。起源于美国的 ESO，目前已被许多市场经济发达的国家和地区使用。有资料显示，目前全球企业 500 强中，有近 90% 的公司已在其高层管理人员中实行了这种制度。

【本章小结】

激励是管理者运用特定的手段，促进工作群体或个人产生有利于管理目标的行为过程。它是管理的基本职能，是实现组织目标的有效手段，也是提高组织员工工作绩效的核心动力。管理者应根据被管理者的不同特点，采取手段来影响人们的内在需要，激发人的行为动机，从而使个体的行为趋向组织目标的过程和活动。

激励是针对人而言的，所以对人性特点的了解，有助于管理者对被管理者采取的激励措施更加有效。当前，有关人性的研究主要有两种不同的分类方法，一种分类是将人性假设理论分成“X 理论—Y 理论”和“超 Y 理论”；另一种分类是将人性分为经济人、社会人、自我实现人和复杂人假设。

目前，有关激励理论的研究成果主要包括内容型激励、过程型激励和改造型激励三类理论。内容型激励理论关注对构成激励过程起点的人们需要的研究，即着重讨论管理者通过提供何种诱导和刺激才能产生现实的动机，导致行为的产生等问题；过程型激励理论着重研究需要导致行为的过程本身，即管理者如何将动机转化成实现目标的特定的行为，以及此次行为对个人需要的满足状况又将如何影响后续行为的激励过程等问题；改造型激励理论主要考察的是激励过程的终点，即经过激励过程后人的行为的修正或改变的特点。

在组织的管理实践活动过程中，管理者运用激励理论创造出一系列激励技术和实施方法。目前，面对基层员工的激励模式主要有：物质激励；精神激励，其具体方法有目标管理与参与管理；内在激励，其具体方法主要有工作丰富化、岗位轮换和工作弹性制。面对管理层员工的激励模式主要有年薪制、期股制和股票期权制。

【关键术语与概念】

激励	需要层次理论	ERG 理论	成就需要理论
双因素理论	期望理论	公平理论	强化理论
归因理论	目标管理	员工参与	股票期权制

【拓展阅读】

1. 陈荣秋．领导学理论与实践．北京：清华大学出版社，2007

2. ［美］理查德·L. 达夫特．领导学：原理与实践（第二版）．杨斌译．北京：机械工业出版社，2005

3. ［美］托马斯·彼得斯，罗伯特·沃特曼．追求卓越．北京天下风经济研究所译．北京：中央编译出版社，2000

4. ［美］詹姆斯·C. 柯林斯，杰里·I. 波勒斯．基业长青．真如译．北京：中信出版社，2002

【案例阅读与思考】

海底捞密码

海底捞考核一个店长或区域经理的标准只有两个：顾客满意度和员工满意度。

尽管海底捞三千平方米的望京店特别开辟了十分之一的面积给等位的客人休息，但大多数时候仍然座无虚席。在大众点评网、饭桶网等网站上，海底捞一直牢牢占据着几大城市“服务最佳”榜单的前列。

也许，一个简单的例子可以看出海底捞的价值标准：海底捞考核一个店长或区域经理的主要标准只有两个，顾客满意度和员工满意度。令人感到出乎意料的是，被很多企业视为最高指标的营业额和利润居然没有入围。用海底捞副总经理袁华强的话说：“超越顾客期望为海底捞赢得了名声，而让为顾客创造感觉的员工过得舒适才是海底捞的安身立命之道。”

把服务作为海底捞的招牌，需要的是海底捞人的共同努力。在海底捞，你会经常看见员工端着菜盆跑步前进，用极快的速度抹桌子，铺桌。

很多人都在问同一个问题：这些海底捞人的笑容和激情是如何培训出来的？

袁华强给出的答案发人深省：无法培训，只需要提供他们想要的。

海底捞的平等主义

员工是品牌的代言人、尊重员工……这些被奉为圣经的管理理念自然地发生在中国一家小企业的身上，而仅仅是依靠“与生俱来的本能”。

作为北方区的总负责人，袁华强每个月都有一项特殊的任务：去员工的宿舍生活三天。目的在于体验员工的衣食住行是否舒适，以便及时地改善。员工对待他，从来不叫“袁总”，而是亲切地唤他“袁哥”。在海底捞分店，他与同来自家乡的小服务生随意地开着玩笑，互相拍着肩膀。“在海底捞，店长也可以跟普通员工一起，去给客人端锅打扫。”

在袁华强看来，很大程度上，这得益于张勇充满理想主义的“人生而平等”的价值观念。现在海底捞的核心高管，除了财务和工程师是外聘外，其他都是在海底捞从基层开始，一步步走到现在的普通人。袁华强几乎干过海底捞所有的职务：门童，厨师，洗碗工……至今他还记得刚进入海底捞时，曾连续三个月吃菜花的经历，这让他到现在还对这种寻常蔬菜留有阴影，同时，这种从苦难中成长起来的亲身经历也让他们保持着一颗平常心。在最近一次的公司高层会议上，员工早餐被重新提到议事日程上。“希望能够尽量让员工每天都可以品尝到不同的饭菜，如果某日员工不吃饭，我们会反省，是不是你给他提供的不够好？”袁华强说，“太多人往高处走的时候，都忘记自己原本的样子了，其实对员工的尊重不过是人的本能。”

“在整个餐饮行业，海底捞的工资只能算中上。”一位业内人士说，但是隐性的福利比较多。在人们的理解中，餐饮服务业的员工往往住在潮湿的地下室里，蓬头垢面。但是海底捞的员工都住在公司附近的公寓楼里，可以享受到24小时的热水和空调。为了减少员工外出上网可能带来的危险，去年公司为每套房子都安装了可以上网的电脑。一位住在精装公寓的白领女士不久前惊讶地发现，住在她隔壁的是海底捞的普通员工。

在很多人眼中，餐饮业的普通员工总是被人认为缺乏素养，但如果企业只是让他们住在地下室里，每日为工作辛苦奔波，同最下层的人打交道，他们如何才能够培养起自己的自信，更好去生活？袁华强认为，要想让员工在工作中充满激情和自信去面对顾客，首先要给他们提供良好的生活环境。海底捞在简阳建了一所私立寄宿制学校，海底捞员工的孩子可以免费在那里上学，只需要交书本费即可。在刚刚过去的2011年春节，海底捞北京地区的两千多名员工坐上公司统一租的豪华大巴，一同去郊区享受温泉浴。

这些让海底捞的运营成本相对较高。袁华强给记者算了一笔账，海底捞一年中单店仅仅给员工租房的费用就得花费50万。这么高的成本费用，必须靠高营业额才能支撑。据袁华强介绍，海底捞较出色的店一天翻台的次数是七次，而最差的不会小于四次。因为按照餐饮业的一般规律，除去高端饭店外，一天三轮的利用率是要亏本的。“在这么大众化的消费群体里，要尽可能地多翻台。”

“按照这么高强度的工作量，我们给员工所提供的仍然是不够的”，在他看来，员工和企业之间这种相辅相成的关系，可以让员工感觉到物有所值。企业为员工考虑得更多一些，他就会增加对企业的责任感。

在张勇看来，支撑海底捞发展的根本，从来不是钱。他也因此谢绝了向他抛来橄榄枝的几家风投。“以海底捞目前的市场，只要把价格上调一点，工资压低一点，就能够达到风投要求的利润”，但他不愿意为了资金改变自己的节奏，“储备足够的管理人才，等到合适的时机”。

开放平台

鼓励创新，允许犯错，给员工成长的平台……

但与这种福利工资相比，一些员工更为看重的是公司给他们提供的平台。张勇也在寻找合适的人力资源公司来辅助海底捞进行人员招聘，但是，在张勇看来，“制造”海底捞员工的真正关键并不在培训，而在于创造让员工愿意留下的工作环境。

海底捞的内刊上，有两行让人印象深刻的文字：倡双手改变命运之理，树公司公平公正之风。在海底捞，员工可以享受一个特权：基层服务员可以享有打折、换菜甚至免单的权利，只要事后口头说明即可。“因为相对于高层管理人员，每天与顾客直接打交道的只能是普通员工。顾客愿意来海底捞，并不是因为创始人，也不是我，而是和他们面对面接触的那些员工”，袁华强说。这样做的优点还在于，避免了层级之间传递消息的麻烦，能够在最短时间内解决客人的问题。

关于海底捞被人广为称道的细节服务，发圈、眼镜布等，最初只是一个自发的想法。袁华强说：“员工提出新建议，大家讨论后觉得可行就会去实施。”“包丹袋”就是这个想法的代表，这是一个防止顾客手机被溅湿的塑封袋子。由于是一个名叫包丹的员工提出这个创意的，即用员工的名字命名。“这种命名的方式既能实现他的价值，也是对他的尊重，很多员工都有很多不错的创意，要给他们提供机会。”当“包丹袋”在其他店也开始使用时，这些店会给这位员工交纳一定的费用。在袁华强看来，管理者一个人的智慧是不够的，在海底捞很多富有创意的服务都是由员工提出来的，因为他们离顾客最近。

当然，不是每一个创意都可以得到应用和推广，但海底捞鼓励员工自由提出想法，允许员工犯错误。为了鼓励员工创新，现在海底捞已经形成了一个代表着创新意识的红黄蓝榜机制。在海底捞总部的办公室墙上，每月以店为单位进行创意统计。每个月 9 号，各个片区的门店经理都要向总部提交一个创新的评估和报告，上面将详细列出各店员工最近的一些想法和创意，而几位核心高层则会在月底进行讨论，负责对此进行总结和评比，确定哪些是在本店可行的，哪些是可以推广到全国连锁应用的。“如果一个店这个月是蓝榜，那代表无创新，黄榜则代表本店应用，红榜则代表全国可以推广。”

除了发放推广奖金和以命名的方式带给员工自豪感外，海底捞也在根据时间的变化关注推广的后续情况。“如果在使用的过程中发现效果更好，我们会给员工发奖金，希望给员工制造一个创新的氛围。”目前海底捞的创新机制并没有具体的评定标准，对袁华强来说，只要是能够为顾客带来方便的，或者可以改善工作的建议，都在这个创新的范围之内。

海底捞这种开放的平台还体现在培养员工的兴趣爱好上。一名员工在和外国顾客交流时，说起了流利的英语，随后公司为此举行了一次英语竞赛，并为优胜者请来了外语老师。“让员工能够发挥自己的特长，从而在工作中获得乐趣，使工作变得更有价值。”

“在这里我很踏实”，来自四川的小伙子说这句话的时候，笑容单纯。今年19岁的他在海底捞生活了将近一年的时间，现在他已经是另外两个年轻男孩子的“师傅”。服务的闲暇时，他也会向徒弟们分享他的经验，讨论如何让顾客获得更好的服务。

管理挑战

“跟着感觉走”为海底捞创造了一个理想王国，未来它需要从“摸着石头过河”过渡到清晰规划的阶段。

但是，海底捞的成长和扩张，也为其赖以生存的企业和价值观的延续带来了挑战。总经理张勇曾经表示：“海底捞的企业目标一共有三个：第一个是创造一个公平公正的工作环境，第二个是致力于使双手改变命运的价值观在海底捞变成现实，第三个目标才是把海底捞开到全国。”到今天为止，海底捞在全国的店面加起来也不过二十多家，每年的扩张不超过五家，这离张勇理想中的“把海底捞开到全国去”的愿望还很远。

这种稳打稳扎式的扩张速度很大一部分出于张勇所说的时机未到。在他看来，没能拥有足够满足扩张需要的合格员工之前，拿钱拼店数，可能是让海底捞品牌消失的最快死法。

储备更多拥有“海底捞”思维的管理者和一线员工是海底捞目前必须面对的一大难题。现在的海底捞有4 000名员工，最常采用的培训方式是核心员工的言传身教。很难想象，当员工人数增加到4万名后，海底捞还能采用这样的方式而不走样。海底捞显然认识到了问题的严重性，为此特别成立了一个培训学校。在培训学校里，袁华强们请来教授把自己的多年经验变成统一的教材，避免了培训内容不一致的情况，在此基础上对优秀员工进行培训。这种新的尝试能否达到预期目标，还有待观察。

［资料来源：郑彦．海底捞密码．销售与管理，2008（4）．经编者编辑整理］

思考问题：

1．海底捞的员工激励制度体现了哪些现代激励理论？

2．面对企业未来的发展与挑战，海底捞的员工激励制度需要作出哪些方面的改变才能适应？

第十章 沟 通

【本章学习要点】

■ 掌握沟通的概念，沟通的过程和类别。

■ 掌握有效沟通的方法。

■ 理解组织冲突。

■ 了解谈判的策略。

第一节 沟通概述

美国某著名的咨询公司曾进行过一项调查，在谈到世界五百强企业家成功的因素时，300 位较成功的企业管理人中有 85% 的人认为：他们之所以成功是因为沟通跟处理人际关系的能力高人一筹，他们善于沟通，善于交流，善于协调，善于说服，善于把自己的一些理念、思维灌输给他人，能够让他人愿意帮助自己。由此可见，沟通在人的一生中起着巨大作用，从某种意义上讲，它是我们获取事业成功、生活幸福最重要的手段和策略之一。如果你想在工作中游刃有余、大展宏图，就得善于和上司、下属、同事进行有效的沟通，打通自己的成功之路。

一、沟通的概念

沟通是一门语言艺术，也是一种技巧。那么什么是沟通呢？沟通是指可理解的信息或思想在两个或两个以上人群中的传递或交换的过程，目的是激励或影响人的行为。

每个组织在每一天都要发生沟通，大部分沟通是与工作相关的。作为管理者，有效沟通是不容忽视的，因为管理者所做的每一件事都包含沟通：获得信息要沟通，作出决策后要进行沟通，制订好计划后要沟通落实，组织工作的开展要沟通。总之，沟通在管理中举足轻重，正如未来学家约翰·奈斯比特所言："未来竞争将是管理的竞争，竞争的焦点在于每个社会组织内部成员之间及其与外部组织的有效沟通上。”

二、沟通的作用

沟通的作用主要体现在以下几个方面：

（1）沟通是组织与外部环境之间建立联系的桥梁。

（2）沟通是组织协调各方面活动，实现科学管理的手段。

（3）沟通是领导者激励下属，履行领导职能的基本工具。

（4）沟通有利于满足员工的心理需要，改善人际关系。

由此可见，管理中应重视内外部信息的交流，从而为组织创造良好的内部环境，使组织更好地适应外部环境的变化。

三、沟通的过程

沟通是如何进行的呢？表面上看，沟通就是传递信息的过程。但是实际上，管理学意义上的沟通是一个复杂的过程。

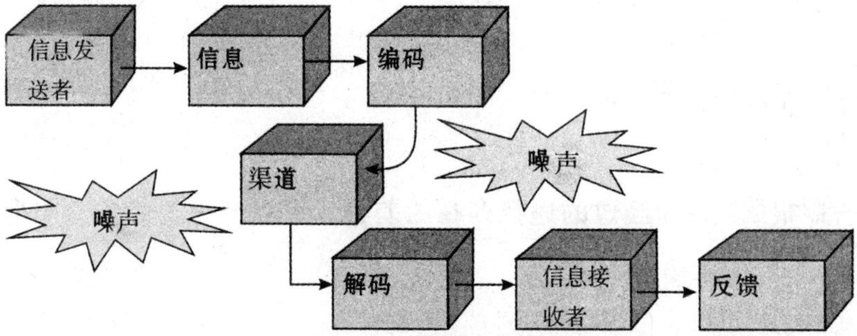

图 10－1　沟通的过程

图 10－1 描述了沟通过程。这一模型包括 7 个部分：①信息发送者；②信息；③编码；④渠道；⑤解码；⑥信息接收者；⑦反馈。此外，整个过程易受到噪声的影响。这里的噪声指的是信息传递过程中的干扰因素（图 10－1 中以霹雳线表示）。典型的噪声包括难以辨认的字迹、电话中的静电干扰、接收者的疏忽大意以及生产现场中设备的背景噪声等。

信息发送者把头脑中的想法进行编码而生成了信息。被编码的信息受到四个条件的影响：技能、态度、知识和社会文化系统。如果教科书的作者缺乏必要的技能，则很难用理想的方式把信息传递给学生。作者能够成功地把信息传递给读者，依赖于作者的写作技巧。当然，成功的沟通还要求一个人的听、说、读以及逻辑推理技能。

信息是信息发送者编码的产物。当我们说的时候，说出的话是信息；当我们写的时候，写出的内容是信息；绘画的时候，图画是信息；做手势的时候，胳膊的动作、面部表情是信息。

渠道是指传递信息的媒介物。如口头交流的通道是空气；书面交流的通道是纸张等。

接收者是信息指向的个体。但在信息被接收之前，必须先将其中包含的符号翻译成接收者可以理解的形式，这就是对信息的解码。与解码者相同，接收者同样受到自身的技能、态度、知识和社会文化系统的限制。信息源应该擅长于写或说，接收者则应擅长于读或听，而且二者均应具备逻辑推理能力。一个人的知识水平不仅影响着他传送信息的能力，同样影响着他的接收能力。另外，接收者的态度及其文化背景也会使所传递的信息失真。

沟通过程的最后一环是反馈。“如果沟通信息源对他所编码的信息进行解码，信息最后又返回系统当中，这就是反馈。”也就是说，反馈把信息返回给发送者，并对信息是否被理解进行核实。

四、沟通的类别

（一）根据沟通所经过的途径存在的差异，可以分为正式沟通与非正式沟通

1. 正式沟通

是指组织中依据规章制度明文规定的原则进行的沟通。例如组织间的公函来往、组织内部的文件传达、召开会议等。按照信息流向的不同，正式沟通又可细分为下行沟通、上行沟通、横向沟通等几种形式。其优点是沟通效果好，有较强的约束力；其缺点是沟通速度慢。

2. 非正式沟通

是指在正式沟通渠道之外进行的信息传递和交流。其优点是沟通方便，沟通速度快且能提供一些正式沟通中难以获得的信息；其缺点是容易失真。

（二）按传播媒体的形式划分，有书面沟通、口头沟通、非语言沟通和电子媒介沟通

1. 书面沟通

是以书面文字的形式进行沟通，包括便笺、信函、电子邮件、组织内部期刊、简报以及任何传达书面语言和符号的媒介。其优点是有形的、可复核的，可以考虑得更仔细，也能保存得更久。不足之处是比较耗时，缺乏反馈。在组织中，一些重要文件如合同、协议、规章、制度、规划等都要运用书面沟通。

2. 口头沟通

是以口头交谈的形式进行的沟通，包括人与人之间面谈、电话、开讨论会以及发表演说等。口头沟通的特点是信息传递快，双向交流，信息能够立即得到反馈，是最常见的一种沟通形式。但口头沟通常常具有感情色彩，其规范性不及书面沟通。

3. 非语言沟通

主要有声调、音量、手势、体态、颜色、沉默、触摸、时间、信号和实物等。

4. 电子媒介沟通

是指运用各种电子设备进行信息的传递，如电视会议、电子邮箱等。电子邮箱的运用已经全球化，使信息传递速度大大加快。

各种沟通方式的比较如表 10－1 所示：

表 10－1　各种沟通方式比较

沟通方式	举例	优点	缺点
书面	报告、备忘录、信件、文件、内部期刊、布告	持久、有形、可以核实	效率低、缺乏反馈
口头	交谈、讲座、讨论会、电话	快速传递、快速反馈、信息量很大	传递中经过层次越多，信息失真越严重，核实越困难
非语言	声、光信号、体态、语调	信息意义十分明确，内容丰富、灵活	传递距离有限、界限含糊、只可意会不可言传
电子媒介	传真、电视、网络、电子邮件	快速传递、信息量大、远程传递、一份多人，廉价	单向传递，但无表情

（三）按沟通网络的基本形式划分，有链式、Y 式、轮式、环式和全通道式沟通

1. 链式沟通

属于控制型结构，在组织系统中相当于纵向沟通网络。网络中每个人处在不同的层次中，上下信息传递速度慢且容易失真，信息传递者所接收的信息差异大。但由于结构严谨，链式沟通形式比较规范，在传统组织结构中应用较多。

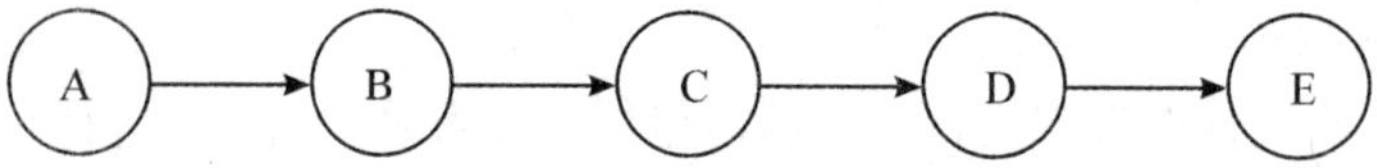

图 10－2　链式沟通

2. Y 式沟通

又称秘书中心控制型。这种沟通网络相当于企业主管、秘书和下级人员之间的关系。秘书（C）是信息收集和传递的中心，对上接受主管（D）的领导。这种网络形式能减轻企业主要领导者的负担，解决问题速度较快。但除主管人员满意外，下级人员平均满意度与士气较低，容易影响工作效率。

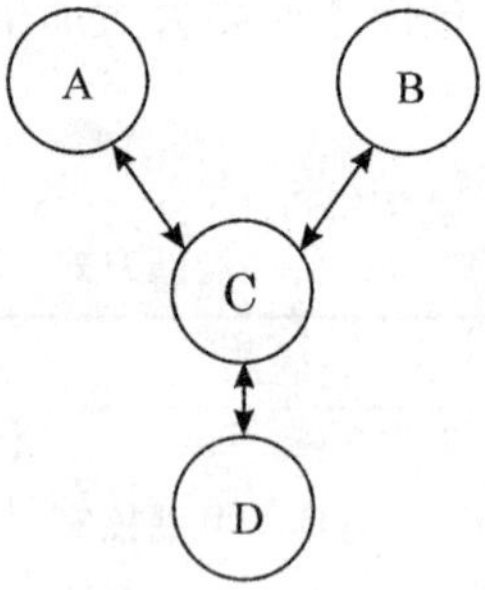

图 10－3　Y 式沟通

3. 轮式沟通

又称主管中心控制型。该沟通网络图中，只有一名成员是信息的汇集发布中心，相当于一个主管领导直接管理几个部门的权威控制系统。这种沟通形式集中程度高，信息传递快，主管者具有权威性。但由于沟通渠道少，组织成员满意程度低，士气往往受到较大的影响。

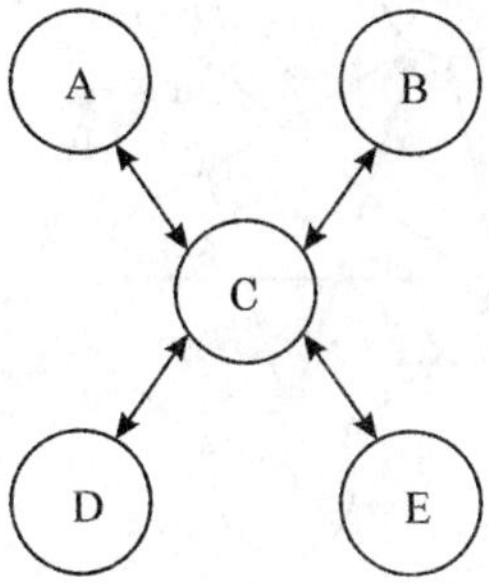

图 10－4　轮式沟通

4. 环式沟通

又称工作小组型沟通。该网络图中，成员之间依次以平等的地位相互联络，不能明确谁是主管，组织集中化程度低。沟通渠道少，信息传递慢，但成员之间相互满意程度和士气高。

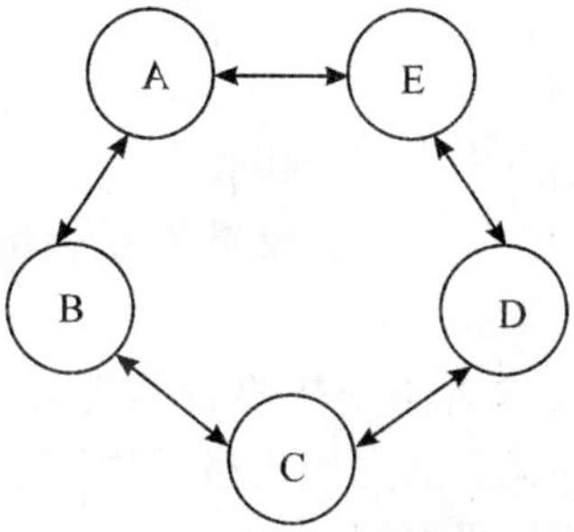

图 10－5　环式沟通

5. 全通道沟通

是一个完全开放式的沟通网络，沟通渠道多，成员之间地位平等，合作气氛浓厚，成员满意度和士气均高。全通道沟通与环式沟通的相同之处在于，网络中主管人员不明确，集中化程度低，一般不适用于正式组织中的信息传递。

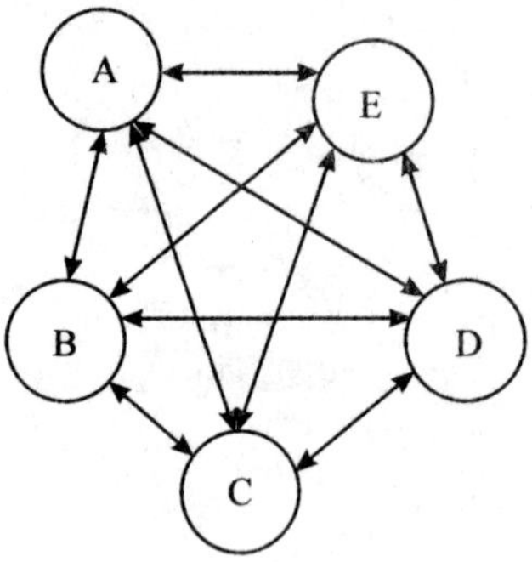

图 10－6　全通道式沟通

除此之外，在非正式组织中，还存在着一种“葡萄藤”式的沟通形式，沟通随处延伸，无确定的方向和固定的形式，即“小道消息”所传播的一种渠道与方式。

（四）根据沟通时是否出现信息反馈，可以把沟通分为单向沟通和双向沟通

1. 单向沟通

是指在沟通过程中，信息发送者与接收者之间的地位不变，一方主动发送信息，另一方被动地接收信息，没有反馈发生。例如报告、发布指示和命令等。

其优点是：速度快，发送者不受接收者的挑战，能保持和维护尊严。因此，当遇到工作性质简单而又急需完成或遇到紧急情况下不需要或根本不允许商讨时，采用单向沟通方式效果更好。

其缺点是：由于接收者对信息内容的理解没有机会表达，单向沟通有时准确性较差。另外，单向沟通缺乏民主性，容易使对方产生抵触情绪，心理效果较差。

2. 双向沟通

是指在沟通过程中，发送者和接收者的地位不断变换。如讨论、面谈等。

其优点是：沟通信息的准确性高，接收者有反馈意见的机会，双方可以反复交流磋商，增进彼此的了解，加深感情并建立良好的人际关系。

其缺点是：①沟通过程中接收者要反馈意见，有时使沟通受到干扰，影响信息的传递速度；②由于要时常面对接收者的提问，发送者会感到心理压力。

两种沟通的优缺点比较如表 10－2 所示：

表 10－2　两种沟通优缺点比较

因素	结果
时间	双向沟通比单向沟通需要更多的时间
信息理解的准确程度	在双向沟通中，接收者理解信息发送者意图的程度大大提高
接收者和发送者的自信程度	在双向沟通中，接收者和发送者都比较相信自己对信息的理解
满意	接收者比较满意双向沟通 发送者比较满意单向沟通
噪声	由于与问题无关的信息较易进入沟通过程，双向沟通的噪声比单向沟通要大得多
压力	由于要时常面对接收者的提问，发送者会感到心理压力

第二节　有效沟通

一、有效沟通的定义

所谓有效沟通，简单地说就是传递和交流信息的可靠性和准确性高。它表明了组织对内外噪声的抵抗能力。

二、有效沟通的障碍

我们在沟通过程的讨论中，提到过信息失真的潜在可能性。那么，哪些因素能够导致信息失真？除沟通过程中所指出的一般类型的失真之外，还有一些其他障碍也干扰了有效沟通。

（一）过滤

过滤（filtering）指故意操纵信息，使信息显得对接收者更为有利。比如，管理者所告诉上司的信息都是他认为上司想听到的，这位管理者就是在过滤信息。

（二）选择性知觉

在沟通过程中，接收者会根据自己的需要、动机、经验、背景及其他个人特点有选择地去看或去听信息。解码的时候，接收者还会把自己的兴趣和期望带进信息之中。如果一名面试主考官认为女职员总是把家庭的位置放在事业之上，则会在女性求职者中看到这种情况，无论求职者是否真有这种想法。

（三）情绪

在接收信息时，接收者的感觉也会影响到他对信息的解释。不同的情绪感受会使个体对同一信息的解释截然不同。极端的情绪体验，如狂喜或绝望，都可能阻碍有效的沟通。这种状态常常使我们无法进行客观而理性的思维活动，代之以情绪性的判断。因此最好避免在很沮丧的时候作决策，因为此时我们无法清楚地思考问题。

（四）语言

相同的词汇对不同的人来说含义是不一样的。年龄、教育和文化背景是三个最明显的因素，它们影响着一个人的语言风格以及他对词汇的界定。

你我可能说同一种语言，但我们在语言的使用上却并不一致。了解每个人如何修饰语言将会大大地减少沟通障碍。

（五）非言语提示

前面我们指出非言语沟通是信息传递的一种重要方法。非言语沟通几乎总是与口头沟通相伴，如果二者协调一致，则会彼此强化。比如，上司的言语告诉我他很生气，他的语调和身体动作也表明很愤怒，于是我们推断出他很恼火，这极可能是个正确的判断。但当非言语线索与口头信息不一致时，不但会使接收者感到迷茫，而且信息的清晰度也会受到影响。如果上司告诉你他想知道你遇到的困难，而当你告诉他情况时，他却在浏览自己的信件，这便是一个相互冲突的信号。

三、有效沟通的实现

对于上述沟通障碍，管理者如何克服它们？以下的建议将使沟通变得更为有效。

（一）运用反馈

很多沟通问题是由于误解或理解不准确造成的。如果管理者在沟通过程中使用反馈回复的方法，则会减少这些问题的发生。这里的反馈可以是言语的，也可以是非言语的。

当管理者问接收者："你明白我的话了吗？"所得到的答复代表反馈。但反馈不仅仅包括"是"或"否"的回答。

（二）简化语言

由于语言可能成为沟通的障碍，因此管理者应该选择措辞并组织信息，以便信息清楚明确，易于接受和理解。管理者不仅需要简化语言，还要考虑信息所指向的听众，以使所用的语言适合于接收者。记住，有效的沟通不仅需要信息被接收，而且需要信息被理解。通过简化语言并注意使用与听众一致的言语方式可以提高理解效果。比如，医院的管理者在沟通时应尽量使用清晰易懂的词汇，并且对医务人员传递信息时所用的语言应和对办公室工作人员的不同。在所有的人都理解其意义的群体内的行话会使沟通十分便利，但在本群体之外使用行话则会导致无穷的问题。

（三）积极倾听

积极倾听是指集中全部注意力，以使自己听明白全部意思，且不急于作事前判断或解释。事实上，积极倾听（active listening）常常比说话更容易引起疲劳，因为它要求脑力的投入，要求集中全部注意力。我们说话的速度是平均每分钟150个词汇，而倾听的能力则是每分钟可接受将近1 000个词汇。二者之间的差值显然留给大脑充足的时间，使其有机会神游四方。积极倾听的要点见表10－3。

表 10-3　积极倾听

要	不要
表现出兴趣	争辩
全神贯注	打断
该沉默时必须沉默	从事与谈话无关的活动
选择安静的地方	过快地或提前作出判断
留适当的时间用于辩论	草率地给出结论
注意非语言暗示	让别人的情绪直接影响你
当你没有听清楚时，请以疑问的方式重复一遍	
当你发觉遗漏时，直截了当地问	

（四）抑制情绪

如果认为管理者总是以完全理性化的方式进行沟通，那就太天真了。我们知道情绪能使信息的传递严重受阻或失真。当管理者对某件事十分失望时，很可能会对所接收的信息发生误解，并在表述自己信息时不够清晰和准确。那么管理者应该如何行事呢？最简单的办法是暂停进一步的沟通直至恢复平静。

（五）注意非言语提示

我们说行动比言语更明确，因此很重要的一点是注意你的行动，确保它们和言语相匹配并起到强化言语的作用。非言语信息在沟通中占据很大比重。因此，善于沟通者十分注意自己的非言语提示，保证它们也同样传达了所期望的信息。

第三节　组织冲突与谈判

一、组织冲突

（一）冲突的概念

冲突指由于某种差异而引起的抵触、争执或争斗的对立状态。

1. 对于组织的冲突有三种不同的观点

（1）传统观点。早期的看法认为冲突是不利的，并且常常会给组织造成消极影响。冲突成为暴力、破坏和非理性的同义词。由于冲突是有害的，因此应尽可能避免。管理者有责任在组织中清除冲突。从19世纪末开始到20世纪40年代中期，这一观点一直统治着管理学界。

（2）人际关系观点。人际关系的观点认为冲突必然而不可避免地存在于所有组织之中。由于冲突是不可避免的，因此应该接纳冲突。这一观点使冲突的存在合理化。冲突不可能被消除，有时它甚至会为组织带来好处。自20世纪40年代末至70年代中期，人际关系的观点在冲突理论中占据统治地位。

（3）相互作用观点。当今的冲突理论为相互作用的观点。人际关系观点接纳冲突，而相互作用的观点则鼓励冲突。这一理论观点认为，融洽、和平、安宁、合作的组织对变革和革新的需要容易表现出静止、冷漠和迟钝。因此，它的主要贡献在于：鼓励管理者维持一种冲突的最低水平，这能够使组织单位保持旺盛的生命力，善于自我批评和不断创新。

2. 功能正常的冲突和功能失调的冲突

相互作用的观点并不是说所有的冲突都是好的。一些冲突支持组织的目标，它们属于建设性类型，可将其称为功能正常的冲突。而另一些冲突则阻碍组织实现目标，它们是功能失调的冲突，属于破坏性类型。

当然，认为冲突可能有价值只是问题的一个方面，管理者应如何区别功能正常和功能失调的冲突呢？遗憾的是，二者之间的分解并不清楚明确。没有一种冲突水平对所有条件都合适或都不合适。某种冲突的类型与水平可能会促进某一部门为达到目标而健康、积极地工作，但对另外的部门或同一部门不同时期则可能是功能失调的冲突。图10－7表明了管理者所面对的这种挑战。管理

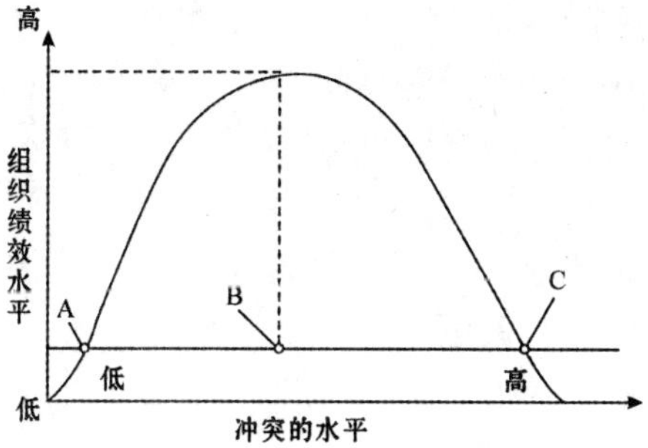

图10－7 冲突与组织绩效间的关系

者希望在组织或单位中创设一种环境，其中的冲突是健康的，不会走到病态的极端。冲突太多或太少都是不恰当的。管理者应激发功能正常的冲突以获得最大收益，但当其成为破坏力量时又要降低冲突水平。目前我们尚无一种复杂的测量工具来评估某种冲突水平是功能正常的还是功能失调的，因此还需要管理者自己进行理智判断，以了解组织中冲突的水平是否恰当。

（二）冲突的处理方法

通常的处理办法有五种：回避、迁就、强制、妥协、合作。

（1）回避（avoidance）。指从冲突中退出或者抑制冲突。什么时候回避策略最为得当？当冲突微不足道时，当冲突双方情绪极为激动时而需要时间使他们恢复平静时，当付诸行动所带来的潜在破坏性会超过冲突解决后获得的利益时，这一策略十分有利。

（2）迁就（accommodation）。就是把别人的需要和考虑放在高于自己的位置上，从而维持和谐关系。比如，你顺从了其他人对某一事件的看法就是迁就的做法。当争端的问题不很重要或你希望为以后的工作树立信誉时，这一选择十分有价值。

（3）强制（forcing）。试图以牺牲对方为代价而满足自己的需要。在组织中这种方式通常被描述为管理者运用职权解决争端。当你需要对重大事件作出迅速的处理时，当你需要采取不同寻常的活动时，当对于你的处理方式其他人赞成与否无关紧要时，这种方式会取得很好的效果。

（4）妥协（compromise）。要求每一方都作出一定的、有价值的让步。在劳资双方协商新的劳工合同时常常采用这种方法。当冲突双方势均力敌时，当希望对一项复杂问题取得暂行的解决方法时，当时间要求过紧需要一个权宜之计时，妥协是最佳策略。

（5）合作（collaboration）。是一种“赢—赢”的解决方式，此时冲突各方都满足了自己的利益。它的典型特点是：各方开诚布公地讨论，积极倾听并理解双方的差异，对有利于双方的所有可能的解决办法进行仔细考察。什么时候合作是最好的冲突处理方法呢？当没有什么时间压力时，当冲突各方都希望以赢—赢的方式解决时，当问题十分重要不可能妥协折中时，合作是最佳策略。冲突管理战略如图 10-8。

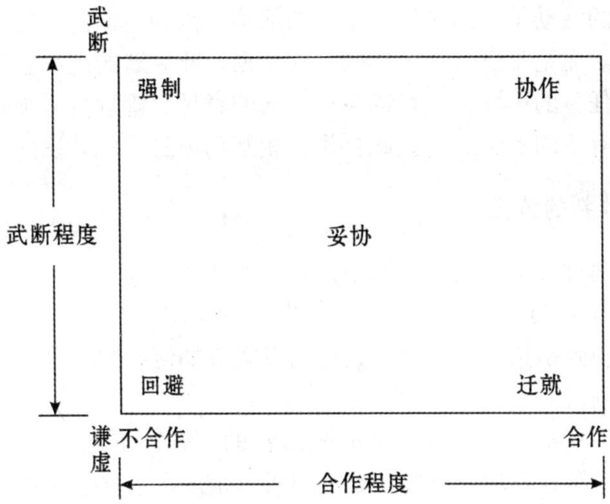

图 10－8　冲突管理战略

管理者采用什么手段来减弱冲突呢？当冲突无关紧要时，或当冲突双方情绪极为激动、需要时间恢复平静时，可采用回避策略；当维持和谐关系十分重要时，可采用迁就策略；当必须对重大事件或紧急事件进行迅速处理时，可采用强制策略，用行政命令的方式牺牲某一方的利益后，再慢慢做安抚工作；当冲突双方势均力敌、争执不下，需要采取权宜之计时，只好双方都作出一些让步，实现妥协；当事件十分重大，双方不可能妥协时，经过开诚布公的谈判，走向对双方均有利的合作或双赢的解决方式。

二、谈判的含义与分类

（一）谈判的含义

谈判，就是有关组织或个人对涉及切身利益的分歧或冲突进行反复磋商，寻求解决途径和达成协议来满足各自需要的沟通协调活动。谈判是以满足自身的利益需要为目的的。通过谈判，可以改善原来的社会关系，建立和谐的氛围。同时谈判也是信息的传递和沟通过程，是谈判双方彼此交流思想的过程，是一门语言艺术。

谈判是一种极为普通的活动。几乎每个人每天都要进行某种形式的谈判，以便解决同他人的分歧或者满足自己的愿望。对管理者来说，谈判已经不仅仅是一种普通的活动了，而是极为重要的活动。因为他们需要处理许多有关组织方面的问题。无论是制订下一年的工作计划、建立新的组织管理架构，还是控制一项工作任务的进度，人们都会有不同的意见。管理者必须找到一种有效的方法，使持有不同意见的人彼此合作，相互沟通，达成共识。

（二）谈判的分类

谈判有两种基本方法：分配型谈判和综合型谈判。

1. 分配型谈判

分配型谈判是指对一份固定数量的方案应如何分配，自愿进行协商，是一种赢一输谈判。

比如，你在报纸上看到一则旧车出售的广告，车似乎是你一直想要的那种。你去看了车，发现还可以，因而想买下来。车主报了卖价，可你不想花那么多钱，于是你们二人就价格开始进行协商。你所参与的这种谈判过程称为分配谈判（distributive bargaining）。其最明显的特点是，在零和条件（有输有赢）下运作。也就是说，这一方所获得的任何收益恰恰是另一方所付出的代价；反之亦然。以前面所说的旧车为例，你从卖主那里讲下来的每一块钱都节省了你的开支；相反，卖主每多得一元钱都是来自于你的花费。因此，分配谈判的本质是，对于一份固定利益谁各应分得多少进行协商。

在分配谈判中最常引用的例子是劳资双方对工资的谈判。一般情况下，工人代表在谈判桌前总是想从资方那里尽可能多地得到钱。由于在谈判中工人每一分钱的增加都提高了资方的开销，因而谈判双方都表现出攻击性，并把对方视为必须击败的敌手。

图 10 - 9 描绘了分配谈判的策略。A、B 代表谈判双方。每一方均有自己希望实现的目标点，也有自己的抵触点。抵触点表明最低可接受的水平，如果在此点以下，人们会中止谈判而不会接受不利于自己的和解。双方的抵触点之间的区域使双方的愿望均能实现。

2. 综合型谈判

综合型谈判是指双方寻求一种或多种解决方案以达到双赢目标的谈判。

比如，一名妇女运动服生产厂的销售代表，与一位小型服装零售商谈好了一宗 15 000 元的订单。销售代表按照程序打电话给厂里的信用贷款部门。但他被告知，这名主顾过去曾有拖延付款的纪录，因此厂里不赞成他的赊购。第二天，销售代表与厂里的信贷经理一起讨论这个问题。销售代表不想失去这笔买卖，信贷经理也一样，但他同样不希望被收不回来的欠款所困扰。双方开诚

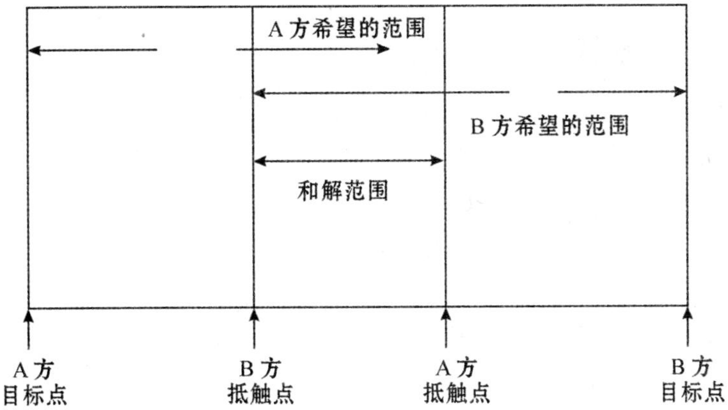

图 10－9　分配型谈判

布公地考察了他们所有有可能的选择。经过细致严谨的讨论，最后认可的解决办法满足了双方的需要：信贷经理同意这笔买卖，但服装商需要提供银行担保，如果 60 天内不付款可以保证得到赔偿。

销售员与信贷经理之间的谈判就是综合谈判（integrative bargaining）的例子。

这种谈判将谈判双方团结在一起，并使每一方在离开谈判桌时都感到自己获得胜利，因此它建构的是长期的关系并能推进将来的共同合作。但综合型谈判需要一些条件：信息的公开和双方的坦诚；一方对另一方需求的敏感性；信任别人的能力；双方维持灵活性的愿望。

二者的区别见表 10－4。

表 10－4　分配谈判和综合谈判

谈判特点	分配谈判	综合谈判
可能的资源	被分配的资源数量固定	被分配的资源数量不定
主要动机	我赢，你输	我赢，你赢
主要兴趣	相互对立	相互融合或相互一致
关系的焦点	短时间	长时间

与分配谈判相比，综合谈判是基于这样的假设解决问题的，即至少有一种处理办法能得到赢—赢的结果。

三、有效谈判的实现

（一）谈判的基本规则

1. 确定谈判策略

谈判策略有不同的分类，如阿库夫认为谈判的策略有十种：对谈判作出计划；采取双赢方法；保持高期望；使用简单易懂的语言；多提问，对答案要眼观耳听；建立牢固的关系；保持人品的正直；保留让步；保持耐心；具备文化上的知识，使谈判的环境适应于东道国。贝泽曼和尼尔将谈判策略分为寻求平衡的策略、利用差异达成一致协议的策略和其他促成一致协议的策略等。寻求平衡的策略又包括建立信任和分享信息、询问多种问题、提供某些信息、提出多种选择方案、寻找眼前协议之外的协议五种。利用差异达成一致协议的策略包括：利用双方的期望差异、风险偏好差异、时间偏好差异等创造互利互惠的可能性，考虑是否存在某种降低对方成本、实现自身利益要求的可能性方案等。

2. 选择谈判风格

谈判者可以根据五种冲突处理意向选择自己的谈判风格，包括竞争、合作、折中、回避和妥协。

3. 确定谈判时间和地点

确定谈判的具体时间及谈判的持续时间。如果谈判要分阶段进行，还要确定每个阶段时间的长短。应根据谈判的准备情况、谈判议题的多少和重要性、谈判对手的情况等来确定时间。谈判的地点一般选择自己的领地比较有利，但对于重要的谈判，最好选择一个中立的地方。

（二）谈判的策略

1. 分配型谈判的策略

分配型谈判的主要目的是达到自己的要求，实现自己的既定目标。可以使用以下策略：

（1）心理战术。采用以情感人的方法促使对方让步的谈判策略。比如，以示弱等软方式来博得对方的同情与怜悯；恭维虚荣心比较强的对手使其冲昏头脑而失去正常的判断力与控制力；激怒对方以打乱对方正常的思维等。如果对手采取心理战，应注意：保持清醒的头脑，当情绪不稳、思绪不宁、急躁冒进等情况出现时，应设法终止会谈，或提出休息以平静自己的情绪；时刻提醒自己不要感情用事，应理智地处理问题；时刻提醒自己谈判要解决的主要问题，不要因为其他因素而忽略了最重要的核心问题。

（2）声东击西策略。为了达到自己真正的目的，故意将议题引向对自己来讲并不重要的问题上去，以分散对方的注意力。这种策略可以通过表明我方对讨论问题的重视以表示我们的谈判诚意。在谈判中，我们要作出一定的让步以便让对方感到满意和高兴；可以转移对方的视线；通过目前的谈判摸清对方的虚实，为正式谈判铺平道路；将主要问题的讨论暂时搁置起来以便有更多的时间作充分的准备。

（3）拉锯战。故意拖延时间，通过许多回合的拉锯战使对方疲劳生厌，产生急躁情绪。等对方精疲力竭时再展开反攻，这样可以挫败其锐气。这种策略对急功近利、盛气凌人的对手比较有效。

（4）白脸红脸策略。谈判小组的成员分为扮演白脸与红脸等不同角色，白脸向对方提出苛刻的条件并且在谈判中寸步不让。当谈判中双方争得不可开交时，红脸谈判者出面缓解气氛，相互谅解以达成协议。

（5）最后期限策略。提出签约的最后期限会给对手施加压力，尤其是当对方有签约使命时。这样有利于促成双方加快谈判的进程，并可能会忽略一些细节，从而带来对我方有利的效果。

（6）出其不意，攻其不备策略。为打乱对方的计划，采取对手预想不到的措施，如提出对方毫无准备的问题、突然改变谈判的时间和地点、突然亮出我们所掌握的对对方不利的信息等。

（7）以林遮木。故意给对方介绍一些毫不相关的情况或提供一大堆琐碎的资料，分散对方的注意力，隐藏自己的真正目的。但如果对方使用此策略就应该注意：要保持清醒的头脑，谈判之前尽可能多地了解问题的本质，以便能够对信息有较强的分辨力。

（8）以退为进策略。为了以后能更有利地进攻或实现更大的目标，暂时退让或妥协。如先提出温和的要求，或接受对方的一些条件，然后以此为筹码，提出更苛刻的条件，发动更猛烈的进攻。

（9）得寸进尺策略。在对方作出一定让步的基础上继续进攻，提出更多的要求，以逐渐接近我方谈判目标。

2. 综合型谈判的策略

综合型谈判的最终目的是双赢或多赢。常用的策略有：

（1）开诚布公策略。在谈判过程中谈判人员持诚恳、坦率的态度向对方袒露自己真实思想的观点，实事求是地介绍自己的情况，客观地提出己方的要求，以促使对方通力合作，以便在诚恳、坦率的氛围中达成协议。这种策略成功的前提是双方都开诚布公，都以合作的态度对待谈判。

（2）休会策略。谈判进行中遇到某种障碍或进行到某一阶段时，双方中断谈判，休息片刻，以恢复体力，调整策略或收集支持的信息。

（3）情感联络策略。在谈判过程中双方互赠小礼品以表示对对方的尊重、合作的诚意、友好的感情，以使双方在友好的氛围中进行谈判。

（4）非正式接触策略。在谈判之余，双方一起就餐、娱乐，举行非正式的活动，以加深了解，融洽关系，这利于谈判中的合作。

（5）留有余地策略。即使谈判中对方提出的要求合情合理，也不要立即答应，否则容易使对方认为很容易而提出更多的要求。

（6）权力有限策略。当对方提出的要求超出己方的限度时，可以以超出权力范围为由加以拒绝。

【本章小结】

沟通是指可理解的信息或思想在两个或两个以上人群中的传递或交换的过程，目的是激励或影响人的行为。

沟通过程包括七个部分：①信息发送者；②信息；③编码；④渠道；⑤解码；⑥信息接收者；⑦反馈。

按沟通网络的基本形式划分，有链式、Y 式、轮式、环式和全通道式沟通。

通过反馈、简化语言、抑制情绪和注意非言语提示可以帮助实现有效沟通。

冲突有两种：建设性冲突和破坏性冲突。

谈判有两种基本方法：分配型谈判和综合型谈判。

当冲突过于激烈时，管理者可以采用回避、迁就、强制、妥协和合作五种手段来减弱冲突。

【关键术语与概念】

沟通　有效沟通　积极倾听　谈判　冲突

【拓展阅读】

1. ［美］马蒂·布朗斯坦．有效沟通．北京燕清联合传媒管理咨询中心

译. 北京：机械工业出版社，2008

2. 陈耀南. 中国人的沟通艺术. 北京：中国人民大学出版社，2008

3. 明卫红. 沟通技能训练. 北京：机械工业出版社，2008

4. 郭台鸿. 高效沟通24法则. 北京：清华大学出版社，2009

5. 鞠远华. 5分钟打动人心：善用赞美的13种方法. 北京：北京大学出版社，2009

第十一章　管理创新

【本章学习要点】

■ 掌握管理创新的概念。

■ 了解管理创新的动因及其作用。

■ 掌握管理创新的基本内容。

■ 掌握管理创新的过程。

■ 了解流程管理与流程再造。

组织、领导与控制是保证计划目标的实现所不可缺少的。从某种意义上来说，它们同属于管理的“维持职能”。其任务是保证系统按预定的方向和规则运行。但是，管理是在动态环境中生存的社会经济系统，仅有维持是不够的，还必须不断调整系统活动的内容和目标，以适应环境变化的要求。这就是经常被人们忽视的管理的“创新职能”。

第一节　创新概述

1912 年，美国经济学家熊彼特在他的《经济发展理论》一书中首次提出了创新的概念。熊彼特认为，“创新”就是把生产要素和生产条件的新组合引入生产体系，即“建立一种新的生产函数”，其目的是为了获取潜在的利润。它包括五种情况：引入一种新产品；引入一种新的生产方法；开辟一个新的市场；获得原材料或半成品的一种新的供应来源；实现新的企业组织体制。但熊彼特的理论一直不被人们重视。直到 20 世纪 90 年代，随着外部环境的巨大变迁，原有的管理理论、方法越来越不能适应新时代的要求，各国的理论界、实业界纷纷对已有的管理思想进行评价、分析，希望能找出一条新的思路。在这种情况下，管理创新才开始引起人们的重视，成为现代管理的热点和趋势。

一、管理创新的概念

管理既是一门科学，也是一门艺术，管理的灵魂在于创新。只有创新，管理才有生命力。综观全球经济的发展，我们可以毫不夸张地说，21 世纪的管理是管理的创新和创新的管理。所谓管理创新就是根据内部条件和外部环境的变化，不断创造出新的管理制度、新的管理方法、新的工艺方式和新的市场等，促使管理要素更加合理地组合运行，实现组织目标。这一过程，也就是管理本身的过程。所以我们可以这样说，管理过程就是创新过程，管理就是创新。

我们这里所说的创新与个人的突发奇想或偶然之得不同。虽然许多创新都是以个人的突发奇想或偶然之得为起点的，但是，真正的、成功的创新要复杂得多。创新是一个过程，它可能起源于个人因素，也可能起源于学习和借鉴。但创新之所以被称为创新，并不主要取决于这个起点，而是取决于这个起点基础上的巨大努力。这些努力包括：学习和借鉴；善于创造条件和环境；善于把起点系统化；以及变革与发展等。从经济学的角度看，创新意味着提供一种替代，如新的技术、产品替代落后的技术、产品，新的管理思想、方法、制度替代落后的管理思想、方法和制度等。无论是资源的替代，还是方法、观念的替代，都存在着效率和效益的问题。如果管理创新不能提供使用价值更高、相对成本更低的新产品、新方法和新思路，那么，这个创新即使不是一文不值，也很难引起人们的重视。

二、管理创新的动因

管理创新是组织发展的客观要求，是社会发展的必然。具体说来，管理创新的动因来自两个方面，即外部环境的变化和内部条件的变化。

（一）外部环境的变化

组织是一个开放的系统，它必须与外部环境不断发生物质的、能量的、信息的交换。组织能够生存和发展，是因为组织不断为社会作出贡献，如提供产品、服务以及上缴税金等。同时，又从社会获取所需的资源，并加以组合利用。在现实生活中，由于各种影响因素（如技术、经济、法律、政治、生态环境、文化等）的变化，社会对组织贡献的需要以及社会向组织提供的资源不断发生变化。组织如果不作出迅速反应，及时调整和变革自己的行动目标、行动内容和行为方式，必将逐渐萎缩甚至被淘汰。在外部环境变化中，对管理创新促进最大的主要有以下三个方面：

1. 市场的变化

首先，经济组织作为市场的供应方，是为了满足市场的需要而存在的，当市场的需要以及竞争形势发生了变化，经济组织就必须调整自己的资源配置，制定新的经营战略，调整自己的产品结构，开发新的产品等，从而促进经济组织的管理创新。其次，经济组织作为市场的需求者，必须从市场获得所需的资源（原材料、劳动力、信息等）。当市场的供应发生了变化，经济组织也必须及时地进行调整，如开发新材料、调整自己的用工制度等，从而促进经济组织的管理创新。

2. 科学技术的发展

这里所说的科学技术，既包括自然科学技术，也包括社会科学。管理创新依赖于自然科学技术的发展，如计量装置和高速摄影技术使工时研究真正成为一种科学；机器设备代替手工作业加快了生产的专业化进程；传送带和机械化生产使标准化被强制执行，并促使规模化管理模式的诞生；数理统计技术促进了质量管理的发展等。这些自然科学技术的发展又促使了管理的发展与创新。社会科学对管理创新的促进作用更为直接。因为管理本身就是社会科学的一个部分。在管理科学的发展和管理实践过程中，正是因为不断吸收了经济学、社会学、心理学、行为科学和其他社会科学的最新理论和方法，不断地进行创新，才使管理逐渐走向了成熟。

3. 社会政治、文化背景的变化

社会政治和文化背景是组织重要的环境因素。它以无形的状态深入组织员工以及组织的方方面面，故创新主体的主导意识、价值观念必然要受到其影响。当社会的政治和文化背景发生变化时，管理就必须通过创新来进行适应。日本的终身雇佣制、年功序列工资制和企业内部工会制是由日本的社会政治和文化的特点所决定的，是创造日本管理模式的根基；德国的“职工参与决策”制度是由德国的社会政治和文化的特点所决定的，是创造德国式管理的根基；美国的自由雇佣和行业工会制是美国的社会政治和文化的特点所决定的，是创造美式管理的根基。但社会政治和文化背景总是在不断变化的，管理创新必须随着社会政治和文化背景的变化而发生。一般说来，美国人主张自由企业制，但 1929 年的经济大萧条，打破了美国人的乐观主义。他们把罗斯福推举上台，拥护他实行新政，让他放手干预经济和福利制度，工人和工会的地位得到了显著提高。管理不得不通过创新来适应这种新的形势，“社会人”观点和行为科学正是在这种背景下开始被人们普遍重视的。同样，环境保护和动物保护运动的兴起，以及其他社会文化环境因素的变化，都在很大程度上左右着组织的决策，促使组织进行管理创新。

（二）内部条件的变化

管理创新不仅要受到来自组织外部诸多因素的影响和促进，同样，组织内部条件发生了变化，管理者也必须通过创新来加以适应。任何组织的机构、制度、经营战略等都是根据组织的内部条件并结合外部环境的机会来设计的。当组织的内部条件发生了变化，组织就必须根据这些变化，对管理的各个方面（组织机构、管理制度、产品结构等）进行调整，从而促进管理创新。在组织内部的诸多因素中，对管理创新促进作用最大的，主要有以下三个因素：

1. 人的因素

人是任何组织都不可缺少的重要组成部分，离开了人，组织就不存在了。组织的各项活动，如资金的筹集、经营战略的制定和执行、产品的设计和生产等，都是由人来完成的，管理归根到底就是对人的管理。而人的思想观念、素质等总是在变化的，这就要求管理者必须不断地创造出与人的思想观念和素质变化相适应的新观念和新管理方法。

在 20 世纪初期，当大量不识字的农民涌入工厂工作时，在管理上实行现代企业管理中的参与管理和团队方法，无疑是一种很愚蠢的做法。对这些没有文化的工人，最好的办法就是实行高度的专业化和标准化作业。因为这使得培训和操作都变得简单易行，因此，形成了“经济人”观点。到了 20 世纪 20 年代，一方面是工人的觉醒，反压迫的斗争日益高涨；另一方面是经济的发展和周期性经济危机的加剧，使得企业感到再靠传统的管理理论和方法已经不可能有效地控制工人，达到提高生产效率和利润的目的。于是，管理者们开始从生理学、心理学、社会学等方面来研究管理中人的问题，因而形成了行为学派，把人看成是“社会人”，改变了过去那种控制式、命令式和惩罚式的管理。到了现在，随着职工素质的大幅度提高，以及思想观念的转变，参与管理、团队文化逐渐在世界各国的企业中推广开来。这些都是由于人的因素，促使管理创新的结果。

2. 成本因素

成本是衡量生产投入的重要指标，成本越低，效益越好，这是简单易懂的。在组织内部，管理创新的主要压力，或者说主要的驱动力就是成本。不断降低成本是管理创新的主要内容。

20 世纪初期，由于生产力的发展，企业向社会提供的产品数量不断增加，市场逐渐由卖方市场转向买方市场，竞争逐步激烈化。世界各国的企业都积极探索降低成本、提高产品竞争力的新方法，规模模式应运而生，以大规模生产和销售来降低产品成本，提高企业效益，从而促进了一大批企业的发展。到了第二次世界大战期间，规模模式基本定型，欧美发达国家主要行业的垄断已达到了很高的程度，管理过程中提高质量与降低成本的矛盾开始激化，成为企业管理探索的新课题。“全面质量管理”从而逐步在世界各国普及开来，把质量管理从过去的事后延伸到了事中、事前。运用数理统计的、全员参与的质量控制方法，不仅降低了检验成本，而且降低了由于质量缺陷所带来的成本损耗，使企业管理的模式从规模模式向质量模式转变。到了 20 世纪 60 年代，由于日本经济的发展，日本企业开始向海外市场扩张。为了适应竞争的形势以及市场细分化的需要，日本企业开始研究多品种、小规模生产情况下降低成本的问题，创造和完善了“准时制”生产方式，实现了多品种、小规模生产下的低成本，从而促进了日本企业走向世界。所有这些，都是在降低成本的促使之下进行管理创新的结果。

3. 创新主体实现自我价值的需要

根据马斯洛的需求层次理论，人的需求是行为的主要动因之一。马斯洛认为，人有自我实现的需求，而这一需求是人的需求层次中最高的。创新主体在创新行为之前或创新行为过程中对自我价值实现的追求往往成为其重要的动因之一。因为一旦创新成功，就能显著提高创新主体的自身价值，可以从中获得成就感，得到一种自我的满足。因此，创新主体既实现了自我价值，也促使了企业管理的创新。

三、管理创新的作用

管理创新是现代管理一项重要的职能，对于组织甚至整个社会都具有十分重要的意义。

（一）管理创新是保持组织活力的源泉

在组织生存与发展过程中会逐步地形成一套特有的处事原则、活动程序等，也就是会形成自己特有的文化。这种特有文化的形成，势必束缚人们的思想，排挤一切不符合文化的行为，导致组织陷入僵化。管理创新就是对原有次序的一种破坏。它能消除存在于组织成员中的惰性，促使组织成员不断地审视过去，积极探索新的行为模式，使整个组织充满生机和活力。此外，管理创新能不断完善组织的内部管理，使组织有效地适应环境的变化，从而更具生命力。

（二）管理创新是组织适应环境变化的根本

人的生存能力取决于人对自然环境和社会环境的适应能力。而组织的生存与发展则取决于组织对环境变化的应变程度。一个组织要有效地适应环境的变化，就必须对组织的内部条件进行改革和创新。没有组织机构和管理制度的完善，没有生产技术的进步、产品的革新和新产品的开发，没有资源配置的调整等管理创新，适应环境变化就只是一句空话。

（三）管理创新是组织发展的客观要求

组织的发展在于生存空间的不断扩大，以及组织资产的不断增值。而生存空间的扩大和资产的增值，客观上要求组织不断拓展新的业务范围（地域范围和产品品种范围）；不断运用先进的生产技术提高产品质量、降低成本；不断根据环境的变化调整自己的管理观念、手段和方法等。而这些只能通过管理创新来实现。没有管理的创新，就没有组织的长久发展。

（四）管理创新是推动社会进步的重要力量

马克思说过，人类文明发展史实际上是一部生产力的发展史。而推动生产力发展最直接、最主要的动因，就是管理创新。熊彼特在著作中也指出，资本主义的发展，主要依赖于管理创新这一内在因素。管理创新必须符合市场的需要，符合社会发展的需要。否则，不可能成为成功的管理创新。所以，任何管理创新都将对社会发展产生推动作用。此外，管理创新虽然是从局部开始的，但它的扩散作用，势必带动整个社会管理水平的提高，以及新技术的普及运用，从而极大地推动社会进步。

四、管理创新的基本内容

管理创新的内容非常广泛，它涉及管理工作的各个方面。概括地讲，主要有观念创新、环境创新、技术创新、组织创新和制度创新等几项基本内容。

（一）观念创新

人们的行为总是要受到一定思想观念的支配，思想解放是社会变革的前提，观念创新是一切创新的先导。所以，管理创新最基本的内容就是观念创新。

所谓观念创新就是创造和运用体现现代进步的新思想、新方法处理现实问题的过程。思路决定出路，没有创新的思维就没有创新的方法，没有创新的方法就不可能解决新问题。无论是组织改革，还是组织发展，首先冲击到的就是组织成员的思想观念。不首先打破传统思维模式的束缚，就难以产生新颖而有意义的行动。观念落后，抱残守缺，组织的一切创新也就无从谈起。但是，观念创新并非一件容易的事情。因为相对于传统的思想观念和社会生产，观念的创新是一个否定自我、超越自我的过程；是一个改变现有利益格局、重新构建利益关系的过程；是一个不断学习、积累和提高的过程；是一个从现有信息和条件出发，对于未来不确定的事件作出重大决策的过程。因此，观念创新必须具有足够的勇气和无畏的精神。一般说来，观念创新是从领悟与众不同的个性特征开始的。

观念创新既是管理创新的重要内容，同时也是推动管理创新最直接的动力。在管理的过程中，我们常常能见到这样的情况，一些资金充裕的大公司，由于忽视了市场和科技的发展趋势，缺乏创新观念，不能正确地调整资源配置而跟不上时代的发展。IBM 公司对于 20 世纪 90 年代末期兴起的个人电脑无论从技术还是资金上都有充分的开发能力，但它却沉迷于大型计算机的开发与生产，没能及时地进行观念创新，调整资源配置，结果在个人电脑市场上落后于许多小公司；摩托罗拉公司对于开发数字移动通信设备无论在技术还是资金方面都有雄厚的实力，但它却迷恋于模拟技术和已有的市场，结果在技术上一度落后于一些欧洲公司；日本索尼公司由于把大量的资金用于购买美国的电视公司和房地产，造成技术创新后继乏力。1995 年索尼公司被迫承认：20 世纪 90 年代以来，索尼已经拿不出什么创新产品，在数字技术方面也已落后于竞争对手，再这样发展下去，索尼将面临创造力枯竭的危险。由此我们可以看出，是观念和意愿在调动着组织的资本运营。观念创新虽然是无形的，但它却是组织的重要资源，是管理创新的重要组成部分与推动力。

总之，观念创新并不仅仅局限于观念本身。观念创新的指向实际上是现有的利益格局，意味着自己“否定”自己的过去，意味着自己超越自己，加之创新本身具有极大的风险性，更增加了观念创新的难度。这时，创新者不但需要挑战他人的勇气，而且需要挑战自我的勇气，更需要充分地学习和掌握信息，需要不确定型决策者的勇气和超人的胆识，甚至需要“冒天下之大不韪”。

（二）环境创新

组织与人一样都生存在特定的环境之中。环境的好坏对人有着重要的影响，同样，环境的好坏对一个组织的生存与发展也有着重要的影响。离开了环境，组织也就不存在了，更谈不上什么管理了。由于环境对组织、管理都如此重要，因此，在管理的过程中必须对组织所处的环境有一个清醒的认识。因为管理的成效在很大程度上取决于管理行为符合环境需要的程度。一切脱离环境的管理行为，最终都会造成组织的损失。

所谓环境创新就是有效利用组织的资源，突破局部环境的束缚，造就一个有利于组织生存与发展的环境状态的过程。管理必须有效地适应环境的变化。但适应环境变化绝不是管理的全部，管理同时还是一种改造环境的创造性活动。对组织的外部环境来说，管理人员的改造能力是有限的，但绝不是一筹莫展的。管理人员完全可以利用自己的聪明才智，利用组织有限的力量，通过创造市场、战略重组等手段，突破局部环境的束缚，为组织的生存与发展创造一个良好的局部环境。组织的内部环境，管理人员是可以控制和改造的，而且是管理人员发挥自己领导才能的舞台。现代管理人员必须树立起环境创新的思想意识，主动积极地投身到环境的变化之中。

一般说来，环境创新首先从完善内部条件入手（也就是内部环境创新）。没有良好的内部管理，没有奋发向上的精神文化，没有先进的生产技术和雄厚的技术开发能力等作为基础，环境创新就只是一句空话。其次，环境创新必须有效地利用外部环境变化所提供的机会。对于组织来说，创新环境的能力是很有限的。只有把组织有限的能量与环境变化所提供的机会有机地结合起来，才可能很好地突破局部环境状态，为自己营造一个良好的发展空间。

（三）技术创新

技术创新是一项高风险、高回报的科研生产经营活动，是组织实现可持续发展的基础，是一个国家实现经济持续增长的重要来源。没有技术创新，组织生产的产品或提供的服务就难以适应社会需求的变化；而不能适应社会需求变化的组织，最终将被社会所淘汰。对于一个国家来说，没有技术创新，国民经济的增长就缺乏革新技术的保证和支持，难以实现经济增长方式的有效转变，难以提高国家在国际市场上的竞争能力。在高新技术激烈竞争的今天，技术创新显得尤为重要。

关于技术创新的概念，目前理论界还没有一个完全统一的认识，概括地讲有狭义和广义两种不同的解释。狭义的技术创新是指新产品和新工艺设想的提出和开发，而广义的技术创新则是指一个创新的过程。它是在新产品或新工艺设想提出的基础上，经过研究与开发，到实现产业化、商业化生产，而且在市场上获得成功的全过程，是技术与市场的有机结合。我们这里所提到的技术创新，主要是指广义的技术创新。技术创新包括四个要素：创新者、创新机会、创新环境和创新支持系统。技术创新是一种多阶段的决策过程。

1. 技术创新的阶段

从管理决策的角度看，技术创新是一种多阶段的决策过程，可以分成若干阶段：

（1）机会识别阶段。要弄清市场需要，并且基于对当前社会与经济环境的正确分析，使新思想和技术可行性相结合。

（2）思想形成阶段。对所形成的新设计思想进行评价，决定该技术创新是否值得继续投入资源，把创新项目推向下一阶段。

（3）问题求解阶段。新思想的形成与设计概念的产生，提出需要解决的问题，从而投入人力、物力、财力去寻求解决方法。

（4）问题解决阶段。问题可以通过发明解决。获得发明专利，也可以采用他人发明或已有的技术解决问题，称为模仿或仿造。

（5）批量生产开发阶段。技术创新活动主要解决批量生产的工艺技术以及降低成本和满足市场需求等问题。

（6）新技术应用与推广阶段。新技术、新产品首次得到应用并向市场推广，少数新产品得到畅销并顺利回收对技术创新的投资。

2. 技术创新的特点

技术创新不同于组织日常性的生产经营活动，与其他形式的管理创新相比较，也具有一些不同的特点。一般说来，技术创新有以下几个方面的特点：

（1）技术创新具有信息化。

（2）技术创新具有多学科性。

（3）技术创新具有很大的风险性。

（4）技术创新具有高收益性。

（5）技术创新具有显著的创造性。

（6）技术创新具有继承性。

（四）组织创新

组织与任何生命体一样，都有自己的生命周期，存在着初生、成长、成熟和衰亡的过程。为了延长组织的生命周期，增强组织的生命活力，就需要不断地进行组织创新。当前我们所处的时代是一个变革的时代，组织面临着更加复杂多变的环境：一方面是现有的组织理论和组织形式面临着巨大的冲击；另一方面是新的管理思想和新的组织形式不断涌现，客观上都要求组织迅速作出反应。因此，组织创新无论是在理论界，还是在实业界，都日益受到重视。

关于组织创新的概念目前理论界存在许多不同的看法。有的学者认为，组织创新是指影响创新性技术成果运行的社会组织方式、技术组合形态和制度支持体系的创新。它不是泛指一切有关组织的变革，而是专指能使技术创新得到追加利益的组织变革。还有学者认为，组织创新是指在现行的生产体系中引入新的组织形式，形成新的组织。我们认为，组织创新是指组织根据内外环境的变化，调整内部的若干状态，以维持组织本身的生存与发展的过程。这种调整可以分为两种类型：一是组织的增量式创新，即不改变原有组织结构的性质，而是对组织的机构、手段或程序等的调整，如控制制度的精细化、组织机构的精简、人事上的变更或组织一项交易程序的调整等。二是组织的彻底性创新，即组织结构的根本性变化。如组织机构的基本形态的发展、部门机构职责和权限的发展、组织机构中信息网络重构以及组织机构中人际关系的重新安排等。

组织创新无论是在创新的内容、过程还是在创新的结构上都具备一些重要的特点，这些特点集中体现在四个方面：

（1）组织创新的产权难以以专利的方式来进行保护。

（2）要评估组织创新的经济地位及其重要性很困难。

（3）组织创新活动对组织的战略和经济技术实力的依赖很大。

（4）组织创新是组织内部结构的不断优化，或是各种社会组织之间的横向结合，表现为组织功能的不断完善。

（五）制度创新

对经济增长起着决定性作用的因素是制度性因素，而非技术性因素。一个社会如果未能实现经济持续增长，那是因为社会没有为经济创新活动提供激励。也就是说，没有从制度方面去保证创新活动的行为主体得到最低限度的报酬或好处。有效率的、有组织的生产，需要在制度上作出安排和确定产权能对人的经济活动造成一种激励效应。制度创新为技术创新的持续涌现和经济持续增长提供了体制保障。

制度是指作为一个有机组织，为了实现组织的既定目标和实现内部资源与外部环境的协调，在财产关系、组织结构、运行机制和管理规范等方面的一系列制度安排。它主要包括产权制度、经营制度（经营机制）和管理制度三个不同层次、不同方面的内容。产权制度是决定组织其他制度的根本性制度，它规定着组织所有者对组织的权利、利益和责任；经营制度（经营机制）是有关经营权的归属及行使权利的条件、范围、限制等方面的原则规定，它构成公司的“法人治理结构”，包括目标机制、激励机制和约束机制等；管理制度是行使经营权，组织日常经营活动的各项具体规则的总称。其中，分配制度是其重要的内容之一。

所谓制度创新就是改变原有的组织制度，塑造适应社会生产力发展的市场经济体制和现代化大生产要求的新的微观基础，建立起产权清晰、权责明确、政企分开、管理科学的现代组织制度的过程。如产权制度创新、系统化管理制度创新、管理制度的制定方式创新以及管理制度效用评价体系创新等。

制度创新是组织发展的基础，是组织整体创新的前提和条件，同时也是实现一个组织不断创新的保障。没有一个创新的组织制度，组织的其他创新活动就不可能有效和持久。制度创新的作用突出表现在以下几个方面：

（1）适时的制度创新能够使组织站在发展的前沿。组织的外部环境总是处在不断发展变化之中，随着世界经济一体化、国际化、区域化和网络化格局的形成和加深，组织比任何时候都更开放。组织只有和外界保持良好的关系，才能经久不衰，站在发展的前沿。相反，如果组织的体制僵化，创新不足，便会造成毁灭性的打击。

（2）制度创新是搞好组织各项管理工作的基础。从广义的角度上讲，组织的制度就是管理的制度化。管理本身就是强制性与艺术性的统一。为了使组织的各项管理工作（如人事管理、生产管理、营销管理以及管理创新工作等）符合组织内外环境变化的需要，并取得良好的管理成效，就必须首先从制度上为其开路。没有适时的制度创新，就没有充满活力的组织。

（3）制度创新能够为创新过程中的合作提供基础。随着人类创新活动的不断拓展，社会化、专业化程度的不断提高，创新活动已经从个人行为转变为集团行为，这就使得不同创新者之间的合作变得越来越重要。但是，不同创新者之间的合作是以“共识”的形成为基础的。这里所说的“共识”就是人们在社会分工与协作过程中，经过多次较量而达成的一系列契约的总和。这就是一种制度，它通过明确人们在什么条件下能做什么、能得到什么、不能做什么以及违约将要付出的代价等问题，为合作提供了一个基本框架。因此，没有制度的创新，不同创新者之间的这种“共识”就难以形成，创新合作也就不可能。

（4）制度创新将为组织的其他创新活动提供激励机制，刺激其他创新活动的开展。任何一种制度的基本任务就是对个人的行为形成一个激励。通过这些激励，每个人都将受到鼓励而去从事那些对他们有利的经济活动。创新是具有很大风险的活动，如果没有相应的制度激励，创新的动力必将大打折扣。在激烈的市场竞争中，谁胜谁负的关键取决于创新，创新已经成为组织生存与发展之本。因此，任何组织都必须不断地进行制度创新，不断地形成新的激励机制，最大限度地刺激组织其他创新活动的开展。

第二节　管理创新的过程及其管理

管理创新是一项高度复杂的活动，要受诸多方面因素的影响。因此，管理创新要获得成功，不仅要掌握特定的创新方法，还必须了解和掌握创新活动的程序，要有科学的管理。

创新有无规律可循？对这个问题是有争议的。美国创新活动非常活跃，经营成功的3M公司的一位常务副总裁在一次讲演中甚至这样开头：“大家必须以一个坚定不移的信念作为出发点，这就是：创新是一个杂乱无章的过程。”

创新是对旧事物的否定，对新事物的探索。由于对旧事物的否定，创新必定要突破原先的制度，破坏原先的秩序，不遵守原先的章程；由于对新事物的探索，创新者只能在不断的尝试中去寻找新的程序、新的方法，在最终的成果取得之前，可能要经历无数次反复，无数次失败。因此，它看上去必然是杂乱的。但这种“杂乱无章性”是相对于旧制度、旧秩序而言的，是相对于个别创新而言的。就创新的总体或一般来说，它们必然依循一定的步骤、程序和规律。

管理创新的内容不同，创新活动的过程也有所差异。总结众多成功企业的经验，一般而言，管理创新应包括以下几个阶段：

一、准备阶段

创新性思维是人类智能活动的最高表现，它对创新者有很高的要求。一般说来，有四个方面的前提条件：

（1）知识和经验的积累。知识和经验的积累是人们创新的基本条件。不管进行哪种创新或革新，都必须对创新对象有全面深入的了解。创新不是无中生有，而是在已有知识和经验基础上的升华。因此，没有知识和经验的积累，创新只能是空想。

（2）客观压力。这里所说的客观压力就是社会的需要，以及组织生存与发展的需要等。所有成功的创新都是建立在需要的基础上的。这个需要越迫切，它所产生的动力就越大，越能促使人们进行创新。

（3）主观压力。这里所说的主观压力就是创新者发自内心的创新愿望和动机。主观意愿支配着人的行为，而主观意愿的迫切性在很大程度上决定着人们行为的积极性与坚韧性。没有创新主体的主动性、积极性、自觉性，就不会有持续创造性。只有有了主观的压力，创新者才可能在创新过程中不畏艰险，知难而上，不屈不挠地去争取成功。

（4）强烈的好奇心。好奇心是指引人们走向未知领域的一种重要力量，是发现机会、引发创新的重要因素。有了强烈的好奇心，人们才会关注生活、工作中出现的各种不协调现象，并深入研究这些不协调产生的原因，从而积累必需的知识和发现创新的机会。随着知识的不断积累，以及对某一领域的深入了解，好奇心又会引导人们想办法解决新的问题，从而引发创新。

创新准备是一个漫长的过程，但却对创新活动有着重要的影响。创新者必须加强自身的完善，才能够及时有效地把握创新的机遇。

二、寻找机会

创新是对原有次序的一种破坏。原有次序之所以要被打破，是因为其组织内外存在着或出现了某种不协调的现象，这些不协调现象对组织的发展提供了机会或造成某种威胁。管理创新往往就是从密切注视、系统分析组织在运行过程中出现的不协调现象开始的。组织内外的不协调为管理创新提供了契机。如企业生产过程的污染与环境保护运动兴起之间的不协调；企业发展的需要与利润大幅度下滑的现实之间的不协调；社会科技的发展与企业生产技术的现实以及产品的技术水平之间的不协调等。通过对这些不协调现象的深入分析，我们就可以抓住管理创新的机会。

三、提出构想

发现组织内外的不协调只是创新活动的开始，还必须在此基础上认真分析和预测不协调现象的未来发展变化趋势，估计它们给组织带来的积极影响或产生的消极后果，运用各种创新的方法，如头脑风暴法、德尔菲法、哥顿法、检查提问法等，提出各种解决问题的构想，并综合分析和评价各个构想的可行性与效益性，从中选择出真正解决问题的办法。创新是一个复杂的过程，为了减少创新的投入（人力、物力、财力等的投入），必须对创新过程有一个合理的安排。

四、实施构想

构想只是一种行动方案，是对创新活动的内容、程序、人员安排等所作的总体规划。由于创新活动具有很大的不确定性，有许多问题是我们无法预计的，所以，这种构想可能是不完善的，甚至是很不完善的，需要我们在实施过程中不断调整、修正。而且，这种构想也只有建立在行动的基础上才有意义。创新成功一个重要的因素就是迅速行动。“没有行动的思想会自生自灭”，这一句话对于创新活动具有十分重要的意义。一味地追求完善，以减少受讥笑、受攻击的机会，就可能坐失良机，把创新的机会拱手让给竞争对手，或丧失创新的大好时机，造成创新失败。

五、坚持不懈

创新是一个非常复杂的过程，是一个不断尝试、不断失败、不断提高的过程，是有巨大风险的活动，马到成功的现象是极为罕见的。因此，在开始进行创新活动之后，为了取得最终的成功，必须坚定不移地继续下去，不断总结经验教训，修正和调整自己的行动，决不能半途而废，否则就会前功尽弃。正如伟大的发明家爱迪生所说：“我的成功是在一路失败中取得的。”作为一个创新者必须有足够的自信心，具有坚韧不拔、永不放弃的精神，也许成功就在于“最后五分钟”的坚持。

第三节　流程再造与流程管理

一、业务流程再造的定义

1990年，美国哈佛大学博士迈克尔·哈默教授和CSC Index首席执行官詹姆斯·钱皮在合作的文章*Reengineering Work：Don't Automate，But Obliterate*中提出了业务流程再造（BPR）的概念。定义如下："BPR是对企业的业务流程作根本性的思考和彻底性重建，其目的是在成本、质量、服务和速度等方面取得显著性的改善，使得企业能最大限度地适应以顾客（customer）、竞争（competition）、变化（change）为特征的现代企业经营环境。"

业务流程再造应包括四个要素：流程（process）、根本（fundamental）、彻底（radical）、和显著（dramatic）。

"流程"就是以从订单到交货或提供服务的一连串作业活动为着眼点，跨越不同职能和部门的分界线，以整体流程、整体优化的角度来考虑与分析问题，识别流程中的增值和非增值业务活动，剔除非增值活动，重新组合增值活动，优化作业过程，缩短交货周期。

"根本"就是要突破原有的思维方式，打破固有的管理规范，以回归零点的新观念和思考方式，对现有流程与系统进行综合分析与统筹考虑，避免将思维局限于现有的作业流程、系统结构与知识框架中，以取得目标流程设计的最优。

"彻底"就是要在"根本性"思考的前提下，摆脱现有系统的束缚，对流程进行设计，从而获得管理思想的重大突破和管理方式的革命性变化。不是在以往基础上的修修补补，而是彻底性的变革，追求问题的根本解决。

"显著"是指通过对流程的根本思考，找到限制企业整体绩效提高的各个环节和因素。通过彻底性的重新设计来降低成本，节约时间，增强企业竞争力，从而使得企业的管理方式与手段、企业的整体运作效果达到一个质的飞跃，体现高效益和高回报。

同时迈克尔·哈默在他的开篇之作"再造不是自动化，而是重新开始"一文中为流程再造总结了八条原则：

一是要围绕结果进行组织，而不是围绕任务进行组织。企业应当围绕某个目标或结果，而不是单个的任务来设计流程中的工作。

二是要让利用流程结果的人执行流程。基于计算机的数据和专门技能越来越普及，部门、事业部和个人可以自行完成更多的工作。那些用来协调流程执行者和流程使用者的机制可以取消。

三是要将信息处理工作归入产生该信息的实际工作流程。

四是要将分散各处的资源视为集中的资源。企业可以利用数据库、电信网络和标准化处理系统，在获得规模和合作的益处的同时，保持灵活性和优良的服务。

五是要将平行的活动连接起来，而不是合并它们的结果。将平行职能连接起来，并且是在活动进行中，而不是在完成之后，对其进行协调。

六是要将开展工作的地方设定为决策点，并在流程中形成控制。让开展工作的人员决策，把控制系统嵌入流程之中。

七是要从源头上一次性获取信息。当信息传递难以实现时，人们只得重复收集信息。如今，当我们收集到一份信息时，可以把它储存到在线数据库里，供所有需要它的人查阅。

八是领导层要支持。流程再造要获得成功必须具备一个条件：领导层真正富有远见。除非领导层支持该工作，并能经受住企业内的冷嘲热讽，否则人们不会认真对待流程再造。为了赢得安于现状的人的支持，领导层必须表现出投入和坚持，可能再带一点狂热。

1993 年哈默与钱皮出版了《再造企业：管理革命的宣言》一书，系统阐述了 BPR 的思想，提出再造企业的首要任务是 BPR，只有建设好 BPR，才能使企业彻底摆脱困境。他们指出，面临着顾客日益挑剔、竞争日益激烈、变化日益频繁这三股力量冲击的当代企业，必须彻底改变传统的工作组织方式，从更好地满足内部和外部顾客需求出发，将流程涉及的一系列跨职能、跨边界的活动集成和整合起来，即以首尾相连的完整连贯的一体性流程来取代以往的被各部门割裂的、片段黏合式的破碎流程。这一突破性、根本性的变革称为“业务流程再造”。至此，BPR 作为一种新的管理思想，像一股风潮席卷了整个美国和其他工业化国家，并大有风靡世界之势。另外，对 BPR 作出重要贡献的除了哈默与钱皮外，还有托马斯·达文波特。现在基本上已把他们三位公推为 BPR 的奠基人。

业务流程再造的原则为：整合工作流程、由员工作决定、同步进行工作、流程的多样化、打破部门界限、减少监督审核、减少扩充协调、提供单点接触、集权分权并存。

自从哈默博士提出流程再造的概念与定义以来，有许多专家、学者用不同的词来阐述相近的意思。这些不同概述所表示的意义在某些特征方面有所不同，如改变的程度（彻底的还是渐进的）、实施的范围（企业内部或企业外部）、潜在的效益和风险等。但它们的着眼点都是企业的流程，希望通过企业流程的再造或再设计，获得企业绩效的改变，以提高顾客的满意度。各作者表达的意思不完全相同，所使用的概念也不完全一致。下表列举了一些有代表性的流程再造的概念与定义。

与流程再造有关的各种概念与定义

作者	概念	定义
T. H. Davernport & J. E. Short	BP Redesign 企业流程再设计	组织内或组织之间工作流程或各种流程的分析与设计
M. Hammer & J. Champy	BP Reengineering 企业流程再造	根本性的再思考，彻底翻新作业流程，以便在现今衡量表现的关键上，如成本、品质、服务和速度等获得显著的改善
M. Monow & M Hazell	BP Redesign 企业流程再设计	检查关键流程中的活动和信息流，以达到简化、降低成本、提高质量和柔性的目的
J. E. Short & N. Venkatraman	BP Redesign 企业流程再设计	企业对内部运营流程的重新构造以对顾客进行产品分销与发运服务方面的改善
J. E. Short & N. Venkatraman	BP Redesign 企业流程再设计	对从属于更大的企业网络中的部分重要的产品与服务进行重新构造
H. J. Johanssonetal	BP Redesign 企业流程再设计	是组织使成本、周期、服务和质量彻底变化的手段，它需要许多工具和方法，并强调企业是一系列面向客户的核心流程的集合
T. H. Davenport	BP Innovation 企业流程创新	达到企业巨大改善的流程创新工作
R. B. Kaplan & L. Murdock	Core Process Redesign 核心流程再设计	对企业是如何运行的进行根本性的再思考，对其工作流程、决策、组织和信息系统同时并以集成的方式进行再设计
J. N. Loewenthal	Organizational Reengineering 组织再设计	以组织核心竞争力为重点，对企业流程和组织结构进行根本性的再思考和再设计，以达到组织业绩的巨大提高

二、业务流程管理

BPM（Business Process Management，业务流程管理）的概念发源于IT业，原意是指通过图形化的流程模型描绘和控制信息的交换及交易的发生，对商业伙伴、内部应用、员工作业等活动进行协同与优化，使信息的流动无障碍并自动化。运用于企业管理以后，是指通过科学管理，确保流程执行的高效和准确，通过持续改善活动的进行方式，优化流程，使企业保持竞争力。BPM的推出，是工作流技术和企业管理理念的一次划时代的飞跃。

业务流程管理中最主要的概念是工作流（work flow）。各种层面的流程优化都有益于企业，为了让管理能呈现一定的效度，量化流程和明确规则是必需的。在此前提下，借助信息技术来量化工作流，优化流程，确保工作流顺畅就显得分外重要。

企业的管理应该是流程驱动的管理。一贯实施流程管理，而且管理得比较得当的企业，确实可以在日常的管理过程中，适时对流程进行修正、调适。所以，这种企业的流程往往适应性比较强，流程的设置和运行也要科学得多，但这并不意味着，它们就不需要对流程进行再造。如果客户的需求和市场发生了巨大的变化，企业的生意模式要实现根本性的变革，流程就必须再造。例如，戴尔公司推行的直销模式，如果在IBM公司的传统流程上套用，恐怕就难以产生预期效果，但是IBM公司的传统流程对于自身奉行的生意模式却是有效的。另外，流程再造的目的也是要通过对企业和产业流程的梳理、精简来实施流程化管理。也只有在流程经过优化的企业里，实现流程导向，推行流程管理才可能成为现实。业务流程管理具有如下优势：

1. 节省时间与成本

BPM是提供业务流程建模、自动化、管理与优化的准则与方法。一个成功的BPM方案包括正确商业领导和技术的组合，可以大幅缩短流程周期（有时高达90%）并降低成本。这种效果在跨部门、跨系统和用户的流程中尤为突出。从技术的角度看，一个独立的BPM系统能够轻易地与现有的应用软件如CRM、ERP和ECM相集成，而无须重新设计整个系统。

2. 改善工作质量

除了节省时间和成本的优点外，已经实施BPM的企业也发现了其他几项关键优点。首先，可以大幅降低甚至消除造成企业损失的错误，如丢失表格和文件或错误存档、遗漏重要信息或必要审查等。其次，显著改善流程的可视化程度，所有参与流程者不仅被授权了解自己在流程中的角色，而且确切地了解流程在任何时候的状态。再次，有了可视化，也就明确了职责，所有人都完全清楚地知道什么时候应当完成哪些工作，不再有借口造成延误、误会或疏忽。最后，可提高一致性，公司内部和外部各方对工作都有明确的期望，结果使得员工、客户和合作伙伴都有了更高的满意度和向心力。

3. 固化企业流程

只要不是个人独立完成全部工作的个人作坊性质，企业从它的诞生之日起，就存在着流程，并且随着企业的不断成长，其流程越来越多，越来越复杂。几乎每个企业针对各类业务流程和事务流程都有一套规章制度。随着管理的细化和规范化，企业的规章制度是越来越多，而执行这些规章制度的人却越来越像坠入谜团中。可想而知，这些影响着企业生命的核心流程的执行效果会怎样了。

企业业务流程管理系统就能在应用的初期达到这样的首要应用目标，通过系统固化流程，把企业的关键流程导入系统，由系统定义流程的流转规则，并且可以由系统记录及控制工作时间，满足企业的管理需求及服务质量的要求，真正达到规范化管理的实质操作阶段。

4. 实现流程自动化

有人做过一个行为分析，发现一个流程的处理时间中90%是停滞时间，真正有效的处理时间很短，并且在流程处理过程中需要人员去用“腿”、用“电话”等其他手段去推进，不仅耗时耗力，而且效果差，时时有跟单失踪或石沉大海的情况发生。通过业务流程管理系统，利用现有的成熟技术和计算机的良好特性，可以很好地完成企业对这方面的需求。信息只有唯一录入口，系统按照企业需要定义流转规则，流程自动流转，成为企业业务流程处理的一个“不知疲倦”的帮手。

5. 实现团队合作

传统的职能式企业组织架构，自有它的应用范围和优势。但我们发现企业的很多流程不仅仅靠一个部门来完成，更多的是企业部门间的协同合作，特别是有些企业还存在着跨地域的合作。如采购流程，它涉及生产部门、采购部门、库管部门、财务部门、商务部门、合同签署中的法律部门以及企业的高层管理部门。如果我们还以传统职能部门的思维考虑流程，就可能患“近视眼”，注重部门利益而忽视企业利益，重视部门上司的感觉而忽视实效，并且还容易导致部门之间形成权责不清的灰色地带。而作为企业的业务流程存在着各业务部门的天然联系，其流畅的业务处理需要各部门以企业的利益为最高利益协同工作。

业务流程管理系统以流程处理为方向，自动地串起各部门，即利用现在先进的互联网技术串起各地域，达到业务流程良好完成的目的，并且企业的很多高管人员的意识已远远超出一套业务流程管理系统。更多地希望凭借这样的系统，形成企业协同工作的团队意识，配合形成自己的企业文化。

6. 优化流程

流程在制定出来以后，没有人能保证这样的流程就是合理、科学、有效的，即使当时是合理、科学、有效的系统，由于我们身处的市场环境的变化、组织结构的随之变化、营销服务策略的随之变化，很难说能继续保持这种优势。一套好的业务流程管理系统不仅可以具备以上的诸多好处，而且随着流程的执行流转，系统能够以数据、直观的图形报表报告哪些流程制定得好，哪些流程需要改善，以便给决策者提供科学、合理决策的依据，而不是单靠经验，从而达到不断优化的目的。

7. 向知识型企业转变

企业老板经常环顾员工下班后空荡荡的办公室，问自己我的企业还剩下什么，还值多少钱。而业务流程管理系统通过固化流程，让那些随着流程流动的知识固化在企业里，并且可以随着流程的不断执行和优化，形成企业自己的知识库，且这样的知识库越来越全面和深入，让企业向“有生命，会呼吸”的知识型和学习型企业转变。一个新进入公司的员工能够通过企业业务流程管理系统很快地熟悉企业及企业的业务处理，并且可以通过流程固化形成的知识库不断充实自己，提高处理流程的难度和水平。

三、常见的流程再造模式

（一）迈克尔·哈默的四阶段模式

尽管迈克尔·哈默并没有系统地总结归纳流程再造的方法步骤，但是有学者通过对他著作的研读，基于对迈克尔·哈默观念的深入理解，替他总结出了一个四阶段模式。

第一阶段，确定再造队伍：产生再造领导人，任命流程主持人，任命再造总管，必要时组建指导委员会，组织再造小组。

第二阶段，寻求再造机会：选择要再造的业务流程，确定再造流程的顺序，了解客户需求和分析流程。

第三阶段，重新设计流程：重新召开设计会议，运用各种思路和方法重构流程。

第四阶段，着手再造：向员工说明再造理由，前景宣传，实施再造。

（二）芮明杰和袁安照的七阶段模式

在国内，芮明杰、袁安照较早地对流程再造的步骤进行了研究，他们认为应该包含七个阶段三十一个子步骤。

第一阶段，设定基本方向。分为五个子步骤：明确企业战略目标，将目标分解；成立再造流程的组织机构；设定再造流程的出发点；确定流程再造的基本方针；给出流程再造的可行性分析报告。

第二阶段，现状分析。分为五个子步骤：企业外部环境分析；客户满意度调查；现行流程状态分析；改造的基本设想与目标；改造成功的判别标准。

第三阶段，确定再造方案。分为六个子步骤：流程设计创立；流程设计方案；改造的基本路径确定；设定先后工作顺序和重点；宣传流程再造；人员配备。

第四阶段，解决问题计划。分为三个子步骤：挑选出近期应该解决的问题；制订解决此问题的计划；成立一个新小组负责实施。

第五阶段，制订详细再造工作计划。分为五个子步骤：工作计划目标、时间的确认；预算计划；责任、任务分解；监督与考核办法；具体的行动策略与计划。

第六阶段，实施再造流程方案。分为五个子步骤：成立实施小组；对参加人员进行培训；发动全员配合；新流程试验性启动、检验；全面开展新流程。

第七阶段，继续改善的行为。分为三个子步骤：观察流程运作状态；与预定改造目标比较分析；对不足之处进行修正改善。

【本章小结】

管理创新职能是管理的另一职能。要使学生掌握管理创新的概念、管理创新的过程、管理创新的动因及其作用；了解流程管理与流程再造的含义，流程再造与流程管理的基本精神可能会给组织创新与变革活动提供有益的帮助。

【关键术语与概念】

管理创新　　流程管理　　流程再造

【拓展阅读】

1. 彭于彪等．上市·策（管理上市丛书）．北京：清华大学出版社，2008

2. 彭于彪等．绩效·剑（管理上市丛书）．北京：清华大学出版社，2008

3. 栗慧，李玉萍．文化·道（管理上市丛书）．北京：清华大学出版社，2008

4. 流程管理专业网站：http：//www. yintl. cn

5. http：//www. globrand. com/list/Special558_ more. shtml

附录一：练习题

第一章 绪 论

一、单选题

1. 管理者通过计划、组织、领导和控制等职能来协调组织所拥有的有限资源，从而有效地实现组织目标的过程称为（ ）。

A. 管理　B. 组织　C. 战略　D. 激励

2. 管理者通过一系列基本管理职能来实现组织目标，不属于管理职能范畴的是（ ）。

A. 组织　B. 控制　C. 领导　D. 经营

3. 管理的二重性是指（ ）。

A. 艺术性与科学性　B. 基础性与边缘性

C. 自然属性与社会属性　D. 普遍性与重要性

4. 管理既是一门科学也是一门艺术，管理职能中最能体现其艺术性的是（ ）。

A. 计划　B. 组织　C. 领导　D. 控制

二、判断题

1. 管理学反映了管理过程的客观规律性，具有显著的科学性。但是，管理过程中的诸多不确定因素使管理本身无法完全量化，故而只是一种不精确的科学。（ ）

2. 管理主要的目的是使资源成本最小化，因此管理最主要的是追求效率。（ ）

3. 效率与效果之间的差别可表述为：效果是使组织资源的利用成本达到最小化，而效率则是使组织活动实现预定的目标。（ ）

4. 不同行业中及不同的组织内部专业特点差别显著，很难说管理活动有什么共性。（ ）

5. 新的管理理论层出不穷，对实际工作中的新问题作出了较好的解释，因此可以说，泰勒的科学管理理论等古典管理理论已经彻底过时，除了尚存历

史意义外，对管理实践早已丧失了指导作用。(　　)

三、简答题

1. 管理的基本含义是什么？
2. 管理的基本职能之间的关系是怎样的？
3. 管理学的研究对象是什么？

四、论述题

1. 管理的作用是什么？
2. 论述掌握管理二重性的现实意义。

五、案例分析

美国麦考密克公司创始人W. 麦考密克是位性格豪放、带有江湖义气的经营者。公司成立之初，凭借其社会阅历和满腹热情，公司的利润增长较快，员工的收入也与日俱增。随着公司的发展，其经营理念和经营方法逐渐落后，因而越来越不适应时代的要求。W. 麦考密克虽然苦心经营，但公司还是不景气，最后陷入裁员减薪的困境，公司濒临倒闭的边缘。

C. 麦考密克在公司危难时刻继任总裁，员工把一切希望全都寄托在新总裁的身上。C. 麦考密克也壮志满怀，可万事开头难，从何处突围成为首要问题。新总裁对公司的内外环境进行了认真的调查和分析，发现员工普遍怨天尤人，无责任感，对企业和个人发展感到茫然。新总裁认识到提高员工士气，增强员工责任感，唤起员工的工作热情是公司的振兴之本。新总裁在全体员工大会上庄严宣布："本公司生死存亡的重任落在诸位的肩上，希望大家同舟共济，协力渡过难关。"同时，新总裁出人意料地宣布："从本月起，全体员工的薪水每人增加10%，工作时间适当缩短。"

新总裁的做法让几乎绝望的员工为之感动，员工们认识到唯有大家齐心协力，公司才有希望。经过全体员工的共同努力，仅用一年时间公司就实现了扭亏为盈，获得了重生，员工又有了新的希望。

问题：

你从麦考密克公司起死回生的过程中得到哪些管理学上的启示？

第二章　管理理论的形成和发展

一、填空题

1. 管理科学是从美国管理学家弗雷德里克·温斯洛·泰勒开始的，至今共历经了古典管理理论、__________和现代管理理论三个发展阶段。

2. 泰勒在__________一书中提出了科学管理思想应遵循的四条重大管理原则。

3. 亨利·法约尔是古典管理理论在法国的杰出代表，法约尔的代表著作是1916年出版的__________。

4. 韦伯的《社会组织与经济组织理论》一书代表了他对组织理论的重大贡献。在管理思想史上，马克斯·韦伯被誉为__________。

5. 管理科学学派认为，组织是由__________组成的一个追求经济利益的系统，同时又是由物质技术和决策网络组成的系统。

二、单选题

1. 请问以下哪一个不是早期的管理先驱？（　）

A. 罗伯特·欧文　　B. 查尔斯·巴比奇
C. 安德鲁·尤尔　　D. 泰勒

2. 古典管理理论的代表人物不包括以下哪一项？（　）

A. 弗雷德里克·温斯洛·泰勒　　B. 亨利·法约尔
C. 罗伯特·欧文　　D. 马克斯·韦伯

3. 古典管理理论诞生于20世纪初的（　）。

A. 美国　　B. 英国　　C. 德国　　D. 法国

4. 法约尔指出，管理是一种普遍存在于各种组织的活动，这种活动包括五项职能，以下哪一项不在其中？（　）

A. 计划　　B. 组织　　C. 指挥　　D. 领导

5.（　）把需求分成生理需要、安全需要、社会需要、尊重需要和自我实现需要五类，依次由较低层次到较高层次。

A. 马斯洛　　B. 梅奥　　C. 赫茨伯格　　D. 麦格雷戈

三、判断题

1. 我国当代管理思想具体可分为改革开放之前和改革开放后两大阶段。在第一个阶段，在管理上基本上是一种“经济人”假设，坚持以阶级斗争为纲，一切管理都以实现政治目标为最高要求。(　)

2. 企业再造是在美国出现的一种关于企业经营管理方式的理论和方法，创始人是原美国麻省理工学院教授迈克·哈默与詹姆斯·钱皮。(　)

3. 迈克尔·波特是美国哈佛大学商学院的教授，是世界上关于竞争战略的最高权威。波特的著作《竞争策略》、《竞争优势》和《国家竞争优势》被称为竞争优势三部曲。(　)

4. 第二次世界大战后形成了众多管理学派，其中主要的代表学派有：管理过程学派、管理科学学派、社会系统学派、系统理论学派、决策理论学派、权变理论学派、经验主义学派和经理角色学派等。(　)

5. 行为科学理论把人看作机器，忽视了人的主动性和创造性。而古典管理理论正好与此相反，它认识到管理要靠人来实现，因而强调要重视人这一因素的作用，应把管理重点放在人及其行为的管理上。(　)

四、简答题

1. 谈谈西方工业革命对早期管理思想的影响。
2. 古典管理理论是在什么样的背景下产生的？有哪些代表人物？
3. 泰勒的科学管理理论有哪些优点，又存在哪些不足？
4. 马克斯·韦伯为何被誉为“组织理论之父”？他有哪些主要观点？
5. 谈谈你对霍桑实验的认识。
6. 结合自身情况谈谈你对马斯洛需要层次理论的认识。
7. 对于“X 理论”和“Y 理论”你更认同哪一个？为什么？
8. 请简要介绍管理理论丛林有哪些理论学派。
9. 根据明茨伯格的理论，管理者应扮演什么角色？
10. 泰勒的科学管理理论包括哪些方面？
11. 简述系统管理理论。
12. 理解法约尔关于经营和管理的概念及其管理原则。
13. 梅奥的人际关系学说与泰勒的科学管理理论有何不同？
14. 未来管理趋势有哪些？

五、案例分析

案例 1

工程师李某，毕业后已工作 9 年，5 年前应聘到上市公司工程部负责技术工作。因为工作负责，技术能力强，他很快就成为公司有口皆碑的“四大金刚”之一，名字仅排在技术部主管王工之后。但是，李某的工资却同仓管人员不相上下，一家三口尚住在来时住的那间平房。对此，他心中时常有些不满。

马总，资格很老，孙中山先生的名言“人能尽其才，物能尽其用，货能畅其流”在各种公开场合不知被马总引述了多少遍。实际上他也是这样做的。5 年前，李某调来报到时，门口用红纸写的“热烈欢迎李工程师到我公司工作”几个大字，就是马总亲自吩咐落实的，这确实使李某工作更卖力。

两年前，部门有提拔一名副总经理的机会，结果这个机会却给了一个没有文凭、工作平平的老同志。李某想问一下马总，谁知，马总却先来找他了：“李工，你年轻，机会有的是。”去年，他想反映一下工资问题，这问题确实重要，来这里其中一个目的不就是想获得高一点的工资，提高一下生活待遇吗？但是几次想开口，李某都没有勇气讲出来。因为马总不仅在生产会上大夸他的成绩，而且有几次外地人来取经，马总当着客人的面赞扬他：“李工是我们公司的技术骨干，是一个有创新能力的人才。”哪怕马总再忙，路上相见时，总会拍拍李工的肩膀说两句，诸如“李工，干得不错”，“李工，你很有前途”。这的确让李工兴奋，“马总确实是一个伯乐”。此言不假，前段时间，他还把一项开发新产品的重任交给了他呢。

最近，公司新建好了一批职工宿舍，听说数量比较多，李某决心要反映一下住房问题，谁知这次马总又先找他，还是像以前一样，笑着拍拍他的肩膀：“李工，厂里有意培养你入党，我当你的介绍人。”他又不好开口了，结果家没有搬成。深夜，李某对着一张报纸的招聘栏出神。第二天一早，李某向马总提出了辞职。

根据本章的理论，请回答以下问题：

1. 在本案例中，根据马斯洛的理论，住房、评职称、提高工资和入党对于李工来说分别属于什么需要？

2. 根据公平理论，李工和仓管员的工资不相上下，是否合理？为什么？

案例 2

李力是一家服装厂的厂长，该厂专门生产一种牛奶丝面料的服装。在过去的 4 年中，每年的销售量都稳步递增。但是，今年的情况发生了较大的变化，到 8 月份，累计销量比去年同期下降 17%，生产量比所计划的少 15%。工人的缺勤率比去年高 20%，迟到早退现象也有所增加。李力认为这种情况的发生，很可能与管理有关，但他不能确定发生这些问题的原因，也不知道应该怎样去改变这种情境。他决定去请教管理专家。

请回答：

具有不同管理思想（科学管理思想、行为管理思想、定量管理思想、权变管理思想等）的管理专家，会认为该厂的问题出在哪里，并提出怎样的解决方法？

第三章　管理的基本原理

一、单选题

1. 现代管理的核心是人，人既是管理的主体，又是管理的客体，这种思想应用的是（　）。
   A. 系统原理　B. 人本原理　C. 能级原理　D. 动力原理
2. 管理活动的任务是为了实现系统的整体优化，创造整体的管理效益，这是应用了（　）。
   A. 系统原理　B. 人本原理　C. 能级原理　D. 动力原理
3. 在计划管理上，要求计划指标要有区间幅度，即上限和下限，这是遵循了（　）。
   A. 系统原理　B. 弹性原理　C. 能级原理　D. 动力原理
4. 封闭系统因受热力学第二定律作用，其熵将逐渐（　）。
   A. 减小　B. 不变　C. 增大　D. 以上都不对
5. （　）是一个人工系统。
   A. 血液循环系统　B. 消化系统
   C. 计算机系统　D. 以上都不是

二、填空题

1. 系统是由相互________和相互________的若干组成部分合成的、具有特定功能的有机整体。

2. 系统具有________性、________性、________性、________性、________性和________性六个基本特征。

3. 按系统形成的方式，可将系统分为________系统和________系统；按照系统与环境的关系可将系统分为________系统、________系统和________系统。

4. ________原理是指要建立一个合理的能级，使管理中的要素处于相应的能级中，以达到最佳的管理效率和效益。

5. 动力依据性质不同可分为________动力、________动力和________动力。

6. 所谓__________原理，就是指在任何系统的管理中，都必须讲求实效，用尽可能少的资源投入来实现系统的总目标。

三、简答题

1. 什么是系统？系统有哪些基本特征？
2. 一个具体的系统必须具备哪些基本条件？
3. 简述系统原理的基本思想。
4. 组织管理中为什么要以人为本？
5. 如何在组织管理中应用能级原理？
6. 怎样将动力原理和人本原理相结合？

四、案例分析

"以人为本"的管理谋略

古语说："得人心者昌，失人心者亡。"海尔集团的管理指导思想立足于"以人为本"。

海尔人力资源开发与管理的最高境界也就是最终目标，即实现全员自主化管理。海尔的决策者认为，真正的人力资源开发与管理的最高境界是人的自主化管理。达到这个境界，员工们的所有潜能便会得到充分发挥。

自主靠自觉；自主必自律。在海尔，从普通员工、基层班组，到高层决策者和一般管理人员都有这种自主的精神。自主管理实质上是自我表现约束下的参与式管理。达到这个层次要有两个前提：一是要有一支自我约束力强的员工队伍；二是要有在此基础上的主人翁参与意识。在这种状态下，员工对企业的忠诚度发挥到了极致，将企业目标与个人目标最有效地结合了起来，每个人都在企业腾飞的同时实现了自己的价值。

如今，海尔又在为自己确定新的自主管理的目标——形成一个互动的、学习型的团队。这个互动是全方位的，上级、下级、同级之间要互相学习，互相促进，互相提高。互补联动，形成强大的合力。海尔的自主管理内涵丰富，它积淀着海尔企业文化的精华，它涵盖了企业人力资源开发的众多成果，它为海尔的不败孕育出了全新的基因。

问题：

结合上述案例，谈谈你对人本原理的认识。

第四章　决　策

一、单选题

1. 管理的核心是（　）。
   A. 处理好人际关系　　B. 决策
   C. 计划　　D. 控制
2. （　）不是决策的特征。
   A. 明确而具体的决策目标　　B. 有两个以上的备选方案
   C. 以了解和掌握信息为基础　　D. 追求的是最优最好方案
3. 狭义的决策是指（　）。
   A. 拟订方案　　B. 评价方案　　C. 选择方案　　D. 比较方案
4. （　）是管理的基础。
   A. 人员配备　　B. 领导　　C. 决策　　D. 控制
5. 主观决策法特别适合于（　）。
   A. 肯定型决策　　B. 经验决策　　C. 非常规决策　　D. 战术决策
6. （　）认为“决策是管理的心脏，管理是由一系列决策组成的，管理就是决策”。
   A. 西蒙　　B. 德鲁克　　C. 奥斯本　　D. 甘特
7. 企业高层管理人员制定的决策一般是（　）。
   A. 战略性决策和战术性决策　　B. 战略性决策和非程序化决策
   C. 战术性决策和业务性决策　　D. 战术性决策和程序化决策
8. 西蒙的行为决策理论的基石是（　）。
   A. 经济人假说　　B. 有限理性　　C. 最佳原则　　D. 满意原则
9. 高层管理者通常做（　）决策。
   A. 主观决策　　B. 非程序化决策
   C. 程序化决策　　D. 个人决策
10. 高层管理者的主要工作是（　）。
    A. 决策　　B. 协调　　C. 领导　　D. 控制
11. 以下决策，受决策者个性影响最大的是（　）。
    A. 程序化决策　　B. 战略决策

C. 不确定性决策　　D. 确定性决策

12. 某公司生产某种产品的固定成本是 40 万元，单位变动成本为 4 元，市场售价为 9 元。若要达到 10 万元销售毛利的目标，该产品的产销量应是（　）。

A. 5 万件　　B. 10 万件　　C. 15 万件　　D. 20 万件

13. 程序化决策往往是由（　）进行的。

A. 一线工人　　B. 低层管理者　　C. 中层管理者　　D. 高层管理者

14. 不确定型决策与风险型决策的区别在于（　）。

A. 可供选择的方案中是否存在两种或两种以上的自然状态

B. 各种自然状态发生的概率是否可知

C. 哪种自然状态最终发生是否确定

D. 决策是否经常重复进行

15. 德尔菲法的第一步是（　）。

A. 统计归纳　　B. 沟通反馈意见

C. 拟定决策提纲　　D. 分析意见

二、多选题

1. 一般来说，越是组织的下层主管人员所作出的决策越倾向于（　）。

A. 战略型　　B. 经验型　　C. 常规型　　D. 肯定型

E. 风险型

2. 组织的最高层主管人员所作的决策倾向于（　）。

A. 战略型　　B. 常规型　　C. 科学型　　D. 肯定型

E. 经验型

3. 主观决策法的特点是（　）。

A. 方法灵便　　B. 易产生主观性

C. 缺乏严格论证　　D. 易于为一般管理干部所接受

E. 适合于非常规决策

4. 按决策中变量之间的关系分类有（　）。

A. 肯定型决策　　B. 战略决策　　C. 战术决策　　D. 非肯定型决策

E. 风险型决策

5. 按决策对象的内容分类有（　）。

A. 经验决策　　B. 科学决策　　C. 非常规决策　　D. 常规决策

E. 战略决策

6. 决策的程序一般包括（　）。

A. 确定决策目标　　B. 确定前提

C. 拟订备选方案　　D. 评价备选方案

E. 选择方案

7. 下列关于德尔菲法的描述正确的是（　）。

A. 是专家意见法的一种

B. 特点是专家当面的辩论能产生思维共振

C. 要经过多轮反馈

D. 受专家权威、资历等因素的影响较大

E. 向专家提问应明确决策者的倾向性

8. 下列关于头脑风暴法的描述错误的是（　）。

A. 尽量反驳别人的意见

B. 对每个人的意见都要进行结论性评价

C. 鼓励独立思考，不要重复别人的意见

D. 意见和建议越多越好，允许相互之间存在异议

E. 适用于明确、简单问题的决策

9. 风险性决策方法需要具备以下条件（　）。

A. 存在一个明确的目标

B. 存在着两个以上备选方案

C. 存在自然状态

D. 不同方案在不同自然状态下的损益可以计算

E. 自然状态的概率可以估计出来

三、填空题

1. 按决策的性质分，有确定型决策、不确定型决策和__________。

2. 公司的设备更新决策、新产品定价决策、财务决策等应属于__________。

3. 西蒙在《管理行为》一书中提出了决策的“有限理性标准”和__________原则。

4. 盈亏平衡点分析是在把生产总成本划分为固定成本和变动成本的基础上，分析成本、产量和__________三者关系的计量方法。

5. 不确定型决策无法预知各种自然状态出现的__________。

6. 一个组织经营的成败，很大程度上取决于__________的正确与否。

四、简答题

1. 决策的特征有哪些？
2. 决策为什么遵循满意原则？
3. 简述决策的程序。
4. 为什么说决策是管理活动的核心？
5. 德尔菲法有哪些特点？
6. 未来计算机的发展对管理决策有什么影响？
7. 什么是程序化决策？把决策程序化有什么好处？

五、计算题

1. 某无线电厂生产某产品，每月固定费用为 40 000 元，单位产品售价为 18 元，单位产品变动成本为 13 元。试求：

（1）盈亏平衡时的产量；

（2）赢利目标为 48 000 元时的产量。

2. 某公司准备生产某种新产品，可选择两个方案：一是引进一条生产线，需投资 500 万元，建成后如果销路好，每年可获利 150 万元，如果销路差，每年要亏损 30 万元；二是对原有设备进行技术改造，需投资 300 万元，如果销路好，每年可获利 60 万元，如果销路差，每年可获利 30 万元。两方案的使用期限均为 10 年，根据市场预测，产品销路好的概率为 0.6，销路差的概率为 0.4，应如何进行决策？

3. 某企业计划生产某种新产品，根据市场预测，产品销路有三种情况：销路好、销路一般和销路差。生产该产品有三种方案：新建生产线、改进生产线和与其他单位合作。根据估计，各方案在不同情况下的收益见下表。如果使用极小极大后悔值法，企业应选择哪种方案？

各方案在不同情况下的收益表　　　　单位：万元

状态 方案	销路好	销路一般	销路差
A. 新建生产线	300	140	-80
B. 改进生产线	220	160	-30
C. 与其他单位合作	120	80	10

第五章 计 划

一、填空题

1. 决策是计划的前提，计划是决策的__________。

2. 计划的编制过程，既是决策的__________，也是决策的更为详细的检查和修订的过程。

3. 所有层次的、不同职能的管理人员都要做计划工作，这反映了计划的__________性；同时计划工作要求纵向层次性和横向协作性，这反映了计划工作的__________性。

4. 计划工作的目的就是使____________________，促使组织目标实现。

5. 计划工作的普遍性中蕴含着一定的秩序，最主要的秩序表现为计划工作的__________和__________。

6. 在衡量代价时，不仅用时间、金钱或者生产等来衡量，而且衡量__________。

7. 计划是将决策实施所需完成的活动任务进行__________上的分解，以便将其具体地落实到组织中的不同部门和个人。

8. 根据综合性标准，可以把计划分为__________和__________。

9. 根据__________标准，可以把计划分为业务计划、财务计划、人事计划。

10. 战略性计划是战术性计划的__________。

11. 战术性计划是在战略性计划的指导下制订的，是战略性计划的__________。

12. 常规计划包括__________、__________和__________，所有这些都是准备用来处理常发性问题的。

13. __________和__________是计划的两大显著特征。

14. 目标结构描述了组织中各层次目标间的__________。

15. 狭义的计划工作是指__________。

16. 广义的计划工作是指__________、__________和__________三个阶段的工作过程。

17. __________、__________、__________三种计划，反映事物发展在时间上的连续性。

18. __________也被称为数字化的计划。

19. 实践中计划组织实施行之有效的方法主要有__________、__________和__________。

20. 滚动计划法是一种____。

21. 滚动计划法的具体做法是______________________________________。

二、不定项选择题

1.（　）的计划是有效率的。

A. 能得到最大的剩余　　B. 能以合理的代价实现目标

C. 成本等于收益　　D. 详细

2. 根据计划的明确性，可以把计划分类为（　）。

A. 长期计划和短期计划　　B. 战略性计划和战术性计划

C. 具体性计划和指导性计划　　D. 程序性计划和非程序性计划

3. 财务计划和人事计划与业务计划的关系是（　）。

A. 财务计划和人事计划是为业务计划服务的

B. 财务计划和人事计划是围绕着业务计划展开的

C. 财务计划研究如何从资本的提供和利用上促进业务活动的有效进行

D. 人事计划分析如何为业务规模的维持或扩大提供人力资源的保证

4. 下列属于非例行活动的是（　）。

A. 新产品的开发　　B. 品种结构的调整

C. 工资制度的改革　　D. 生产规模的扩大

5. 计划是（　）。

A. 面向未来的　　B. 过去的总结　　C. 现状的描述　　D. 面向行动的

6. 评价行动计划，要注意（　）。

A. 认真考察每一个计划的制约因素和隐患

B. 要用总体的效益观点来衡量计划

C. 既要考虑有形的可用数量表示的因素，又要考虑许多无形的不能用数量表示的因素

D. 不仅要考虑计划执行带来的利益，还要考虑计划执行带来的损失

7. 拟订和选择行动计划包括（　）。

A. 拟订可行动计划　　B. 评估计划

C. 修改计划　　D. 选定计划

8. 创新过程一般包括浸润、（　）等方面。

A. 审思　　B. 潜化　　C. 突现　　D. 调节

9. 在管理的各项工作中，居于领先地位的工作是（　）。

A. 计划工作　　B. 控制工作

C. 组织工作　　D. 指导与领导工作

10. 计划工作的核心是（　）。

A. 预测　　B. 决策　　C. 确定前提　　D. 制定预算

11. 按计划内容分类的计划是（　）。

A. 长期计划　　B. 年度计划　　C. 专项计划　　D. 上层管理计划

12. 计划的基本特征有（　）。

A. 目的性　　B. 经济性　　C. 普遍性　　D. 随意性

E. 主导性

13. 计划工作包括以下哪些要素？（　）

A. 做什么　　B. 为什么做　　C. 何时做　　D. 何地做

E. 怎么做

14. 按企业职能分类，计划种类包括（　）。

A. 生产计划　　B. 财务计划　　C. 计划生育计划　　D. 安全计划

E. 供应计划

15. 按计划所涉及的范围划分的计划有（　）。

A. 上层管理计划　　B. 中层管理计划

C. 长期计划　　D. 综合计划

E. 基层管理计划

16. 按计划所涉及的时间划分的计划有（　）。

A. 长期计划　　B. 生产计划　　C. 专项计划　　D. 中期计划

E. 短期计划

17. 计划的工作步骤有（　）。

A. 确定目标　　B. 确定方案　　C. 评价方案　　D. 选择方案

E. 检查落实

18. 关于关键路线，下列说法正确的是（　）。

A. 一个网络图中只有一条关键路线

B. 关键路线的路长决定了整个计划任务所需的时间

C. 关键路线上各工序完工时间提前或推迟都直接影响着整个活动能否按时完工

D. 确定关键路线，据此合理地安排各种资源，对各工序活动进行进度

控制，是利用网络计划技术的主要目的

19. 目标网络的内涵是（ ）。
    A. 组织制订各种目标时，必须与许多约束因素相协调
    B. 目标和计划很少是线性的
    C. 主管人员必须确保目标网络中的每个组成部分相互协调
    D. 组织中的各个部门在制定自己部门的目标时，必须与其他部门相协调

20. 滚动计划方法的作用是（ ）。
    A. 计划更加切合实际，并且使战略性计划的实施也更加切合实际
    B. 使长期计划、中期计划与短期计划相互衔接
    C. 使短期计划内部各阶段相互衔接
    D. 大大加强了计划的弹性

三、简答题

1. 解释计划内容的五个“W”和一个“H”。
2. 决策与计划的关系是怎样的？
3. 计划工作在时间维度上进一步展开和细化指的是什么？
4. 计划工作在空间维度上进一步展开和细化指的是什么？
5. 滚动计划法的基本思想是什么？
6. 如何评价滚动计划法？
7. 比较具体性计划和指导性计划。
8. 规则与程序的区别是什么？
9. 简述计划工作的重要性。
10. 网络计划技术有什么优点？
11. 计划的性质是什么？
12. 简述计划的编制过程。
13. 孔茨和韦里克的计划层次体系包括哪些内容？

四、案例分析

案例 1　苏润公司的问题

苏润公司原是一家从事食品批发的商业企业。在计划体制下该企业作为一家“官办”机构，业务一直很多。在经济体制改革的前期，该公司凭借原有的渠道与经验优势，取得了较理想的经济效益。然而随着经济体制改革的深

入，市场流通格局、企业竞争、消费者偏好和购买行为特征等都发生了巨大的变化，致使苏润公司的经营出现了许多以前不曾有过的问题：以前火爆的业务现在却很难找到客户，而以前无人问津的业务现在却大为红火。于是，公司上上下下弦都绷得很紧，开始关注着市场的一举一动，并努力适应着各种变化。近年来经济效益虽仍在下降，但比同类企业日子要好过一些。然而公司的管理人员对此并不满足。经过一系列的思想碰撞、深入交流之后，他们总结出这样几个问题：

（1）苏润公司原来是一家什么性质的企业组织？

（2）在变化的环境下应该成为一家什么样的公司？

（3）如果我们原来所做的和擅长的事情并不是环境和市场最迫切要我们做的事情，那么我们是否应该作出调整？

（4）怎样完成这种调整？

他们从管理专家那里得知，这些问题的解决涉及一种叫做“计划”的管理职能。他们希望借助于对这些问题的思考，把企业的计划工作做得更好。

思考题：

何谓计划？针对现在的问题，他们该如何制订计划？

案例 2　“隆中策”

诸葛亮的“隆中策”是我国最早、最大的成功计划工作案例之一。

隆中策的第一步是确定组织目标：兴汉室，图中原，统一天下。

隆中策的第二步是制订分步实施方案，即确定分步计划的阶段目标：第一，先取荆州为家，形成“三分天下”之势；第二，再取西川建立基业，壮大实力，以成鼎足之状；第三，“待天下有变，命一上将将荆州之兵以向宛、洛，将军身率益州之众以出秦川”，这样，“大业可成，汉室可兴矣”。

隆中策的第三步是确定实现目标的指导方针：“北让曹操占天时，南让孙权占地利，将军可占人和。”内修政理，外结孙权，西和诸戎，南抚彝、越，等待良机。

隆中策又进一步对敌、我、友、天、地、人做了极为细致透彻的分析，论证了为什么应当有这样的指导方针。

诸葛亮所作之隆中策并非主观臆断，而是在调查研究和预测的基础上，准确、及时、充分地掌握了信息。诸葛亮的信息来源，一靠交友，二靠云游，这才能做到知天下事、知天下人，不然怎么能画出西川五十四州图呢？

诸葛亮的隆中策不正是一项完整的计划工作吗？三分天下之后，如果不是后来关羽交恶东吴，丢了荆州；如果不是刘备又在战术上犯了错误，使鼎盛时期的蜀汉大伤元气；如果后主刘禅是明君，诸葛亮也不会功败垂成。蜀汉之所以被晋灭掉，并非隆中决策之失，而是执行计划有误。

请回答下列问题：

1. “隆中策”是（　）。

A. 战术性计划　B. 战略性计划　C. 程序性计划　D. 具体性计划

2.（　）属于最简单的计划。

A. 政策　B. 程序　C. 规则　D. 预算

案例 3　乔森家具公司的发展目标

乔森家具公司开始时主要经营卧室和会客室家具，取得了相当的成功，随着规模的扩大，公司又进一步经营餐桌和儿童家具。1975 年，乔森退休，他的儿子约翰继承父业，不断拓展卧室家具业务，扩大市场占有率，使得公司产品深受顾客欢迎。到 1985 年，公司卧室家具方面的销售量比 1975 年增长了近两倍。但公司在餐桌和儿童家具的经营方面一直不得法，面临着严重的困难。

今年 12 月 14 日，公司召开了每年一次的例会，会议由董事长兼总经理约翰主持。约翰在会上为公司制定了今后五年的发展目标。具体包括：

（1）卧室和会客室家具销售量增加 20%；

（2）餐桌和儿童家具销售量增长 100%；

（3）总生产费用降低 10%；

（4）减少补缺职工人数 3%；

（5）建立一条庭院金属桌椅生产线，争取五年内达到年销售额 500 万美元。

这些目标主要是想增加公司收入，降低成本，获取更大的利润。但公司副总经理托马斯跟随乔森工作多年，了解约翰董事长制定这些目标的真实意图。尽管约翰开始承接父业时，对家具经营还颇感兴趣。但后来，他的兴趣开始转移，试图经营房地产业。为此，他努力寻找机会想以一个好价钱将公司卖掉。为了能提高公司的声望和价值，他准备在近几年狠抓一下经营，改善公司的绩效。

试回答下面的问题：

你认为董事长约翰为公司制定的发展目标合理吗？为什么？

第六章　组　织

一、判断题

1. 组织结构的设计主要依据组织的现有情况，与组织的目标和战略无关。(　)

2. 提高下级员工的素质，可以使管理的有效幅度增大。(　)

3. 一旦授权给下属，管理者就不用过问工作的情况。(　)

4. 非正式组织是企业中的“害群之马”，一定要禁止此类团体的出现。(　)

5. 企业高层管理人员的选聘都采取从组织内部提升的方法。(　)

6. 职能型组织结构有助于组织中的集中领导和统一指挥。(　)

7. 事业部制组织结构的主要优点是组织最高层可以集中精力做好战略决策和长远规划，经营管理人员积极性较高。(　)

8. 矩阵型组织结构容易产生双重领导，造成冲突和责任不清的情况。(　)

9. 分权越彻底，管理就越有效。(　)

10. 组织中经常存在员工感到满意，但实际工作绩效很差的群体，这种群体就是非正式组织。(　)

11. 虚拟组织一般拥有技术上的优势，并采用串行工程来分配各项企业要做的工作。(　)

12. 组织文化的培育可以在短时间内完成。(　)

13. 学习型组织中，每个成员都要力求识别问题和解决问题，使组织能够进行不断的尝试和交流，以此来提高组织的能力。(　)

14. 学习型组织的核心是“自我学习机制”。(　)

15. 建立学习型组织是现代企业和组织的发展趋势，我们要把西方的有关理论和方法完整、直接地应用到我国企业实践中。(　)

二、简答题

1. 组织设计的任务是什么？需要遵循哪些原则？

2. 企业组织结构设计需要考虑哪些因素？

3. 简述管理层次和管理跨度之间的关系。
4. 企业过分集权的原因和弊端有哪些？
5. 简述事业部制组织结构的特征和主要优缺点。
6. 简述矩阵型组织结构的适应条件及其特点。
7. 直线职能型组织结构和事业部制组织结构各有什么特点？
8. 为什么要重视非正式组织的作用？
9. 简述组织变革发生的动力。
10. 虚拟组织的特点是什么？

三、案例分析

案例 1

阿莫科公司与其他全球性石油公司一样，从事三种主要活动：

（1）钻探石油，并把它从地下抽出。

（2）将原油提炼成汽油，并通过一个遍布全国的加油站系统出售汽油。

（3）经营一家化学公司，把原油加工成塑料和其他石油产品，出售给别的公司。

在整个 20 世纪 70 年代，阿莫科公司运用“三条腿结构”来管理这三种活动——由三个独立经营的子公司管理各项活动。

这三个子公司都有高层管理者负责监管子公司的众多事业部。每个子公司的高层管理者都向阿莫科的集团经理汇报，集团经理监管子公司的活动，对于公司业务作最终决策。在这种机构下，子公司事业部管理者负责开发有效的业务层战略，但是是否实施这些战略的重要决策则由集团高层制定。

因此，战略实施往往要花费很长时间，这是因为这几层管理者把阿莫科的集团经理和事业部管理者隔离了。这种缓慢的决策阻碍了事业部管理者建立竞争优势。

三条腿结构在 20 世纪 70 年代早期经济景气时期运行良好，那时石油价格稳定上升。在 70 年代后期，全球石油公司经历了一次打击，石油价格大跌，直到 20 年后仍然疲软。阿莫科公司和其他全球性石油公司，如埃克森、英国石油公司、美孚石油公司的石油价格不断受到削减成本和提高销量的压力。为了提高利润，大多数大型全球石油公司（包括阿莫科）都解雇了数千职员。实际上，据某些分析师估计，美国石油行业在 20 世纪 80 年代和 90 年代早期失去了 500 000 个工作岗位。

尽管阿莫科解雇了约 1/4 的职员，然而管理者们仍然没能提高盈利能力。

因此，在1995年，高级管理层全面审视阿莫科的组织结构，寻找提高效率和效益的方法。阿莫科公司的新任主席和CEO劳伦斯·富勒认为，只有对阿莫科组织及其活动的方式进行大范围的改革，才能使公司转向盈利。富勒认为，阿莫科公司应完全淘汰三条腿结构，废除三个子公司高层管理者的职位。三个子公司将被分成17个独立业务事业部，而且决策制定职权将被分散到每个事业部的经理手中，他们为各自的事业部自由选择自己的战略。根据达到集团经理制定的某个增长目标的可能性来评估每个事业部，但是每个事业部的经理将决定各自事业部达到这些目标的途径。

当富勒把业务层战略的发展和实施责任分散给17个新事业部的经理时，他还创造了一个强有力的高层管理小组来监督和管理集团战略。三个子公司的前领导人与富勒以及其他四位阿莫科集团高层经理一起成为该小组的成员，该小组负责考察每个事业部的业绩，并寻找各种方法帮助事业部经理提高业绩。

富勒希望这种新的、更扁平的分散产品事业部结构能使经理们变得更有创业精神——激励他们提高效率，创造高质量产品。富勒还预计，由于这17个新产品事业部更接近顾客，因此它们对顾客的需求有更快的反应，如果顾客得到了满足，销售量将更大。于是，富勒希望通过改革阿莫科组织人力资源和其他资源的方式，使组织得以建立新的竞争优势来源，而且还能够提高公司急需的盈利能力。

讨论题：

1. 阿莫科对其组织结构进行了哪些变革？
2. 为什么阿莫科公司要进行这些变革？

案例2　授权不当的苦果

李某是一家中等规模的造纸企业的总经理，前几年公司发展势头不错，积累了不少资金。为了谋求公司的进一步发展，李某考虑在搞好现有业务的同时，着手开辟新业务，开展多元化经营。经过市场调查，李某发现房地产业是个盈利非常丰厚的行业。于是，他把从事纸张营销工作的得力干将、原市场营销部经理张某找来，划拨了2千万元资金，全权委托张某从事房地产开发，并对张某说："只要有好的项目，资金没问题，你大胆地去干。"一年以后，该公司沉淀在房地产业务上的资金高达8千万元，导致公司流动资金的周转发生严重困难，主营业务的经营也受到很大的影响，公司处于亏损边缘。

请回答下列问题：

1. 造成此种局面的主要原因是什么？
2. 从授权的角度分析李某的做法有什么问题？
3. 谁应对此结局负责？应负什么样的责任？

第七章 领 导

一、单选题

1. 构成个人权力的基础是（ ）。
   A. 惩罚权和奖励权　　B. 合法权和奖惩权
   C. 合法权和专长权　　D. 模范权和专长权
2. 如果你刚晋升为车间主任，在你提升之前，车间生产平稳发展，但现在产量下降，因而你想改变工作程序和任务分配方式，但你的下属不但不赞成你的设想反而不断地抱怨说他们的前任主任如何好，对于这种情况，你目前最好先采取什么做法？（ ）
   A. 直接安排员工改变工作程序与任务分配方式，密切关注工作运行情况
   B. 向员工清楚阐明改变原因以及这一改变对员工的利益所在，并关注员工的真实想法
   C. 同员工一起讨论如何改变工作计划，征求他们对提高生产力的建议
   D. 结合改变将生产任务分解下达，让员工自己找出完成任务的有效办法
3. 管理者发布的一项命令是否有权威，主要决定于（ ）。
   A. 下属是否接受命令　　B. 管理者所在的层次
   C. 命令是否符合组织的目的　　D. 违背命令是否受惩罚
4. 下面说法错误的是（ ）。
   A. 领导者有两种：一种是正式任命的，一种是非正式任命的。
   B. 领导者不是纯粹的技术专家，效率专家，而是熟知社会的人类学家、社会学家
   C. 领导者与领导权力紧密联系在一起，但领导者的第一基本要素是领导者素质
   D. 领导者是处在正式领导位子上的个人或集体，领导集体俗称领导班子
5. 下面关于领导特质的说法正确的是（ ）。
   A. 领导特质是天生的，领导者也是天生的

B. 我们现在仍然要进行领导特质理论的研究，以便于区分领导者和被领导者

C. 没有所谓的领导者特质，特质理论没有什么意义

D. 没有一个一般的、普遍适用和有效的领导者特质清单

6. 下面哪个理论认为领导者的风格是不可改变的？（　）

A. 情境理论　　B. 菲德勒的权变理论

C. 途径—目标理论　　D. 领导风格连续流一体理论

7. 菲德勒所确定的对领导的有效性起影响因素的三个准度是（　）。

A. 职位权力、任务结构、领导与下属的关系

B. 职位权力、领导者性格、领导者素质

C. 职位权力、下属素质、领导者素质

D. 下属素质、管理跨度、任务结构

8. 途径—目标理论指出的领导方式是（　）。

A. 独裁型、支持型、推销型和成就型

B. 指导型、授权型、参与型和推销型

C. 独裁型、授权型、参与型和推销型

D. 指导型、支持型、参与型和成就型

9. LPC 模型是指（　）。

A. 管理模式　　B. 激励的方法

C. 高素质的人员　　D. 最不受欢迎的合作者

10. 下列说法错误的是（　）。

A. 在信息时代，由于环境的进步和被领导者的成熟，不再需要领导者了

B. 没有最好的领导者，只有符合领导情境与被领导者要求的领导者

C. 领导理论是千变万化的，但仍然可以通过领导三要素来分析

D. 领导者要注意工作和组织的需要，也要注意下属的情感和社会需要

11. 下面说法正确的是（　）。

A. 领导等于建立关系，等于沟通

B. 领导主要是事实、情感取向和基本观点等内容的传递

C. 领导者必须消灭小道消息

D. 沟通是出于自己的特殊利益

12. 具有权变性特征的理论是（　）。

A. 马斯洛的需要层次理论　　B. 期望理论

C. 公平理论　　D. 强化理论

13. 对于管理者来说，进行授权最直接的原因是（　）。

A. 使更多的人参与管理工作

B. 充分发挥骨干员工的积极性

C. 让管理者有时间做更重要的工作

D. 减少管理者自己的工作负担

14. 某公司领导安排助手去洽谈一个重要合同，结果由于助手工作欠周全，谈判失败，董事会在讨论其中失误的责任时，存在以下几种说法，你认为哪一种说法比较合理？（　）

A. 总经理至少应该承担领导用人不当与督促检查失职的责任

B. 若总经理的助手又进一步将任务委托给其下属，则可以不必负谈判失败的责任

C. 因总经理的助手已承接了该谈判的任务，就应对谈判承担全部责任

D. 公司总经理已将此事委托给助手，所以对谈判的失败完全没有责任

15. 根据情境领导理论，领导者的风格应该适应其下属的成熟度，而逐渐调整。因此，对于建立多年的员工队伍基本稳定的高科技企业的领导来说，其领导风格逐渐调整的方向应该是（　）。

A. 从参与型向说服型转变　　B. 从参与型向命令型转变

C. 从说服型向授权型转变　　D. 从命令型向说服型转变

16. 针对当前形形色色的管理现象，某人深有感触地说："有的人有磨盘大的权力却拣不起一粒芝麻，而有的人虽仅有芝麻大的权力却能推动磨盘。"这句话反映的情况表明（　）。

A. 个人权力所产生的影响力有时会大于职务权力所产生的影响力

B. 个人权力所产生的影响力并不比职务权力所产生的影响力小

C. 非正式组织越来越盛行，并且正在发挥越来越大的作用

D. 这里所描述的只是一种偶然的现象，并不具有任何实际意义

17. 下面哪个理论关注下属的成熟度？（　）

A. 领导替代理论　　B. 途径—目标理论

C. 情境理论　　D. 领导者参与模型

二、判断题

1. 领导者只要有权力，下属自然会跟从。（　）

2. 高关系高工作是最有效的领导方式。（　）

3. 根据领导行为连续统一体理论，领导方式无所谓正确与错误，关键是适当。(　)

4. 知识经济时代人们最崇敬的是个人的品德魅力、知识能力和成功经历。(　)

5. 高层领导者拥有概念技能的比重应大于基层领导者。(　)

6. 9.1 型即消息俱乐部型管理，上属关心下属，努力营造和谐的氛围。(　)

7. 对领导问题的研究在 20 世纪 60 年代逐渐形成了权变理论。(　)

三、名词解释

1. 授权　　2. 领导艺术　　3. 关怀维度

4. 下属成熟度　　5. 领导　　6. 领导效能

四、简答题

1. 管理方法图中的五种典型的领导方式是什么?
2. 简述领导者的权力构成。
3. 简述领导效能的内涵。
4. 简述领导效能的考评原则。
5. 简述领导活动的要素有哪些。
6. 简述领导和管理的关系。

五、论述题

1. 目前，中国国有企业中“家长制”、“一言堂”现象十分普遍，请分析这一现象的本质和成因，在建立现代企业制度进程中如何解决这一问题?

2. 有一种说法——“改革就是放权”，在实践中经常出现“一管就死，一死就放，一放就乱，一乱就收”的怪圈。试用管理理论分析这些现象并判断这种说法的正确性。

六、案例分析

一次重大的人事任免

某钢铁公司领导班子会议正在研究一项重大的人事任免案。总经理提议免去公司所属的、有 2 000 名职工的主力厂——炼钢一厂厂长姚成的厂长职务，改任公司副总工程师，主抓公司的节能降耗工作；提名炼钢二厂党委书记林征为炼钢一厂厂长。姚、林二人都是公司的老同志了，从年轻时就在厂里工作，大家对他们的情况可以说是了如指掌。

姚成：男，48 岁，中共党员，高级工程师。20 世纪 60 年代从南方某冶金学院毕业后分配到炼钢厂工作，一直搞设备管理和节能技术工作，勤于钻研，曾参与主持了几项较大的节能技术改造，成绩卓著，在公司内引起较大轰动。1983 年他晋升为工程师，先被任命为一厂副总工程师，后又任生产副厂长，1986 年起任厂长至今，去年被聘为高级工程师。该同志属技术专家型领导，对炼钢厂的生产情况极为熟悉，上任后对促使炼钢一厂能源消耗指标的降低起了巨大的推动作用。他工作勤勤恳恳，炼钢转炉的每次大修理他都亲临督阵，有时半夜入厂抽查夜班工人的劳动纪律，白天花很多时间到生产现场巡视，看到有工人在工作时间闲聊或乱扔烟头总是当面提出批评，事后通知违纪人所在单位按规定扣发奖金。姚厂长平常不苟言笑，没听姚厂长和他们谈过工作以外的任何事情，更不用说和下属开玩笑了。他到哪个科室谈工作，一进办公室大家的神情便都严肃起来，犹如"一鸟入林，百鸟压音"，大家都不愿和他接近。对他自己特别在行的业务，有时甚至不事先征求该厂总工程师的意见，直接找下属布置工作，总工对此已习以为常了。姚厂长手下几位很能干的"大将"却都没有发挥多大的作用。据他们私下说，在姚厂长手下工作，从来没受过什么激励，特别是当他们个人生活有困难需要厂里帮助时，姚厂长一般不予过问。用工人的话说是"缺少人情味"。久而久之，姚厂长手下的骨干都没有什么积极性了，只是维持现有局面而已。

林征：男，50 岁，中共党员，高中毕业。该同志脑子灵活，点子多，宣传、鼓动能力强，具有较突出的工作协调能力。1984 年出任炼钢二厂厂办主任，1986 年调任公司行政处副处长，主抓生活服务，局面很快被打开。1988 年炼钢二厂党委书记离休，林征又回到炼钢二厂任党委书记。林征长于做人的工作，善于激励部下，据说对行为科学很有研究。他对下属非常关心，周围的同志遇到什么难处都愿意和他说，只要是厂里该办的，他总是很痛快地给予解决。民主作风好，工作也讲究方式方法，该他做主的事从不推三阻四。由于他会团结人（用他周围同志的说法是"会笼络人"），工作能力强，因此在群众中享有一定的威望。他的不足之处是学历低，工作性质几经变化，没有什么专业技术职称（有人说他是"万金油"），对工程技术理论知之不多，也没有独立指挥生产的经历。

姚、林二人的任免事关炼钢一厂的全局工作，这怎么能不引起公司领导们的关注？公司领导们心里在反复掂量，考虑着对炼钢厂厂长这一重大人事变动的提议应如何表态。

问题：

1. 根据姚成的性格特点和技术专长，分析对他这次任免是否合适。

2. 对厂长的领导素质、领导风格应有什么要求？林征会成为一名合格的厂长吗？

第八章　控　制

一、判断题

1. 建立控制标准、衡量偏差信息和采取纠正措施是控制工作的三项基本要素，它们相互关联，相互依存，缺一不可。(　)

2. 控制是联结管理过程循环的支点，没有这个支点，管理过程就不能实现循环。(　)

3. 控制工作仅限于纠正计划执行中出现的偏差，而无法促使企业确立新的目标、提出新计划、改变组织结构、改变人员配备以及在指导和领导方法上作出重大的改变等。(　)

4. 在企业中，制定一系列规章制度让员工遵守，进而保证工作的顺利进行和为了生产出高质量的产品而对原材料质量进行控制等，都属于前馈控制。(　)

5. 现场控制的应用范围较窄，且容易在控制者与被控制者之间形成心理上的对立，容易损害被控制者工作的积极性和主动性。(　)

6. 控制工作通过纠正偏差的行为与其他三个职能紧密地结合在一起，使管理过程形成了一个完全封闭的系统。(　)

7. 关键点控制的原理是：关注那些关键因素，并以此针对计划对业绩进行控制。(　)

8. 在根据历史性统计数据制定未来工作标准时，充分考虑到行业的平均水平，并研究竞争企业的经验是非常必要的。(　)

9. 如果某项控制标准适用于每个组织成员，那么就应该一视同仁，不允许个别人搞特殊化。(　)

10. 衡量实际工作是一项贯穿于控制工作始终的、持续进行的活动。(　)

11. 衡量过程中的检验就是要辨别并剔除那些不能为有效控制提供必需的信息及容易产生误导作用的不适宜标准，找出控制对象的本质特征，从而制定出科学的控制标准。(　)

12. 信息的可靠性除了与精确程度有关外，还与信息的完整性有一种反比关系。(　)

13. 为了获得控制信息，管理人员在实际工作中可以采用亲自观察、分析

报表资料、召开会议、口头报告、书面报告和抽样调查等方法去收集信息。（ ）

14. 为保证在管理者需要的时候提供能满足控制所需的全部信息，工作人员不能对衡量工作所获得的信息进行整理分析。（ ）

15. 实际上所有的偏差都会影响企业的最终结果，有些偏差可能是由于计划本身和执行过程中的问题造成的，而另一些偏差则可能是由于一些偶然的、暂时的、局部性的因素引起的。（ ）

16. 在纠偏过程中，需要纠正的仅仅是企业的实际活动，而不是指导这些活动的计划或事先确定的衡量这些活动的标准。（ ）

17. 在现实中，管理者在控制工作中的主要作用是充当“救火员”的角色，对于那些迅速、直接地影响组织正常活动的急性问题，采取补救措施。（ ）

18. 控制人员要充分考虑到组织成员对纠偏措施的不同态度，特别是要注意消除执行者的疑虑，争取更多的人理解、赞同和支持纠偏措施，以避免在纠偏方案的实施过程中出现的人为障碍。（ ）

19. 控制应该突出重点，但不能强调例外。（ ）

20. 由于控制力度的加大，可能出现的不利偏差就会减少，损失也会减少。所以，控制工作力度越大越好。（ ）

二、简答题

1. 企业开展全面有效的管理控制的主要困难与对策是什么？
2. 管理者为什么要合理地掌握控制的“度”？
3. 请说明有效的控制工作对调动员工积极性的作用。
4. 为什么高层管理人员花在控制工作上的时间比基层管理人员多？
5. 试比较各种控制类型的优缺点，哪类控制在管理工作中用得最多？
6. 计划与控制是如何发生联系的？
7. 试比较管埋行动中的改进实际工作和修订标准的不同。
8. 有效的控制系统应具备哪些特征？权变因素是如何影响组织控制系统的设计的？
9. 控制过程的三个步骤是什么？

三、案例分析

华润公司运行“6S”管理体系

中国华润总公司控股的华润（集团）有限公司设在香港。“6S”管理体系是华润公司从自身实际出发探索出的、管理多元化集团企业的一种系统化管理模式。“6S”管理体系将集团内部多元化的业务及资产划分为责任单位，并作为利润中心进行专业化管理，其组织领导及监督实施机构是集团董事会下设的“6S”委员会。“6S”既是一个全面预算管理体系，也是一个多元化的信息管理系统。

1. 利润中心编码体系（Profit center number system）

在专业化分工的基础上，将集团及属下公司按管理会计的原则，划分为多个业务相对统一的利润中心（称为一级利润中心），每个利润中心再划分为更小的分支利润中心（称为二级利润中心等），并逐一编制号码，使管理的排列更加清晰。这个体系清晰地囊括了集团绝大部分资产，同时使每个利润中心对自身的管理也有了清楚的界定，便于对每项业务实行监控。

2. 利润中心管理报告体系（Profit center management account system）

在利润中心编码体系的基础上，每个利润中心按规定的格式和内容编制管理会计报表，具体由集团财务部统一制定并不断完善。管理报告每月一次，包括每个利润中心的营业额、损益、资产负债、现金流量、成本费用、盈利能力、应收账款、不良资产等情况，并附有公司简评。每个利润中心报表最终汇总为集团的管理报告。

3. 利润中心预算体系（Profit center budget system）

在利润中心分类的基础上，全面推行预算管理，将经营目标落实到每个利润中心，并层层分解，最终落实到每个责任人每个月的经营上，这样，不仅使管理者对自身业务有较长远和透彻的认识，还能从背离预算的程度上去发现问题，并及时加以解决。预算的方法由下而上，由上而下，经过不断反复和修正，最后汇总形成整个集团的全面预算报告。

4. 利润中心评价体系（Profit center measurement system）

预算执行情况需要进行评价，而评价体系要能促进经营目标的实现。根据每个利润中心业务的不同量身打造一个评价体系，但总体上主要是通过获利能力、过程及综合能力指标进行评价。每一个指标项下，再根据各业务点的不同情况，细分为能反映该利润点经营业绩及整体表现的许多明细指标，目的是要做到公平合理，既可以兼顾到不同业务点的经营情况，又可以促进业务改进提高，加强管理。其中，有些是定量指标，有些是定性指标，而对不确定部分，集团则有最终决定权。集团根据各利润中心业务的好坏及其前景，决定资金的支持重点，同时对下属企业的资金使用和派息政策，将根据业务发展方向统一决定，不实行包干式资金管理。对利润中心非经营性的资产转让或会计调整的盈亏，则不能与经营性业绩混在一起评价，但可视具体情况给予奖惩。

5. 利润中心审计体系（Profit center audit system）

集团内部审计是管理控制系统的再控制环节。集团通过审计来强化全面预算管理的推行，提高管理信息系统的质量。

6. 利润中心经理人考核体系（Profit center manager evaluation system）

预算的责任具体落实到各级责任人，从而考核也要落实到利润中心经理人。利润中心经理人考核体系主要从业绩评价、管理素质、职业操守三方面对经理人进行评价，得出其目前的工作表现、今后的发展潜力、能够胜任的职务和工作建议。根据以上三部分的考核结果，进一步决定对经理人的奖惩和使用。

围绕“6S”管理体系的建设，集团还做了一些完善和配套工作：

（1）建立服务中心考核体系。将集团职能部室设定为服务中心，并对这些与利润没有直接联系的管理部门，如何进行考核及以民主形式进行监督作出规定。主要做法是：对各服务中心进行定位，明确其主要职能；提出评价及量化服务中心工作质量的指引；规定服务中心考核办法；根据考评结果决定奖惩办法。

（2）改革用人制度。一级利润中心经理人聘任环节增加了内部公开招聘的程序：公开报名，统一考试，人事部门综合评议，推荐候选人名单，经常务董事会面试后聘任。这一做法已在多家单位实行。另外，根据对一级利润中心、服务中心的考评结果，对表现优异者，由集团总经理向常务董事会建议入选新一届领导班子。这样，使干部提拔使用进一步透明化、规范化，并促使“6S”管理体系真正落到实处。

思考题：

1. 华润的预算控制系统的主要内容是什么？
2. 这一系统有什么优缺点？请试评价之。

第九章 激 励

一、名词解释

1. 激励 2. 需要层次理论 3. ERG 理论 4. 成就需要理论
5. 双因素理论 6. 期望理论 7. 公平理论 8. 强化理论
9. 归因理论 10. 目标管理 11. 员工参与 12. 股票期权制

二、单选题

1. 目标理论认为对目标的合适程度可以从三个角度加以分析，即目标的具体性、目标的难易度和（ ）。
   A. 目标的可接受性 B. 目标的实践性
   C. 目标的合理性 D. 目标的科学性
2. 麦克利兰的成就需要理论认为人的需要可以分为对成就的需要、对友谊的需要和（ ）。
   A. 对发展的需要 B. 对享受的需要
   C. 对精神的需要 D. 对权力的需要
3. 强化可以分为积极强化、消极强化、惩罚和（ ）。
   A. 奖励 B. 倒退 C. 消退 D. 激励
4. 社会人人性理论假设的基础是（ ）。
   A. 泰勒的科学管理原理 B. 梅奥的人际关系理论
   C. 马斯洛的需求层次理论 D. 霍桑试验
5. 期望激励理论属于哪种类型的激励理论？（ ）
   A. 内容型激励理论 B. 过程型激励理论
   C. 行为改造型激励理论 D. 综合激励理论
6. 当人们认为自己的报酬与劳动之比，与他人的报酬与劳动之比是相等的，这时就会有较大的激励作用，这种理论称为（ ）。
   A. 双因素理论 B. 效用理论 C. 公平理论 D. 强化理论
7. 某 MBA 考生考前复习得很用功，他估计自己有 80% 的把握能考上 MBA，并且他也非常希望考上，其渴望程度为 100%。那么，该 MBA 考生考 MBA 的激励水平为（ ）。

A. 100%　　B. 80%　　C. 0　　D. 90%

8. 曹雪芹虽食不果腹，仍然坚持《红楼梦》的创作，是出于其（　）。

A. 自尊需要　　B. 情感需要

C. 自我实现的需要　　D. 以上都不是

9. 比较马斯洛的需求层次理论和赫茨伯格的双因素理论，马斯洛提出五种需求中，属于保健因素的是（　）。

A. 生理和自尊的需要　　B. 生理、安全和自我实现的需要

C. 生理、安全和社交的需要　　D. 安全和自我表现实现的需要

10. 在赫茨伯格的双因素理论中，提到了保健因素的概念，关于保健因素，可以有如下解释，哪种提法是正确的？（　）

A. 保健因素能预防和减少职工的不满，但不能使其对工作非常满意

B. 保健因素最大的作用是确保人的生理与心理健康

C. 保健因素的满足，能使职工对工作非常满意

D. 保健因素的满足，有助于职工潜力的发挥

11. 根据佛鲁姆的期望理论公式，一般来说，效价越高，期望值越大，激励的水平就越（　）。

A. 高　　B. 低　　C. 一般　　D. 不能确定

12. 某企业规定，员工上班迟到一次，扣发当月 50% 的奖金，自此规定出台之后，员工迟到现象基本消除，这是哪一种强化方式？（　）

A. 正强化　　B. 负强化　　C. 惩罚　　D. 忽视

13. 麦格雷戈提出了人性假设理论中重要的 X 理论、Y 理论的概念。下列属于 Y 理论的假设前提是（　）。

A. 人天生讨厌工作

B. 人喜欢被命令

C. 人不抱有野心

D. 多数人具有解决问题的想象力和创造力

14. 用双因素激励理论分析，下列因素中哪种是激励因素？（　）

A. 工资　　B. 工作安全性

C. 工作富有成就感　　D. 工作环境

15. 某建筑工地的包工头王某对其手下的民工采用了一种"胡萝卜加大棒"式的管理方式，他常说的口头禅就是"不好好干就回家去，干好了下个月多发奖金"。可以认为王某把他手下的民工看作是（　）。

A. 社会人　　B. 经济人　　C. 复杂人　　D. 自我实现的人

16. 中国企业引入奖金机制的目的是发挥奖金的激励作用，但目前许多企业的奖金已成为工资的一部分，奖金变成了保健因素，这说明（　）。
    A. 双因素理论在中国不怎么适用
    B. 保健和激励因素的具体内容在不同的国家是不一样的
    C. 防止激励因素向保健因素转化是管理者必须要关注的
    D. 将奖金设计成为激励因素本身就是错误的
17. 从期望理论中，我们得到的最重要的启示是（　）。
    A. 目标效价的高低是激励是否有效的关键
    B. 期望概率的高低是激励是否有效的关键
    C. 存在着负效价，应引起领导者注意
    D. 应把目标效价和期望概率进行优化组合
18. 强化理论认为（　）。
    A. 正强化要保持间断性，负强化要保持连续性
    B. 正强化要保持连续性，负强化也要保持连续性
    C. 正强化要保持连续性，负强化要保持间断性
    D. 正强化要保持间断性，负强化也要保持间断性
19. 根据大卫·麦克利兰关于人的自我实现的需要理论，如果一个人希望控制向上和向下的信息渠道以便对他人施加影响，那就表明他是一个（　）。
    A. 成就需要强的人　　B. 社会交往需要强的人
    C. 权力需要强的人　　D. 激励需要强的人
20. 以下哪种现象不能在需求层次理论中得到合理的解释？（　）
    A. 一个饥饿的人会冒着生命危险去寻找食物
    B. 穷人很少参加排场讲究的社交活动
    C. 在陋室中苦攻“哥德巴赫猜想”的陈景润
    D. 一个安全需求占主导地位的人，可能因为担心失败而拒绝接受富有挑战的工作

三、简答题

1. 需要层次理论的主要内容及其对管理实践的指导意义？
2. 双因素理论的主要内容及其对管理实践的指导意义？
3. 期望理论的主要内容及其对管理实践的指导意义？
4. 公平理论的主要内容及其对管理实践的指导意义？

5. 强化理论的内容是什么？在强化方式上需要注意些什么？

四、案例分析

摩托罗拉的激励机制

（1）优厚的工资福利待遇。公司在每年的薪资福利调整前，都对市场价格因素及相关的、有代表性企业的薪资福利状况进行比较调查，以便公司在制定薪酬福利时，与其他企业相比能保持优势和具有竞争力。摩托罗拉员工享受政府规定的医疗、养老、失业等保障。在中国的公司中，还为员工提供免费午餐、班车，并成为向员工提供住房的外资企业之一。

（2）进行公正评估。摩托罗拉制定薪资报酬时遵循“论功行赏”原则，员工有机会通过不断提高业绩水平及对公司的贡献而获得加薪。摩托罗拉业绩报告表参照美国国家质量标准制定。员工根据报告表制定自己的目标。个人评估一个月一次，部门评估一年一次。根据业绩报告表的情况，公司年底决定员工的薪资涨幅及晋升情况。评估在 1 月份进行，每年选拔干部比较集中的时间是 2 ~ 3 月份。

（3）尊重员工人格。在摩托罗拉，员工的尊严被定义为：实质性的工作；了解成功的条件；有充分的培训并能胜任工作；在公司有明确的个人前途；及时中肯的反馈；无偏见的工作环境。每个季度员工的直接主管会与其进行单独面谈，就以上 6 个方面或更广阔的范围进行探讨，谈话中发现的问题将通过正式渠道加以解决。此外，员工享有充分隐私权，员工的机密档案，包括病历、心理咨询记录等都与员工的一般档案分开保存。公司内部能接触到员工所有档案的仅限于“有必要知道”的有关人员。

（4）重视对员工的培训。摩托罗拉公司向全体雇员提供每年至少 40 小时的培训，这在美国已属于较高的培训水准，但公司仍在 2000 年，将这一培训时间增加 4 倍。对雇员的培训无疑要投入大量财力物力。摩托罗拉一年要花费 6 亿美元培训费用，相当于一个大型芯片工厂的费用。

（5）实现开放式沟通。员工可以通过“总经理座谈会”、业绩报告会、“大家庭”报、公司互联网页、“畅所欲言”或“我建议”等形式反映个人问题，进行投诉或提出合理化建议，进行直接沟通。管理层也可以根据存在的问题及时处理员工事务，不断地改善与员工间的关系，创造良好的工作氛围。

（6）提供升迁机会。摩托罗拉的经理级别为初级经理、部门经理、区域经理（总监）、副总裁（兼总监或总经理）、资深副总裁。中国公司的经理中，72% 是中国员工，比 5 年前上升了 60 多个百分点。女经理人数已占到经理总数的23%。该公司亚太总部还制定了一项新规定，规定女性管理者要达到所有管理者的40%，中层领导招聘中每3个面试者中至少要有1位女性。在现代社会中除极个别的行业外，绝大多数职位男女都可以胜任。在男女员工的使用上，摩托罗拉一视同仁。

在摩托罗拉，技术人员可以从事管理，管理人员也有从事技术工作的，从事技术工作的和从事管理工作的在工资上具有可比性。许多公司看重职业经理人的位置，因为收入多。在摩托罗拉，从事技术工作的和从事管理工作的完全可以拿一样多的工资。

根据上述案例回答下列问题：

1. 摩托罗拉公司的多种激励方式是基于人性的（　）。

   A. 经济人假设　　B. 社会人假设

   C. 自我实现人假设　　D. 复杂人假设

2. 摩托罗拉公司对员工提供较好的工资福利待遇，属于影响人的积极性因素中的（　）。

   A. 激励因素　B. 保健因素　C. 心理因素　D. 组织因素

3. 摩托罗拉公司对员工进行公正评估实质上也是实施（　）。

   A. 人员配备控制　B. 财务控制　C. 评价控制　D. 自适应控制

4. 摩托罗拉公司的沟通形态属于（　）。

   A. 链式沟通　B. 环式沟通　C. 轮式沟通　D. 全通道式沟通

5. 摩托罗拉公司尊重员工的人格，并给员工提供升迁机会，属于满足马斯洛所指的（　）。

   A. 人的第一层次需求　　B. 人的第二层次需求

   C. 人的第三层次需求　　D. 人的第四层次需求

第十章　沟　通

一、填空题

1. 沟通是借助一定手段把可理解的__________和__________在两个或两个以上的人群中__________或__________的过程。

2. 沟通有__________、__________、__________和__________四个要素。

3. 按照沟通所经过的途径存在的差异，沟通可以分为__________和__________。

4. 按照行为主体划分，沟通可以分为__________和__________。

5. 有效沟通，简单地说就是传递和交流信息的__________和__________，实际上还表示组织对__________的抵抗能力。

6. 冲突有__________和__________两种。

7. 谈判有__________和__________两种基本方法。

8. 按照是否进行反馈，沟通可分为__________和__________。

9. 鼓励管理者维持一种冲突的最低水平、以便使组织保持创新的激发状态的观点是冲突的__________。

10. 通常处理冲突的办法有__________、__________、__________、__________和__________五种。

二、单选题

1. 各种沟通方式中，快速传递，快速反馈，信息量很大，但传递中经过层次愈多信息失真愈严重，核实越困难的沟通方式是（　）。
   A. 电子媒介　　B. 非语言　　C. 书面　　D. 口头
2. 各种沟通方式中，具有快速传递、信息容量大、远程传递一份信息同时传递多人、廉价的优点，但属于单向传递的沟通方式是（　）。
   A. 电子媒介　　B. 非语言　　C. 书面　　D. 口头
3. 各种沟通方式中，具有持久、有形、可以核实等优点，但效率低，缺乏反馈的沟通方式是（　）。
   A. 电子媒介　　B. 非语言　　C. 书面　　D. 口头
4. 各种沟通方式中，具有信息意义十分明确，内涵丰富，含义隐含灵活等特点，但传递距离有限，界限模糊，只能意会不能言传的沟通方式是（ ）。

A. 电子媒介　B. 非语言　C. 书面　D. 口头

5. 下列选项中不是优秀管理者实现有效判断一般的原则的是（ ）。

A. 深入了解冲突的根源　B. 谨慎地选择想处理的冲突

C. 坚定与灵活相结合　D. 仔细研究冲突双方的代表任务

E. 理解你的谈判对手

6. 下列情况下，适合使用单向沟通的是（ ）。

A. 时间比较充裕，但问题比较棘手

B. 下属对解决方案的接受程度至关重要

C. 上级缺乏处理负反馈的能力，容易感情用事

D. 下属能对解决问题提供有价值的信息和建议

7. 以下不是沟通在管理中的作用是（ ）。

A. 协调各个体、各要素，使企业成为一个整体的凝聚剂

B. 是领导者激励下属，实现领导职能的基本途径

C. 沟通是企业与外部环境之间建立联系的桥梁

D. 沟通是组织文化

8. 沟通的目的是（ ）。

A. 给交往对象提供行为建议

B. 以积极或消极的方式激励或约束他人行为

C. 向上司、下属或合作单位提供与决策制定或执行有关的各种信息

D. 获得选择或组织进行与自己的活动相关的各种信息

9. 关于沟通的过程，下列说法不正确的是（ ）。

A. 至少存在着一个发送者和一个接收者

B. 发送者将信息译成接收者能够理解的一系列符号

C. 接收者将接收的符号译成具有特定含义的信息

D. 信息传递的有效性和接收者的翻译能力无关，只与发送者的翻译能力有关

10. 比较链式与全通道式两种信息沟通网络的特点，可以得出以下结论（ ）。

A. 链式网络采取一对一的信息传递方式，传递过程中不易出现信息失真的情况

B. 全通道式网络由于采取全面开放的信息传递方式，具有较高的管理

效率

C. 全通道式网络比链式更能激发士气，增强组织的合作精神

D. 链式网络比全通道式网络更能激发士气，增强组织的合作精神

11. 信息沟通网络是由各种沟通途径所组成的结构形式，它直接影响到沟通的有效性及组织成员的满意度。以下四种沟通网络形式中，最能使组织士气高昂的沟通网络形式是（　）。

A. 轮式沟通网络　　B. 链式沟通网络

C. 环式沟通网络　　D. Y 式沟通网络

12. 资料表明，语言表达作为管理沟通的有效手段，可分为三种类型：体态语言、口头语言、书面语言。它们所占的比例分别为：50%、43%、7%。根据这一资料，你认为下述哪种观点正确？（　）

A. 这份资料有谬误，因为文件存档时，最常用的是书面语言

B. 体态语言太原始，大可不必重视它

C. 人与人之间的沟通，还是口头语言好，体态语言太费解

D. 在管理沟通中，体态语言起着十分重要的作用

13. 当冲突无关紧要的时候，或当冲突双方情绪极为激动，需要时间慢慢恢复平静时，可采用（　）策略。

A. 回避　　B. 迁就　　C. 强制　　D. 妥协

E. 合作

14. 当必须对重大事件或紧急事件进行迅速处理时，可采用（　）策略。

A. 回避　　B. 迁就　　C. 强制　　D. 妥协

E. 合作

15. 当冲突双方势均力敌，争执不下，需采取权宜之计时，可以采用（　）策略。

A. 回避　　B. 迁就　　C. 强制　　D. 妥协

E. 合作

16. 当冲突双方势均力敌，争执不下，同时事件重大，双方不可能妥协时，可以采用（　）策略。

A. 回避　　B. 迁就　　C. 强制　　D. 妥协

E. 合作

17. 当维持稳定和谐的关系十分重要时，可以采用（　）策略。

A. 回避　　B. 迁就　　C. 强制　　D. 妥协

E. 合作

18. 假设你召集下属开会，研究解决领导所布置的一项紧急任务，结果其中有位比较啰唆的人大讲特讲与主题无关的教条理论，耽误很多时间。你认为应该如何应付这种情况？（　）

A. 任其讲下去，让其他与会者群起而攻之

B. 不客气地打断其讲话，让别人发言

C. 有策略地打断其讲话，指出时间很宝贵

D. 允许其畅所欲言以表示广开言路

三、简答题

1. 简述沟通在管理中的重要作用。
2. 什么是正式沟通和非正式沟通？
3. 简单比较单向沟通和双向沟通的优缺点。
4. 如何积极倾听？
5. 分析阻碍组织有效沟通的障碍有哪些？
6. 冲突有哪两种？优秀的管理者应当如何进行冲突管理？
7. 要想实现有效的谈判，应遵循哪些基本规则？
8. 请你谈谈电子邮件等电子媒介是如何改进当代组织的沟通效果的，又是如何造成较差的沟通效果的。

四、案例分析

案例1　错在哪里

某公司财务部李经理总会每月按照惯例请手下员工吃一顿。一天，他走到休息室叫员工小王，通知其他人晚上吃饭。快到休息室时，李经理听到休息室里面有人在交谈，原来是小王和市场部员工小丘在里面。

小丘对小王说："你们李经理对你们很关心，我见他经常请你们吃饭。""得了吧，"小王不屑地说，"他就这么点本事笼络人心，遇到我们真正需要他关心、帮助的事情，他没一件办成的。拿上次公司办培训班的事来说，谁都知道如果能上这个培训班，工作能力会得到很大提高，升职机会也大大增加。我们部门几个人都很想去，他却一点都没察觉到，也没积极为我们争取，结果让别的部门抢了先。我真的怀疑他有没有真正关心过我们。"小丘说："别不高兴，走，吃饭去。"

李经理听罢，满腹委屈地躲进了自己办公室。

问题：

1. 案例中上司李经理和下属小王的错误主要有哪些？
2. 上司李经理和下属小王接下来可以怎么做？

案例2　进亦难，退亦难——一个项目经理的日记

2001年金秋十月的夜晚，站在和维多利亚海湾相邻的君悦酒店的客房内，我的兴奋之情溢于言表。今天，事关我们安讯未来发展方向的一笔关键业务终于敲定了——香港知名电信运营商盛凯公司委托我们为其开发软件系统。对于准备在公司好好干一番并深得领导赏识的我来说，这不能不说是一个充分展示自己才华的好机会。

从香港一回北京，我立即落实了项目成员：我负责产品开发部，夏飞负责产品市场部，包锐龙负责产品售后服务部。夏飞也很快带领设计师飞往香港，解释安讯开发的AHS目前具有的功能，了解盛凯的需求，并确定软件需要增加的功能。但几天后，夏飞却带来了一个意料之外的问题：盛凯要的不只是AHS所能实现的“计费”功能，而是一个办公软件系统。虽然软件设计师们对此颇有非议，但考虑到该项目对于我们公司意义重大，最后，公司张总还是决定：盛凯要什么功能，我们就上什么功能。

接下来就是马不停蹄地工作：编写174页的SOW，四个多月夜以继日的项目开发。在售后服务部为盛凯安装、调试前，我们与盛凯进行了一次远程演示工作。没想到的是，双方的沟通很不顺利，盛凯反复强调他们要的不是系统目前具有的功能，而且由于双方的语言不通，会议效率极低。更让我们百思不得其解的是，盛凯公司的项目组成员兼IT经理程万科竟然没有参加这次远程演示。

为了让盛凯公司的人员对AHS系统有更深的了解，我和夏飞到香港给盛凯进行现场演示，随着双方深入接触，我发现：盛凯的意见关键在于新系统的实现方式不符合他们公司的业务操作习惯，而且盛凯要求新系统必须考虑部门间工作流程的组织管理，而这不是AHS这个计费软件本身具有的特征。在香港的两个星期里，我和夏飞详细了解了盛凯的业务流程，程万科在这关键时刻却去休年假了，这真让人恼火。

回到北京，我又制订了为期两个月的二次开发计划，由于公司最近又接了一个项目，张总在我们这个项目组抽调了两个软件设计师。虽然盛凯的副总裁兼项目总负责人井之助告诉我，程万科之所以对项目漠不关心，是因为他对AHS有很大的抵触情绪，因为他明白新系统上线之日，也就是他离开盛凯之

时。井之助对此也没有办法，因为盛凯目前还得依靠程万科管理目前的系统。

2002年的盛夏，二次开发终于按时完成，我本以为可以好好放松一下，却没想到，到香港进行二次演示时节外生枝，盛凯提出了多个部门之间业务接口的问题，而他们在业务划分上也争吵不休，井之助对此一筹莫展。不得已，张总指示我们回北京再进行一次完善的开发工作。此时我已经筋疲力尽。

一周后，我们第三次来到盛凯进行演示，虽然比前两次顺利，但盛凯又要求系统能给市场营销部提供更强大的支持。久未露面的程万科也指出了系统存在的一个重大缺陷。AHS的上线似乎是遥遥无期了。

又是一个秋天，盛凯的这个项目已经处于骑虎难下的局面了。盛凯总裁叶焕已经给我们下了“最后通牒”——让我们终止项目，否则我们将付出赔偿金。对于我们来说，实在难以抉择：现在退出项目，投入的资源就如“竹篮打水一场空”，而且还得面对盛凯的赔偿条款；咬牙做下去的话，也几乎是无利可图。我该如何是好呢？

秋雨慢慢地下着，真是“秋风秋雨愁煞人”。

思考题：

1. 请问安讯和盛凯的沟通效果怎么样？应怎样改进？

2. 程万科既是软件研发和实施的关键人物，又是软件实施后的牺牲品。你觉得盛凯该如何与程沟通，并取得他的支持？

3. “我”的沟通有没有问题？项目开展过程中，你觉得“我”该如何与盛凯、张总、程万科沟通？

第十一章　管理创新

一、填空题

1. 维持和创新是管理的本质内容，有效的管理在于__________与__________的组合。

2. 从创新的规模以及创新对系统的影响程度来考虑，可将其分为__________和__________。

3. 从创新与环境的关系来分析，可将其分为__________与__________。

4. 从创新发生的时期来看，可将其分为__________和__________。

5. 从创新的组织程度上看，可将其分为__________与__________。

6. 鉴于创新的重要性和创新结果的__________，有效的管理要求有组织地进行创新。

7. 由于一定的技术都是通过一定的物质载体和利用这些载体的方法来体现的，因此企业的技术创新主要表现在__________、__________以及__________方面。

8. 成功的创新要经历__________、__________、__________、__________几个阶段的努力。

9. 要素组合方法创新包括__________和__________的时空组织两个方面。

10. 要素创新包括__________与__________两方面。

11. __________是决定企业其他制度的根本性制度，它规定着企业最重要的生产要素的所有者对企业的权利、利益和责任。

二、不定项选择题

1. 下列不属于管理的“维持职能”的是（　）。

A. 组织　　B. 创新　　C. 控制　　D. 领导

2. 创新与维持的关系说法正确的是（　）。

A. 维持是创新基础上的发展

B. 创新是维持的逻辑延续

C. 维持是为了实现创新的成果

D. 创新则是为更高层次的维持提供依托和框架

3. 产品创新（　）。
   A. 是企业技术创新的核心内容
   B. 它受制于技术创新的其他方面
   C. 影响其他技术创新效果的发挥
   D. 往往要求企业利用新的机器设备和新的工艺方法
4. 经营制度确定了（　）。
   A. 谁是经营者，谁来组织企业生产资料的占有权、使用权和处置权的行使
   B. 谁来确定企业的生产方向、生产内容、生产形式
   C. 谁来保证企业生产资料的完整性及其增值
   D. 谁来向企业生产资料的所有者负责以及负何种责任
5. 产权制度、经营制度、管理制度这三者之间的关系是（　）。
   A. 一般来说，一定的经营制度决定相应的产权制度
   B. 在产权制度不变的情况下，企业具体的经营方式可以不断进行调整
   C. 在经营制度不变时，具体的管理规则和方法也可以不断改进
   D. 管理制度的改进一旦发展到一定程度，则会要求经营制度作相应的调整
6. 就系统的外部来说，有可能成为创新契机的变化主要有（　）。
   A. 技术的变化　　B. 人口的变化
   C. 宏观经济环境的变化　　D. 文化与价值观念的转变
7. 关于机构，说法正确的是（　）。
   A. 它主要涉及管理劳动的横向分工的问题
   B. 与不同层次的管理部门之间的关系有关
   C. 它主要涉及管理劳动的纵向分工问题，即所谓的集权和分权问题
   D. 组织机构完全相同，但机构之间的关系不一样，也会形成不同的结构形式
8. 下列属于环境创新的是（　）。
   A. 通过企业的公关活动，影响社区政府政策的制定
   B. 通过企业的技术创新，影响社会技术进步的方向
   C. 通过组织创新，提高管理劳动的效率
   D. 通过市场创新去引导消费，创造需求
9. 关于市场创新，正确的是（　）。
   A. 它主要是指通过企业的活动去引导消费，创造需求

B. 新产品的开发是企业创造市场需求的唯一途径

C. 市场创新包括通过市场的物理转移，揭示产品新使用价值，来寻找新用户

D. 市场创新包括通过广告宣传等促销工作，影响人们对某种消费行为的社会评价来增加产品销量

三、简答题

1. 为什么说“维持和创新是管理的本质内容，有效的管理在于适度的维持与适度的创新的组合”？

2. 创新与维持对系统存在的作用是什么？

3. 创新与维持有什么样的关系？

4. 从创新的规模以及创新对系统的影响程度来考察，可将其分为哪些类型？

5. 从创新与环境的关系来分析，可将其分为哪些类型？

6. 创新职能的基本内容是什么？

7. 制度创新包括哪些内容？

8. 简述创新的过程。

9. 企业应如何进行新活动的组织？

四、案例分析

案例1　非典考验企业应急机制　在华外企各有高招

北京的非典疫情发生后，众多跨国公司在华的生产经营至今也没有受到很大影响。索尼公司设有日常紧急情况应急预案，公司内部虽不单独设立应急部门，但人员和分工都是确定的。非典疫情一爆发，按照应急机制，公司迅速成立了“SARS危机管理委员会”，以便及时了解最新动态，确保针对各种情况作出最迅速的决定，专门拨出了用于防止疾病传播的专款。

跨国公司的应急措施除了针对瘟疫以外，还涉及战争和自然灾害等诸多方面。日本竹尾纸业公司是一家纸张和纸制品的跨国生产经营企业，原料来源的安全性非常重要。日本是一个地震和海啸多发的国家，一旦发生这样严重的自然灾害，企业将有生产停滞的危险。公司设立了应急方案，每年从中国和美国进口一些成品纸张和原料，这样做成本会很高，但其依然按照应急机制执行。

公司的应急措施不应该只考虑到天灾人祸等外部因素，还要考虑自身可能出现的问题。美国移动宽带技术公司是开发第四代移动通信技术的企业。作为

高科技企业，该公司除了考虑资本市场和一些非人为因素外，应急预案还考虑到了自身发展的风险。比如一旦第四代移动产品市场被打开并普及，公司的市值将会上涨数十倍，将可能触犯现有反垄断法，同时公司到海外扩张投资也可能遇到法律障碍。因此应急机制包括了各种法律对策，甚至包括公司拆分方法。

思考题：

为何“非典”期间众多跨国公司在华生产经营没受到很大影响？中国企业有何经验可借鉴？

案例 2　亚都加湿器　给皮肤喝点水

“皮肤的肌纤维由大量水溶性胶源蛋白构成，水分的流失会导致肌纤维收缩变形，乃至形成不可恢复的皱纹，使用空调或者电暖器的房间空气尤其如此。”

不要以为这是保湿霜的广告，这是消费电器——亚都加湿器的广告。尽管它把“胶原蛋白”写成了“胶源蛋白”，尽管皮肤中从来没有什么“肌纤维”，但这个看起来像化妆品的广告，却使企业取得了良好的销售业绩。

针对冬天使用空调、电暖器后，室内空气干燥的情况，亚都声称：“亚都超声波加湿器采用每秒 170 万次高频率振荡……科学有效地增加空气湿度，主动为您的肌肤补水，合乎您和家人的健康”。

亚都敏锐地观察市场，在营销传播上表现出杰出的创新才华。把家电当成化妆品来卖，亚都很可能是第一家。亚都的渠道策略，也类似于化妆品，它没有进入家电超市，而主要在百货商场销售。

问题：

亚都加湿器的销售方式有何特色？

附录二：练习题参考答案

第一章　绪　论

一、单选题

1. A　2. D　3. C　4. C

二、判断题

1. √　2. ×　3. ×　4. ×　5. ×

三、简答题

1. 管理的主体是管理者，客体是资源，载体是组织。管理的本质是协调。管理的基本职能是计划、组织、领导和控制。管理要解决的是组织目标的顺利达成与资源有限性之间的矛盾。

2. 管理的基本职能包括计划、组织、领导和控制。管理的四项职能是相互联系的，它们既相互依存，又各自发挥其独立作用。计划职能是管理的首要职能，没有计划，组织、领导、控制就无从谈起；没有组织、领导和控制，计划也不能有效落实，特别是控制职能，能对前三项职能的有效实施发挥很好的反馈作用。同时，管理过程是一个各职能活动周而复始的循环过程，由于管理工作过程的复杂性，实际的管理职能并不一定会按某种固定的模式进行。

3. 管理学的研究对象分为：①广义的研究对象，指的是研究生产力、生产关系和上层建筑三个方面的管理问题：生产力方面，主要是研究生产力的合理组织问题；生产关系方面，主要是研究如何正确处理管理系统内部人与人的关系；上层建筑方面，主要是研究如何使组织内部环境与外部环境相适应。②狭义的研究对象，指的是研究管理的基本理论和管理方式、方法与原则，主要包括管理思想、管理原理、管理职能和管理方法。

四、论述题

1. 管理的作用体现在：①管理可以协调组织成员的行为，实现组织的集体性目标。②管理能够配置组织所拥有的有限资源。③管理能够提高组织运转的效率。

2. 管理拥有自然属性与社会属性，即管理具有二重性。其意义在于：

（1）二重性原理是我们正确理解资本主义管理和社会主义管理的共性与个性，大胆学习外国先进管理经验的理论依据。

（2）由于管理具有社会属性，因此，学习外国管理经验不能照搬照抄，必须结合国情和企业情况兼收并蓄，为我所用，自成一家。

（3）二重性理论是我们认识和掌握管理的特点和规律，创造中国特色管理理论的指导思想。

五、案例分析

管理既是一门科学，也是一门艺术。对于管理者来说，掌握管理的科学知识可以更好地理解管理现象，但是，解决管理问题的技巧需要在管理实践中磨炼和提高，在许多情况下，需要管理者创造性地解决管理实践问题。麦考密克公司的新总裁在公司濒临倒闭的状态下，本应该裁员减薪，却采取了减时提薪的创造性之举，实属高超的管理艺术。公司的成败在很大程度上取决于员工的积极性能否充分发挥，而员工积极性的发挥在于领导艺术的应用，其中包括员工对领导的认可，对公司的责任感，对公司及个人前途的憧憬。领导艺术成为创造性地解决管理实践问题的一种有效技能。

第二章　管理理论的形成和发展

一、填空题

1. 行为科学理论
2.《科学管理原理》
3.《工业管理与一般管理》
4. “组织理论之父”
5. “经济人”

二、单选题

1. D　2. C　3. A　4. D　5. A

三、判断题

1. ×　2. √　3. √　4. √　5. ×

四、简答题

1. 工业革命不仅是技术革命，而且也是一场文化革命，它不仅创造了一种新的文化环境，也产生了新的管理问题。工业革命前，生产包括三个要素：土地、劳动力和资本。工业革命开始后，随着人们努力适应城市和工厂的生活，需求也日趋复杂。组织本身也被迫进行改变，必须变得更具创新和竞争力，才能从大规模生产和分配中取得经济实惠。随着工厂规模的不断壮大，客观上需要专门的管理人员，需要训练有素的劳工队伍，需要一套系统的管理方法，于是管理顺理成章地成了生产的第四要素。

2. 古典管理理论与美国当时的经济、社会和文化发展状况密切相关。古典管理理论正是形成于美国经济起飞阶段。这一时期的特征是社会经济保持持续增长，并且在主要成长部门有可能通过革新创造或者通过利用新的资源，形成很高的成长率，从而带动社会经济其他方面扩充能量。在经济起飞时期，整个经济都在快速增长，从而使那些具有经济现代化观念的人能够战胜那些坚持传统社会观念的人，在社会和文化等方面取得胜利。起飞阶段所迸发出来的强大力量，既可以表现为工业革命的形式，也可能表现为技术革新的形式，还可能表现为管理方式改变的形式。也正是由于经济起飞阶段的经济发展需要，古典管理理论破土而出。

古典管理理论的主要代表有：弗雷德里克·温斯洛·泰勒为代表的科学管理理论、亨利·法约尔为代表的一般管理理论和马克斯·韦伯为代表的管理组织理论。

3. 泰勒倡导在管理中运用科学方法和实践，用调查研究和科学知识代替管理者个人的主观判断与经验。正是泰勒科学管理理论的出现才使人类的管理由经验走向了科学；正是在泰勒科学管理理论指导下创造出了一系列有助于提高劳动生产率的技术和方法。

泰勒的科学管理理论也存在许多不足，例如，他对工人的有些看法是错误的，他认为工人是愚昧的，对科学完全无知；他仅重视技术因素，忽视了社会群体因素对管理的影响；他只注重基层管理或车间管理，忽视了企业作为一个整体如何经营与管理的问题。

4. 马克斯·韦伯出生于德国一个有着广泛社会联系的富裕家庭，他对社会学、宗教、经济学和政治学都怀有极大兴趣。他是与泰勒和法约尔同时代同样著名的古典管理理论的代表人物。韦伯的《社会组织与经济组织理论》一书代表了他对组织理论的重大贡献。马克斯·韦伯的组织理论特别是官僚制组织理论，是适应传统封建社会向现代化工业社会转变的需要而提出的，该理论影响十分深远，具有里程碑式的意义。

马克斯·韦伯主要观点：①揭示了组织与权威关系并划分了权威的类型；②指出了官僚制组织的基本特征；③概括了官僚制组织的结构特征。

5. 先简要介绍霍桑实验，再谈谈自己的认识。

6. 结合自身情况，根据需要层次理论的各个阶段来分析。

7. 先介绍两个理论，然后谈谈自己支持哪一个理论。

8. 管理理论丛林主要的代表学派有：管理过程学派、管理科学学派、社会系统学派、系统理论学派、决策理论学派、权变理论学派、经验主义学派和经理角色学派等。以上这些管理学派管理理论不一，研究方法各异，且都有自己的代表人物，都有各自主张的理论、概念和方法。

9. 根据明茨伯格的理论，管理者担任的角色分为三类：一是人际关系方面的角色，包括挂名首脑的角色、联络者的角色和领导者的角色；

二是信息方面的角色，包括监听者的角色、传播者的角色和发言人的角色；

三是决策方面的角色，包括企业家的角色、故障排除者的角色、资源分配者的角色和谈判者的角色。

10. 泰勒的科学管理理论主要包括以下六大方面：

(1) 科学管理的核心问题是提高劳动效率；

(2) 为工作挑选一流的工人；

(3) 研究工时和标准化；

(4) 实行差别计件工资制；

(5) 实行职能工长制；

(6) 例外原则和心理革命。

总之，泰勒倡导在管理中运用科学方法和实践，用调查研究和科学知识代替管理者个人的主观判断与经验。

11. 系统理论认为，组织是由许多子系统组成的，组织作为一个开放的社会技术系统，是由不同的分系统构成的整体，包括目标与价值、技术、社会心理、组织结构和管理五个分系统，这些分系统之间既相互独立，又相互作用，不可分割，从而构成一个整体。

企业是由人、物资、机器和其他资源在一定的目标下组成的一体化系统，它的成长和发展同时受到这些组成要素的影响，在这些要素的相互关系中，人是主体，其他要素则是被动的。管理人员需力求保持各部分之间的动态平衡、相对稳定、一定的连续性，以便适应情况的变化，达到预期目标。同时，企业还是社会这个大系统中的一个子系统，企业预定目标的实现，不仅取决于内部条件，还取决于企业的外部条件，如资源、市场、社会技术水平、法律制度等，它只有在与外部条件的相互影响中才能达到动态的平衡。

12. 法约尔关于经营和管理的概念及其管理原则：

（1）法约尔认为经营和管理其实是两个不同的概念。经营是指导一个组织向目标靠近，并最终实现目标。经营由六项具体活动组成：①技术活动；②商业活动；③财务活动；④安全活动；⑤会计活动；⑥管理活动。管理是一种普遍存在于各种组织中的活动，这种活动包括五项职能，即计划、组织、指挥、协调和控制。

（2）为了保证实施以上五项管理职能，法约尔提出了十四项原则：①劳动分工；②权力与责任；③纪律；④统一指挥；⑤统一领导；⑥个人利益服从集体利益；⑦合理的报酬；⑧适当集权和分权；⑨秩序；⑩公平；⑪保持人员稳定；⑫首创精神；⑬人员的团结；⑭跳板原则。

13. 泰勒的科学管理理论主要强调管理的科学性和严密性，轻视人的作用，把工人看作机器的附属品，是只追求物质利益的“经济人”，倡导用科学的管理方法提高劳动生产率，倡导用调查研究和科学知识代替管理者个人的主观判断与经验。

梅奥的人际关系学说则“以人为中心”，是以人的行为及其产生原因为研究对象，主要研究个体行为、团体行为与组织行为，重视研究人的心理和行为对实现组织目标的影响。

人际关系学说认为：

第一，工人是“社会人”而不是单纯的“经济人”。人是“社会人”，工人除有生理和物质方面的需求外，还有很多社会和心理方面的需求。因此，必须同时从社会和心理方面来激励工人提高生产率。

第二，企业中除了正式组织外，还存在着非正式组织。如果能协调好两者的行为、利益与目标，将会大大提高生产率。

第三，新型的领导能力在于提高工人的满足度，以提高工人士气和干劲，进而提高工人的生产效率。

14. 当今，以微电子技术为基础的信息技术革命以及国际互联网络的形成正在把世界经济融合为一个全球式“网络经济”，急剧的环境变革将给管理理论带来不可估量的冲击，并将出现一些新的趋势：

（1）强调“硬环境”和“软环境”的兼顾。

一方面，企业管理强调通过企业文化建设从“软环境”方面重塑企业形象，注重管理的伦理道德、价值观和行为方式的变革，企业文化是以价值体系为主要内容的群体精神支柱、思维方式、行为约束等聚集的合力。

另一方面，企业再造理论强调从硬、实的方面构建企业管理新模式，其基本思想是对企业的业务流程进行根本的重新思考和彻底的重新设计，以业务流程重组为重点，以求在质量、成本和业务处理周期等绩效指标上取得显著改善。

（2）强调“科学管理”与“人本管理”的结合。

一方面，企业管理强调通过科学的标准和规章制度来设定管理任务，并通过严格的奖惩机制来保证任务的完成。

另一方面，企业管理强调一切管理活动以人为根本出发点，尽量发挥人的自我实现精神，充分发挥人的主观能动性等。

五、案例分析

案例1

1. 根据马斯洛的需要理论逐个分析对应即可。

2. 不合理，根据公平理论进行分析。

案例2

1. 科学管理思想管理专家认为问题在于：

（1）内部劳动效率下降造成销量、产量下降；

（2）制度不健全，执行不力；

（3）机器设备、技术落后，原材料供应出现问题；

（4）员工的劳动定额不合理；

（5）内部控制不严格，没有基础数据统计资料，工作反馈不及时。

解决方法：

（1）改变现有的工作模式，更新生产设备、技术，更换原料供应商或拓宽原料来源渠道；

（2）健全工厂制度，增强员工的纪律观念；

（3）给员工制定合理的日工作量，使员工工作效率最大化；

（4）加强基础数据资料统计、分析和工作反馈，完善内部控制。

2. 行为管理思想管理专家认为问题在于：

（1）产量、销量下降可能是企业内部人员以及消费者的内心心理需求变化引起的；

（2）企业外部（市场）方面，可能是消费者对牛奶丝面料服装的需求下降；

（3）企业内部方面，产量下降、纪律松弛等问题可能挫伤了员工的工作积极性；

（4）企业长期性重视生产，忽略了员工心理需求，如娱乐、交往、归属等；

（5）员工收入未能随产量增加而增加；

（6）企业可能存在非正式组织，成员相互影响，导致企业内部纪律松弛。

解决方法：

（1）从消费者对服装的设计、包装、价格、品牌等需求的变化来改进产品；

（2）重视员工的心理需求，有组织性地开展娱乐活动，增强员工之间的联系，增强员工对工厂的归属感；

（3）适当调增员工的收入；

（4）通过协调上下级人员关系，鼓励员工积极参与企业管理工作，实行个人负责制，对员工进行培训，激励员工充分调动他们的积极性。

3. 定量管理思想管理专家认为问题在于：

劳动率下降、纪律松弛问题可能由计划、组织、控制、沟通、制度、人事以及技术、设备、原料等方面的因素综合造成的。

解决方法：

全面分析计划、组织、控制、沟通、制度、人事以及技术、设备、原料等方面的因素影响程度的大小，找出主要因素，进行统计计算，制订相应的解决方案，并采取措施加以解决。

4. 权变管理思想管理专家认为问题在于：

（1）产量、销量下降在于计划目标制定不符合市场发展实际，未能准确预测市场变化；

（2）该厂专门生产一种牛奶丝面料的服装，生产品种过于单一。

解决方法：

（1）根据市场发展的实际制订生产计划，预测市场未来，使计划科学化；

（2）进行市场调查，确认该类服装在当前条件下是否仍有广泛的市场，市场需求最大的是哪种类型的服装，根据环境因素改变其生产管理模式，以提高该厂收益。

第三章　管理的基本原理

一、单选题

1. B　2. A　3. B　4. C　5. C

二、填空题

1. 作用　依赖
2. 整体　相关　目的　层次　环境适应　动态
3. 自然　人工　孤立　封闭　开放
4. 能级
5. 物质　精神　信息
6. 效益

三、简答题

1. 系统是由相互作用和相互依赖的若干组成部分合成的、具有特定功能的有机整体。系统具有以下六个基本特征：整体性、相关性、目的性、层次性、环境适应性和动态性。

2. 一个具体的系统必须具备三个基本条件：一是必须由两个或两个以上的要素组成；二是要素与要素、要素与系统、系统与环境之间，存在着相互作用和相互联系；三是系统具有确定的功能。

3. 系统原理的基本思想主要包括：①系统的各个要素之间、各要素与系统之间、系统与外部环境之间保持着有机的联系。②各要素在系统中的地位、功能、作用以及相互联系均由系统整体所决定，任何要素都不能摆脱系统整体的控制，否则系统整体功能就难以发挥。③系统整体具有各个要素所没有的性质和功能。系统整体功能不等于系统内各要素简单、机械地相加。系统整体功能的大小，取决于各要素排列、组合的方式。④若干要素集合在一起，是为了实现一定的目标，没有目标，若干要素的集合就没有意义。⑤系统内部各个要素之间的相互作用以及系统与外部环境之间的相互作用是推动系统发展的动力。系统功能发挥的程度取决于系统自身的调节能力和对外部环境的适应能力。

4. 可以从两个方面理解：第一，从人在管理中的历史地位来看，人的管理愈来愈重要。市场竞争的关键是人才的竞争，谁抓住人力资源开发这一要素，谁就获得了竞争的主动权。第二，从管理效果来看，提高组织效率和效益，是组织的目标。而要达到这一目的，主要取决于各部门主动性、创造性和积极性的发挥。

5. 根据能级原则，在管理上要按人的能力大小科学地将其安排在相应职级的岗位上，做到人尽其才，以获得最佳的管理效果。为此，一要准确、全面地了解、掌握员工的能力结构和特长；二要对各种工作岗位进行科学的职位分析；三要对不同能级的职位明确相应的责任、权力和利益，做到在其位，谋其政，行其权，尽其责，取其值，赋其荣，如果失职，要究其责；四要根据人的能力变化和职级的要求及时调整，实现管理能级的动态对应。

6. （略）

四、案例分析

（略）

第四章　决　策

一、单选题

1. B　2. D　3. C　4. C　5. C　6. A　7. B　8. D
9. B　10. A　11. C　12. B　13. B　14. B　15. C

二、多选题

1. BCD　2. AC　3. ABCDE　4. ADE　5. CD
6. ACDE　7. AC　8. AB　9. ABCDE

三、填空题

1. 风险型决策　2. 确定型决策　3. 满意决策　4. 利润
5. 概率　6. 决策

四、简答题

1. 决策的特征主要有目标性、选择性、优化性和风险性四个基本特征。

2. 因为对决策者来说，要想使决策达到最优，必须具备三个条件：第一，获得与决策有关的全部信息；第二，根据信息拟订出所有可能的方案；第三，准确预测每个方案在未来的执行结果。但现实生活中，这些条件往往不会满足，因此决策者难以作出最优决策，只能作出相对满意的决策。

3. 决策是一个过程，主要包括以下几个主要步骤：发现识别机会或诊断问题、识别目标、拟订备选方案、评估备选方案、筛选方案、实施方案、监督和评估。

4. 西蒙曾说过："管理就是决策"。①决策是管理的基础。决策是从各个抉择方案中选择一个方案作为未来行动的指南。而在决策以前，只是对计划工作进行了研究和分析，没有决策就没有合乎理性的行动，因而决策是计划工作的核心。而计划工作的特点之一是计划工作的主导性，它是进行组织工作、人员配备、指导与领导、控制工作等的基础。因此，从这种意义上说，决策是管理的基础。②决策是各级、各类主管人员的首要工作。决策不仅仅是"上层主管人员的事"。上至国家的高级领导者，下至基层的班组长，均要作出决策，只是决策的重要程度和影响的范围不同而已。

5. 德尔菲法具有匿名性、反馈性、收敛性三个基本特征。

6. 用计算机制定决策能够：第一，提高决策的速度和精确性；第二，提高决策的自动化程度；第三，提高决策者的能力。

7. 程序化决策又称常规型决策，是指对常规的、反复发生的问题的决策。决策程序化的好处在于管理人员解决程序化问题通常是根据已有的制度和规则按特定的程序处理，不需要管理人员再花费时间、精力去拟订解决方案，选择解决方案。

五、计算题

1. （1）盈亏平衡时的产量：

$$产量=\frac{固定成本}{单位产品的售价-单位产品的变动成本}=\frac{40\ 000}{18-13}=8\ 000（件）$$

（2）赢利目标为48 000元时的产量：

$$销售量=\frac{固定成本+预期利润}{单位产品的售价-单位产品的变动成本}=\frac{40\ 000+48\ 000}{18-13}=$$

17 600（件）

2. 第一步，计算期望收益值：

方案A：（150×0.6－30×0.4）×10－500＝280（万元）

方案B：（60×0.6＋30×0.4）×10－300＝180（万元）

第二步，根据期望值选择方案：

比较A、B方案的收益可知，A方案的期望收益值大于B方案，所以决策者应选择A方案，即引进一条生产线。

3. 第一步，计算后悔矩阵，见下表。

各方案在自然状态下的后悔值 单位：万元

状态 方案	销路好	销路一般	销路差
A. 新建生产线	0	20	90
B. 改进生产线	80	0	40
C. 与其他单位合作	180	80	0

第二步，从表中计算结果可以看出，A方案的最大后悔值为90，B方案的最大后悔值为80，C方案的最大后悔值为180。经过比较，B方案的最大后悔值最小，因此选择B方案。

第五章　计　划

一、填空题

1. 逻辑延续
2. 组织落实过程
3. 普遍　秩序

4. 所有的行动保持同一方向
5. 纵向协作性　横向协作性
6. 个人和集体的满意程度
7. 时间和空间
8. 战略性计划　战术性计划
9. 职能空间
10. 依据
11. 落实
12. 政策　标准方法　常规作业程序
13. 面向未来　面向行动
14. 协作关系
15. 制订计划
16. 制订计划　执行计划　检查计划执行情况
17. 长期计划　中期计划　短期计划
18. 预算
19. 目标管理　网络计划技术　流动方法计划
20. 定期修订未来计划的方法
21. 采用近细远粗的办法制订计划

二、不定项选择题

1. AB	2. C	3. ABCD	4. ABCD	5. AD
6. ABCD	7. ABD	8. ABCD	9. A	10. B
11. C	12. ABCE	13. ABCDE	14. ABDE	15. ABE
16. ADE	17. ABCD	18. ABCD	19. ABCD	20. ABCD

三、简答题

1. （1）What，做什么？目标与内容。
（2）Why，为什么做？原因。
（3）Who，谁去做？人员。
（4）Where，何地做？地点。
（5）When，何时做？时间。
（6）How，怎样做？方式与手段。
2. （1）决策是计划的前提，计划是决策的逻辑延续。决策为计划的任务安排提供了依据，计划则为决策所选择的目标活动的实施提供了组织保证。

（2）在实际工作中，决策与计划是相互渗透的，有时甚至是不可分割地交织在一起的。

3. 计划工作在空间维度上进一步展开和细化指的是计划工作把决策所确立的组织目标及其行动方式分解为不同时间段的目标及其行动安排。

4. 计划工作在空间维度上进一步展开和细化指的是计划工作把决策所确立的组织目标及其行动方式分解为不同层次、不同部门、不同成员的目标及其行动安排。

5. 这种方法根据计划的执行情况和环境变化情况定期修订未来的计划，并逐期向前推移，使短期计划、中期计划有机地结合起来。由于在计划工作中很难准确地预测将来影响企业经营所面临的经济、政治、文化、技术、产业、顾客等的各种变化因素，而且随着计划期的延长，这种不确定性就越来越大。因此，若机械地按几年以前的计划实施，或机械地、静态地执行战略性计划，则可能导致巨大的错误和损失。滚动计划法可以避免这种不确定性可能带来的不良后果。具体做法是采用近细远粗的办法制订计划。

6. 滚动计划方法虽然使得计划编制和实施工作的任务量加大，但在计算机时代的今天，其优点十分明显。

（1）使计划更加切合实际，并且使战略性计划的实施也更加切合实际。战略性计划是指应用于整体组织的，为组织未来较长时期（通常为 5 年以上）设立总体目标和寻求组织在环境中的地位的计划。由于人们无法对未来的环境变化作出准确的估计和判断，所以计划针对的时期越长，不准确性就越大，其实施难度也越大。滚动计划相对来说缩短了计划时期，加大了计划的准确性和可操作性，所以是战略性计划实施的有效方法。

（2）使长期计划、中期计划与短期计划相互衔接，短期计划内部各阶段相互衔接。这就保证了即使由于环境变化出现某些不平衡也能及时地进行调节，使各期计划基本保持一致。

（3）大大加强了计划的弹性，这在环境剧烈变化的时代尤为重要，它可以提高组织的应变能力。

7.（1）具体性计划具有明确规定的目标，不存在模棱两可。

（2）指导性计划只规定某些一般的方针和行动原则，给予行动者较大的自由处置权，它指出重点但不把行动者限定在具体的目标上或特定的行动方案上。

（3）具体性计划更易执行、考核及控制，但是缺少灵活性，它要求的明确性和可预见性条件往往很难满足。

8. (1) 规则指导行动但不说明时间顺序。

(2) 可以把程序看作是一系列的规则，但是一条规则可能是或可能不是程序的组成部分。

9. 计划工作的重要性主要表现在以下几个方面：

(1) 弥补不肯定性和变化带来的问题。因为计划是面向未来的，它能够通过预测未来，合理地处理未来的变化，并采取相应的措施。

(2) 有利于管理人员把注意力集中于目标。周密细致的计划能使部门各方面的活动有一个统一的安排，能很好地帮助主管人员明确各自的任务，从而使主管人员从日常的杂事中解脱出来，将精力放在各自的任务目标上。

(3) 有利于更经济地进行管理。计划工作能使经营管理得到相互协调、相互配合，减少不必要的冲突、摩擦和重复，从而使组织管理费用降至最低限度。

(4) 有利于控制。计划是控制的另一面，未经计划的管理无法进行控制，计划是控制的标准，是控制的基础。

10. (1) 能把整个工程的各个项目的时间顺序和相互关系清晰地表明，并指出完成任务的关键环节和路线。因此，管理者在制订计划时可以统筹安排，全面考虑，又不失重点。在实施过程中，管理者可以进行重点管理。

(2) 可对工程的时间进度与资源利用实施优化。在计划实施过程中，管理者调动非关键路线上的人力、物力和财力从事关键作业，进行综合平衡。这既可节省资源又能加快工程进度。

(3) 可事先评价达到目标的可能性。该技术指出了计划实施过程中可能发生的困难点，以及这困难点对整个任务产生的影响，准备好应急措施，从而减少完不成任务的风险。

(4) 便于组织与控制。管理者可以将工程，特别是复杂的大项目，分成许多支持系统来分别组织实施与控制，这种既化整为零又聚零为整的管理方法，可以达到局部和整体的协调一致。

(5) 易于操作，并具有广泛的应用范围，适用于各行各业，以及各种任务。

11. (1) 计划工作是为实现组织目标服务的。

(2) 计划工作是管理活动的基础。

(3) 计划工作具有普遍性和秩序性。

(4) 计划工作要追求效率。

12.（1）确定目标。

（2）认清现在。

（3）研究过去。

（4）预测并有效地确定计划重要的前提条件。

（5）拟订和选择可行性行动计划。

（6）制订主要计划。

（7）制订派生计划。

（8）制定预算，用预算使计划数字化。

13. ①目的或使命；②目标；③战略；④政策；⑤程序；⑥规则；⑦方案；⑧预算。

四、案例分析

案例1：计划是管理的首要职能，它是在预见未来的基础上对组织活动的目标和实现目标的途径作出筹划和安排，以保证组织活动有条不紊地进行，是为了实现决策所确定的目标，预先进行的行动安排，是组织、领导、控制和创新等管理活动的基础。

制订计划有以下步骤：①制定目标；②认清现在；③研究过去；④预测并有效地确定计划的重要前提；⑤制订和选择可行的行动计划；⑥制订主要计划、派生计划；⑦制定预算，用预算使计划数字化。苏润公司应按以上步骤来制订计划。

案例2：1. B　　2. C

案例3：目标是组织在一定时期内通过努力争取达到的理想状态或期望获得的成果，它包括组织的目的、任务，具体的目标项目和指标，以及指标的时限。在确定目标的具体问题上，由于组织的各部门职能不同，不同时期、不同条件的目标不同，其目标的确定肯定是各有千秋，不过从总体上考察，要使目标合理有效，就必须遵循以下基本原则：

（1）统一性。任何组织最重要的是确定组织的总目标。

（2）系统性。目标的确定要注意目标之间的协调关系。

（3）预见性。目标是组织希望达到的预期效果。

（4）应变性。组织的外部环境和内部条件都是在不断发展变化的，组织的目标应当随着情况的变化而相应地调整或作出必要的修改。

（5）科学性。目标必须在对象、要求和时限上是明确的和单义的。

约翰为公司制定的目标并非从公司发展和市场的实际出发制定的，而是出于某种目的制定的，但又很难说不合理，主要看他的战略意图，如果他是为了卖掉公司，这个目标的短期实现有利于这个战略目的。但如果说是为了企业的长期经营目的，不切实际的目标必然要牺牲公司的长期利益来换取短期的经营业绩。

第六章　组　织

一、判断题

1. ×　2. √　3. ×　4. ×　5. ×　6. ×　7. √　8. √
9. ×　10. ×　11. ×　12. ×　13. √　14. √　15. ×

二、简答题

1.（1）组织设计的任务：组织设计就是进行专业分工和建立使各部分有机地协调配合的系统过程。具体来说，组织设计的任务就是建立组织结构和明确组织内部的相互关系，提供组织结构图和职务说明书。

（2）组织设计的原则：因事设职与因人设职相结合，责权对等，目标统一。其他组织设计的原则还有：分工协调，层幅适当，稳定性与适应性相结合以及均衡性原则等。

2. 企业组织结构设计需要考虑的因素有：

（1）组织结构与战略；

（2）组织结构与环境；

（3）组织结构与技术；

（4）规模与组织所处的发展阶段。

3.（1）管理跨度又称为管理幅度，是指领导者直接领导的下属数量。管理层次是指从最高一级领导职务到最低一级管理组织的各个职务等级。

（2）管理层次和管理跨度之间的关系是：在管理跨度给定的情况下，管理层次与组织规模大小成正比；在组织规模给定的情况下，管理层次和管理跨度成反比。增加管理层次节省出来的时间，一定要大于用于监督的时间，这是衡量是否增加一个管理层次的重要标准。

4.（1）集权意味着决策权在很大程度上向处于较高管理层次的职务集中。组织中存在的集权倾向产生的原因有：组织的历史；领导的个性；政策的统一与行政的效率。

（2）过分集权的弊端包括：降低决策的质量；降低组织的适应能力；降低组织成员的工作热情。

5. （1）事业部制组织结构是在组织的最高层领导下设立多个事业部，各事业部有各自独立的产品市场、责任和利益，独立核算。事业部制组织结构的重大决策权集中在总部。事业部制组织结构的最大特征为“集中决策，分散经营”。

（2）事业部制组织结构的主要优点是：最高层领导集中精力进行战略决策和长远规划；较好地调动经营管理人员的积极性；提高管理的灵活性和适应性；有利于培养管理人才。

（3）事业部制组织结构的缺点是：机构重复，管理人员浪费；各个事业部之间相互支援较少；各事业部间经济利益的竞争可能发生内耗；分权造成协调困难，领导架空。

6. （1）矩阵型组织结构适用于外部环境剧烈变化，组织需要处理大量信息，分享组织资源的要求特别强烈的情况。

（2）矩阵型组织结构的特点是打破了传统的一个员工只有一个上司的原则，一个员工可以属于两个甚至两个以上的部门。

7. （1）直线职能型组织结构的特点是直线部门和人员在自己的职责范围内有决定权，对其下属进行指挥和命令，并负全责。而职能部门和人员仅为直线主管的参谋，只能对下级机构提供建议和业务指导，无指挥权。

（2）事业部制组织结构的最大特征为“集中决策，分散经营”。

8. 非正式组织有其积极的作用：满足员工需要；易于激发和加强合作的精神；起到一定的培训作用；规范成员的行为；是正式信息通道的补充。

非正式组织也可能造成危害：非正式组织的目标与正式组织的目标冲突时，会产生不利影响，引发抵触情绪；束缚成员个人的发展；影响组织变革，形成组织惰性。因此，要重视非正式组织在组织内部的作用，善加引导。

9. 组织变革发生的动力有：全球经济一体化；知识经济社会的到来；消费市场对企业的挑战更直观；企业竞争优势出现新来源。

10. 虚拟组织的特点有：

（1）虚拟组织使得传统的企业界限模糊化；

（2）虚拟组织具有流动性、灵活性的特点；

（3）虚拟组织是建立在当今发达的信息网络基础之上的组织合作；

（4）虚拟组织在运行过程中运用并行工程而不是串行工程来分解和安排

各个参与企业要做的工作；

（5）虚拟组织一般在技术上占有优势；

（6）虚拟组织可以视为一个企业网络。

三、案例分析

（略）

第七章　领　导

一、单选题

1. D	2. B	3. A	4. C	5. D	6. B	7. A	8. D
9. D	10. A	11. A	12. B	13. C	14. A	15. C	16. A
17. C							

二、判断题

1. ×	2. ×	3. √	4. √	5. √	6. ×	7. √

三、名词解释

1. 授权有广义和狭义之分。广义的授权即通过与组织成员共享信息，并让其控制更多的影响工作绩效的因素，从而给组织成员提供更多的自主权的过程。狭义的授权，是指领导者将自己的部分权力授予下属，以完成特定的工作。

2. 所谓领导艺术，就是指实施领导的能力、方式的过程中表现出的创造性，它是领导者素质和经验的综合体现。

3. 关怀维度指的是领导者尊重和关心下属的看法与情景，并愿意建立相互信任的工作关系。

4. 下属成熟度主要是指个体完成某一具体任务的能力和愿意努力的程度。

5. 领导是指影响群体或组织成员，使其成为确定和实现组织或群体目标而作出努力和贡献的过程。

6. 领导效能是领导者在实施领导过程中的行为能力、工作状态和工作结果，即实现领导目标的领导能力和所获得的领导效率与领导效益的系统综合。

它包括领导能力、领导效率和领导效益三个要素。

四、简答题

1. ①1. 9 型，俱乐部管理；②5. 5 型，中庸型管理；③9. 1 型，任务型管理；④9. 9 型，团队型管理；⑤1. 1 型，贫乏型管理。

2. 领导者权力包括正式权力和非正式权力，正式权力包括职位权、奖励权和强制权，非正式权力包括专长权和个人感召权（魅力权）。

3. 领导效能是领导者在实施领导过程中的行为能力、工作状态和工作结果，是实现领导目标的领导能力和所获得的领导效率与领导效益的系统综合。它包括领导能力、领导效率和领导效益三个要素。领导效率是指已经实现的领导任务（或目标）与时间之比，即完成一定数量和质量的领导任务（或目标）的速度。而领导效益是指领导活动的最终结果，即领导活动投入与领导活动结果之比。包括决策效能、时间效能、用人效能、办事效能和组织整体贡献效能。

4. 领导效能的考评原则包括：统一规范的原则；贡献为主的原则；客观公正、民主公开的原则。

5. 领导活动包含三个基本要素：领导者、被领导者（追随者）和领导环境。

6. 第一，管理侧重于处理复杂的问题，领导主要处理变化的问题；第二，管理的计划与预算强调微观方面，领导注重宏观方面；第三，从事管理工作的人员强调专业化，从事领导工作的人员注重于综合素质和整体能力；第四，领导与管理的根本区别体现在他们的功用上，管理行为通常具有很强的可预测性，以有效地维持秩序为目标；领导行为则具有较大的可变性，能带来有益的变革。

五、论述题

1. 这一现象的本质就是高度集权、专制式领导。其成因有：①历史原因，官本位；②领导者素质不高；③机制不合理；④中国传统的封建思想，将希望寄托于好家长。

要解决这一问题，应通过建立现代企业制度，从以下方面解决：①产权清晰；②权责明确；③政企分开；④管理科学。

2. （1）“改革就是放权”的认识是片面的，从总体上看，放权确实是改革中的重要问题，也是主要的问题，但决不能把改革简单看成是放权。

（2）集权和分权的关系应当是适度集权或说是适度分权。

（3）任何权力都要制约，放权的同时必须进行控制，没有控制的分权势必会造成混乱，“管”、“放”、“乱”、“收”现象主要是在放权的同时，法制不健全，控制不力，以及授权无度造成的。

六、案例分析

（略）

第八章 控 制

一、判断题

1. √	2. √	3. ×	4. √	5. √	6. ×	7. √
8. √	9. √	10. ×	11. √	12. ×	13. √	14. ×
15. ×	16. ×	17. ×	18. √	19. ×	20. ×	

二、简答题

1. 主要困难：控制的阻力，业绩难以衡量。

对策：明确控制的目标；选择好关键控制点；准确地衡量实际工作；深入分析偏差产生的原因；采取有针对性的纠正措施。

2. 控制是必要的，但过度控制会造成目标扭曲，行为僵化，控制成本提高，控制的阻力加大。

3.（1）有利于形成明确且合理的目标。

（2）有利于及时反馈。

（3）有利于自我控制。

（4）有利于改善对员工的行为与绩效测评。

4. 高层管理人员主要进行系统设计、管理政策、奖惩机制等战略控制工作，所以占用的时间更多些。

5. 基本的控制类型有前馈控制、现场控制和反馈控制。

前馈控制的优点是：能防患于未然；不易造成面对面的冲突。缺点是：实施较为困难。

现场控制的优点是：有助于提高现场工作人员的工作能力和自控能力。缺点是：控制质量会受到管理人员自身素质的影响；控制面较窄；易产生冲突。

反馈控制的优点是：比较准确，实施往往有效；可以有效地防范下次活动时出现同样的问题。缺点是：已经造成损失。

在管理工作中用得最多的是反馈控制。

6. 管理是一个持续的过程，控制活动提供了回到计划的关键联系。如果管理者不采取控制，他们根本就不知道自己是否正朝着目标和计划前进，也不知道未来该采取什么行动。

7. 改进实际工作是指由于工作的不当所产生的，管理者应该采取包括管理策略、组织结构、补救措施或培训计划上的调整等在内的纠正行动。修订标准就是指偏差的产生可能来自不切实际的标准，这时要注意的就是标准，而不是员工的工作。

8. 有效的控制系统应具备一些相同的特征，尽管这些特征在不同的情况下重要性不同。这些特征包括准确性、及时性、经济性、灵活性、可理解性、合理的标准、战略地位、强调例外等。权变因素包括组织的规模、个人在组织结构中的位置和级别、组织文化等。小组织更多地依靠非正式的和个人的控制方法，而大组织需要正规的和非个人的前馈和反馈控制。一个人在层次结构中所处的地位越高，对多种控制标准的需求就越高。分权的程度越高，就需要管理者更多地反馈员工的决策和绩效。信任、自主和开放的组织文化可能更多的是非正式的自我控制，反之可能需要外部强加的和正式的控制系统。

9. 制定标准、衡量实际绩效与标准之间的差异、采取管理行动（改进实际工作或修订标准）。

三、案例分析

（略）

第九章　激　励

一、名词解释

（略）

二、单选题

1. A　2. D　3. C　4. D　5. B　6. C　7. B　8. C
9. C　10. A　11. A　12. B　13. D　14. C　15. B　16. C
17. D　18. A　19. C　20. C

三、简答题

（略）

四、案例分析

1. D　2. B　3. C　4. D　5. D

第十章　沟　通

一、填空题

1. 信息　思想　传递　交换
2. 信息的发送者　信息的内容　信息的沟通渠道　信息的接收者
3. 正式沟通　非正式沟通
4. 个体间沟通　群体间（或团体间）沟通
5. 可靠性　准确性　噪声
6. 功能正常冲突　功能失常冲突
7. 零和谈判　双赢谈判
8. 单向沟通　双向沟通
9. 相互作用观点
10. 回避　迁就　强制　妥协　合作

二、单选题

1. D　2. A　3. C　4. B　5. C　6. C　7. D　8. B
9. D　10. C　11. C　12. D　13. A　14. C　15. D　16. E
17. B　18. C

三、简答题

1. 沟通的作用主要体现在以下几个方面：

（1）沟通是组织与外部环境之间建立联系的桥梁。

（2）沟通是组织协调各方面活动，实现科学管理的手段。

（3）沟通是领导者激励下属，履行领导职能的基本职能。

（4）沟通有利于满足员工的心理需要，改善人际关系。

2. 按照组织系统，沟通可分为正式沟通和非正式沟通。一般来说，正式沟通指以企业组织系统为渠道的信息传递。非正式沟通指的是以企业非正式组织系统或个人为渠道的信息传递。

3. 一般来说，单向沟通指没有反馈的信息传递。双向沟通指有反馈的信息传递，是发送者和接收者之间进行信息交流的沟通。在时间上，双向沟通比单向沟通需要更多的时间；在信息和理解的准确程度上，双向沟通中接收者理解信息和发送者意图的准确程度大大提高；在接收者和发送者的置信程度上，双向沟通中接收者和发送者都比较相信自己对信息的理解；在满意度上，接收者比较满意双向沟通，发送者比较满意单向沟通；在噪声方面，由于与问题无关的信息较易进入沟通过程，双向沟通的噪声比单向沟通要大得多；在压力方面，双向沟通的压力比单向沟通大。

4. 应该做到以下几点：

（1）表现出兴趣。

（2）全神贯注。

（3）该沉默时必须沉默。

（4）选择安静的地方。

（5）留适当的时间用于辩论。

（6）注意非语言暗示。

（7）当你没有听清楚时，请以疑问的方式重复一遍。

（8）当你发觉有遗漏时，要直截了当地问。

应注意避免以下几点：

（1）争辩。

（2）打断。

（3）从事与谈话无关的活动。

（4）过快地或提前作出判断。

（5）草率地给出结论。

（6）让别人的情绪直接影响你。

5. 除沟通过程中所指出的一般类型的失真之外，还有一些其他障碍也干扰了有效沟通。

过滤：过滤指故意操纵信息，使信息显得对接收者更为有利。比如，管理者所告诉上司的信息都是他想听到的东西，这位管理者就是在过滤信息。

选择性知觉：在沟通过程中，接收者会根据自己的需要、动机、经验、背景及其他个人特点有选择地去看或去听信息。解码的时候，接收者还会把自己的兴趣和期望带进信息之中。

情绪：在接收信息时，接收者的感觉也会影响到他对信息的解释。不同的情绪感受会使个体对同一信息的解释截然不同。极端的情绪体验，如狂喜或抑郁，都可能阻碍有效的沟通。这种状态常常使我们无法进行客观而理性的思维活动，代之以情绪性的判断。因此最好避免在很沮丧的时候作决策，此时我们无法清楚地思考问题。

语言：相同的词汇对不同的人来说含义是不一样的。年龄、教育和文化背景是三个最明显的因素，它们影响着一个人的语言风格以及他对词汇的界定。你我可能同说一种语言，但我们在语言的使用上并不一致。了解每个人如何运用语言将会极大地减少沟通障碍。

非言语提示：前面我们指出非言语沟通是信息传递的一种重要方法。非言语沟通几乎总是与口头沟通相伴，如果二者协调一致，则会彼此强化。

6. （1）冲突管理实际上包括两个方面：一是管理者要设法消除冲突产生的负面效应。这是因为，这些冲突阻碍了组织实现目标，属于功能失调的冲突，它们对组织具有破坏性作用。二是要求管理者激发冲突，利用和扩大冲突对组织产生的正面效应，因为这些冲突支持组织的目标，属于建设性的、功能正常的冲突。

（2）优秀的管理者一般按下列方式管理冲突：谨慎地选择自己想处理的冲突；仔细研究冲突双方的代表人物；深入了解冲突的根源；妥善地选择处理办法，通常的处理办法有五种：回避、迁就、强制、妥协、合作。

7. （1）确定谈判策略：谈判策略有不同的分类，如阿库夫认为谈判的策略有十种：对谈判作出计划；采取双赢方法；保持高期望；使用简单易懂的语言；多提问，对答案要眼观耳听；建立牢固的关系；保持人品的正直；保留让步；保持耐心；具备文化上的知识，使谈判适应于东道国的环境。贝泽曼和尼尔将谈判策略分为寻求平衡的策略、利用差异达成一致协议的策略和其他促成一致协议的策略。寻求平衡的策略又包括建立信任和分享信息、询问多种问题、提供某些信息、提出多种选择方案、寻找眼前协议之外的协议五种。利用差异达成一致协议的策略包括：利用双方的期望差异、风险偏好差异、时间偏好差异等创造互利互惠的可能性；考虑是否存在某种降低对方成本、实现自身利益要求的可能性方案等。

（2）选择谈判风格：谈判者可以根据五种冲突处理意向选择自己的谈判风格，包括竞争、合作、折中、回避和妥协。

（3）确定谈判时间和地点：确定谈判的具体时间及谈判的持续时间。如果谈判要分阶段进行，还要确定每个阶段时间的长短。应根据谈判的准备情况、谈判议题的多少和重要性、谈判对手的情况等确定时间。谈判的地点一般选择自己的领地比较有利，但对于重要的谈判，最好选择一个中立的地方。

8. 具有快速传递、信息容量大的特点。远程传递一份信息同时可传递多人，且廉价。但是，属于单向传递，电子邮件可以交流，却看不见表情，不利于隐含信息的领会。

四、案例分析

（略）

第十一章　管理创新

一、填空题

1. 适度的维持　适度的创新
2. 局部创新　整体创新
3. 消极防御型创新　积极攻击型创新
4. 系统初建期的创新　运行中的创新
5. 自发创新　有组织的创新
6. 不确定性（或风险性）
7. 要素创新　要素组合方法的创新　产品的创新
8. 寻找机会　提出构思　迅速行动　忍耐坚持
9. 生产工艺　生产过程
10. 材料设备创新　手段创新
11. 产权制度

二、不定项选择题

1. B　2. CD　3. ABCD　4. ABCD　5. BCD
6. ABCD　7. BCD　8. ABD　9. ACD

三、简答题

1. 从逻辑顺序上来考察，在特定时期内对某一社会经济系统（组织）的管理工作可以概述为：设计系统的目标、结构和运行规划；启动并监视系统的运行，使之符合预定的规则操作；分析系统运行中的变化，进行局部或全局的调整，使系统不断呈现新的状态。显然，管理内容的核心就是：维持与创新。任何组织系统的任何管理工作无不包含在“维持”或“创新”中。维持和创新是管理的本质内容，有效的管理在于适度的维持与适度的创新的组合。

2. （1）维持是保证系统活动顺利进行的基本手段，也是系统中大部分管理人员，特别是中层和基层的管理人员要花大部分精力从事的工作。管理的维持职能便是要严格地按预定的规划来监视和修正系统的运行，尽力避免各子系统之间的摩擦，或减少因摩擦而产生的结构内耗，以保持系统的有序性。

（2）任何社会的系统都要及时根据内外变化的要求，适时进行局部或全局的调整，这种为适应系统内外变化而进行的局部或全局的调整，便是管理的创新职能。

（3）系统的生命力取决于社会对系统贡献的需要程度和系统本身的贡献能力；而系统的贡献能力又取决于系统从社会中获取资源的能力。系统不断改变或调整取得组合资源的方式、方向和结果，向社会提供新的贡献，这正是创新的主要内涵和作用。

3. 维持与创新作为管理的两个基本职能，对系统的生存发展都是非常重要的，它们是相互联系、不可或缺的。创新是维持基础上的发展，而维持则是创新的逻辑延续；维持是为了实现创新的成果，而创新则为更高层次的维持提供依托和框架。任何管理工作，都应围绕着系统运转的维持和创新而展开，卓越的管理是实现维持与创新最优组合的管理。

4. 从创新的规模以及创新对系统的影响程度来考察，可将其分为局部创新和整体创新。局部创新是指在系统性质和目标不变的前提下，系统活动的某些内容、某些要素的性质或其相互组合的方式，系统的社会贡献的形式或方式等发生变动；整体创新则往往改变系统的目标和使命，涉及系统的目标和运行方式，影响系统的社会贡献的性质。

5. 从创新与环境的关系来分析，可将其分为消极防御型创新与积极攻击型创新。防御型创新是指由于外部环境的变化对系统的存在和运行造成了某种程度的威胁，为了避免威胁或由此造成的系统损失扩大，系统在内部展开的局部或全局性的调整。攻击型创新是在观察外部世界运动的过程中，敏锐地预测到未来环境可能提供的某种有利机会，从而主动地调整系统的战略和技术，以积极地开发和利用这种机会，谋求系统的发展。

6. （1）目标创新。

（2）技术创新，包括要素创新与要素组合创新以及产品创新。

（3）制度创新，包括产权制度、经营制度、管理制度三方面的创新。

（4）组织机构和结构的创新。

（5）环境创新。

7. （1）产权制度是决定企业其他制度的根本性制度，它规定着企业最重要的生产要素的所有者对企业的权利、利益和责任。企业产权制度的创新也许应朝向寻求生产资料的社会成员“个人所有”与“共同所有”的最适度组合的方向发展。

（2）经营制度是有关经营权的归属及其行使条件、范围、限制等方面的原则规定。经营制度的创新应是不断寻求企业生产资料最有效利用的方式。

（3）管理制度是行使经营权、组织企业日常经营的各种具体规则的总称，包括对材料、设备人员及资金等各种要素的取得和使用的规定。分配制度的创新在于不断地追求和实现报酬与贡献的更高层次上的平衡。

8. （1）寻找机会。创新活动是从发现和利用旧秩序内部的不协调现象开始的。不协调为创新提供了契机。旧秩序中的不协调既可存在于系统的内部，也可产生于对系统有影响的外部。

（2）提出构想。敏锐地观察到了不协调现象的产生以后，还要透过现象探寻原因，并据此分析和预测不协调的未来变化趋势，估计它们可能给组织带来的积极或消极影响，提出多种解决问题，消除不协调，使系统在更高层次实现平衡的创新构想。

（3）迅速行动。创新成功的秘密主要在于迅速行动。创新的构想只有在不断的尝试中才能逐渐完善，企业只有迅速行动才能有效地利用“不协调”提供的机会。

（4）坚持不懈。构想经过尝试才能成熟，而尝试是有风险的，是可能失败的。创新的过程是不断尝试、不断失败、不断提高的过程。

9. （1）正确理解和扮演“管理者”的角色。

（2）创造促进创新的组织氛围。

（3）制订有弹性的计划。

（4）正确地对待失败。

（5）建立合理的奖酬制度。

四、案例分析

案例1：跨国公司针对瘟疫、战争和自然灾害都建有一套完善、成熟的企业应急机制和管理机制，这些机制有效地保障了企业人员和生产的安全。跨国公司在全球范围内进行生产经营和产业调整，由于企业将可能面临很多复杂的突发情况，因此很多跨国公司都制定了完善的应急机制和方案。目前中国企业向海外扩展，走向国际市场也必须建立周全的应急机制，并纳入企业的日常规章制度。

案例2：亚都把家用电器当成化妆品来销售，听起来匪夷所思，却很成功。营销人员要敢于想象——想一下能否把保健品当成食品卖而不是药品，能否把家电当成化妆品卖而不是家电。亚都保湿器还证明了消费领域越来越清晰的趋势——从电视到手机、从空调到洗碗机，现在都需要“健康化”。

参考文献

1. 李享章．管理学原理．上海：立信会计出版社，2006

2. 曾旗等．管理学原理．武汉：武汉理工大学出版社，2006

3. 张根东．管理学原理．兰州：甘肃人民出版社，2008

4. 袁淑君．管理学原理．成都：西南财经大学出版社，2006

5. 谈留芳．管理学原理（第二版）．武汉：华中科技大学出版社，2006

6. 陈洪安．管理学原理．上海：华东理工大学出版社，2006

7. 刘志坚．管理学：原理与案例．广州：华南理工大学出版社，2002

8. 孙凤芝．管理学原理．青岛：中国海洋大学出版社，2004

9. 李金．管理学原理．北京：北京工业大学出版社，2004

10. 鲍丽娜．管理学习题与案例．大连：东北财经大学出版社，2007

11. 李胜．管理学．北京：化学工业出版社，2008

12. 王绪君．管理学基础．北京：中央广播电视大学出版社，2001

13. 吴晓波．西方管理学名著提要．南昌：江西人民出版社，2005

14. ［美］斯蒂芬·P. 罗宾斯．管理学．孙健敏译．北京：中国人民大学出版社，1997

15. ［美］赫伯特·A. 西蒙．管理行为．詹正茂译．北京：机械工业出版社，2003

16. 周三多等．管理学：原理与方法（第四版）．上海：复旦大学出版社，2003

17. 王春利，李大伟．管理学基础．北京：首都经济贸易大学出版社，2001

18. 单凤儒．管理学基础．北京：高等教育出版社，2003

19. 杨杜．现代管理理论．北京：中国人民大学出版社，2001

20. 王利平．管理学原理．北京：中国人民大学出版社，2003

21. 陈忠卫，王晶晶．企业战略管理．北京：中国统计出版社，2001

22. 刘金胜．薪酬管理实务手册．北京：机械工业出版社，2002

23. 周祖城．管理与伦理．北京：清华大学出版社，2000

24. 蔡树堂．企业战略管理．北京：石油工业出版社，2001

25. 董速建，董群惠．现代企业管理．北京：经济管理出版社，2002

26. ［美］P. F. 德鲁克．有效管理者．许是洋译．北京：中国财政经济出版社，1988

27. ［美］弗雷德·R. 戴维．战略管理（第八版）．李克宁译．北京：经济科学出版社，2001

28. ［美］彼得·圣吉．第五项修炼：学习型组织的艺术与实务．郭进隆译．上海：上海三联出版社，2000

29. ［美］D. A. 雷恩．管理思想的演变．李柱流等译．北京：中国社会科学出版社，1995

30. 郑美群．管理学．长春：吉林人民出版社，2002

31. 张德．现代管理学．北京：清华大学出版社，2007

32. 陈传明，周小虎．管理学原理．北京：机械工业出版社，2007

33. ［美］哈罗德·孔茨．管理学．郝国华等译．北京：经济科学出版社，2004

34. 吴照云：管理学（第三版）．北京：经济管理出版社，2000

35. 王凤彬，焦叔斌．工商管理硕士入学考试辅导（管理分册）（第三版）．北京：中国人民大学出版社，1999

36. 杨文士等．管理学原理．北京：中国人民大学出版社，2004

37. 戴淑芬．管理学教程（第二版）．北京：北京大学出版社，2005

38. 刘建军．领导学原理：科学与艺术（第二版）．上海：复旦大学出版社，2007

39. ［美］理查德·达夫特．领导学：原理与实践（第二版）．杨斌译．北京：机械工业出版社，2005

40. 宋超英．领导学：理论与方法．兰州：兰州大学出版社，2003

41. 吴照云．管理学（第三版）．北京：经济管理出版社，2000

42. 张贯一，任慧军．组织行为学．北京：科学出版社，2007

43. 张明玉．管理学．北京：科学出版社，2006

44. ［美］迈克尔·E. 哈特斯利，林达·麦克詹妮特．管理沟通：原理与实践．陆娇萍等译．北京：机械工业出版社，2004

45. ［美］阿瑟·H. 贝尔，黛尔·M. 史密斯．管理沟通（工商管理经典教材英文影印版）．北京：中国人民大学出版社，2004

46. 余世维．有效沟通：管理者的沟通艺术．北京：机械工业出版

社，2006

47. 柳青．有效沟通技巧．北京：中国社会科学出版社，2006

48. 曾仕强等．人际关系与沟通．北京：清华大学出版社，2004

49. ［美］马蒂·布朗斯坦．有效沟通．北京燕清联合传媒管理咨询中心译．北京：机械工业出版社，2008

50. 康青．管理沟通．北京：中国人民大学出版社，2006

51. ［英］约翰·阿代尔．人际沟通．北京燕清联合传媒管理咨询中心译．海口：海南出版社，2008

52. ［美］菲利斯·明德尔．领导者沟通技巧．张毅斌，黄巍巍译．北京：电子工业出版社，2007

53. ［美］罗杰·费希尔，斯科特·布朗．沟通力．王燕译．北京：中信出版社，2009

54. ［美］T. 普罗克特．管理创新．周作宇等译．北京：中信出版社，1999

55. 芮明杰，钱平凡．再造流程．杭州：浙江人民出版社，1997

56. 陈志坚．常见的企业流程再造模式．中国管理传播网，2005－03－02